住房和城乡建设部"十四五"规划教材
高等学校土木工程学科专业指导委员会铁道工程指导小组规划教材

铁道工程测试与评估

蔡小培　主　编
彭　华　沈宇鹏　侯博文　副主编

中国建筑工业出版社

图书在版编目（CIP）数据

铁道工程测试与评估 / 蔡小培主编；彭华，沈宇鹏，侯博文副主编. — 北京：中国建筑工业出版社，2022.11

住房和城乡建设部"十四五"规划教材 高等学校土木工程学科专业指导委员会铁道工程指导小组规划教材

ISBN 978-7-112-27700-1

Ⅰ.①铁… Ⅱ.①蔡… ②彭… ③沈… ④侯… Ⅲ.①铁路工程－检测－高等学校－教材 Ⅳ.①U21

中国版本图书馆 CIP 数据核字(2022)第 137766 号

本书以最新的标准、规范、规程为依据，介绍铁道工程测试与评估的主要内容、原理与方法及工程应用。本书主要内容包括轨道静态参数、动力测试、状态检测、路基关键参数与变形测试、铁路在线监测、近接工程监测评估、环境振动及噪声测试等。

本书可作为高等学校铁道工程、交通土建工程、土木工程等专业的教学用书，也可作为从事轨道交通工程建设、运营与维护的相关工程技术人员的参考书。

为了更好地支持相应课程的教学，我们向采用本书作为教材的教师提供课件，有需要者可与出版社联系。建工书院：http://edu.cabplink.com，邮箱：jckj@cabp.com.cn，2917266507@qq.com，电话：(010) 58337285。

责任编辑：聂 伟 吉万旺
责任校对：张 颖

住房和城乡建设部"十四五"规划教材
高等学校土木工程学科专业指导委员会铁道工程指导小组规划教材
铁道工程测试与评估
蔡小培 主 编
彭 华 沈宇鹏 侯博文 副主编
*
中国建筑工业出版社出版、发行（北京海淀三里河路9号）
各地新华书店、建筑书店经销
北京红光制版公司制版
北京同文印刷有限责任公司印刷
*

开本：787毫米×1092毫米 1/16 印张：17¾ 字数：441千字
2023年5月第一版 2023年5月第一次印刷
定价：**48.00**元（赠教师课件）
ISBN 978-7-112-27700-1
(39881)

版权所有 翻印必究
如有印装质量问题，可寄本社图书出版中心退换
（邮政编码100037）

出 版 说 明

党和国家高度重视教材建设。2016年，中办国办印发了《关于加强和改进新形势下大中小学教材建设的意见》，提出要健全国家教材制度。2019年12月，教育部牵头制定了《普通高等学校教材管理办法》和《职业院校教材管理办法》，旨在全面加强党的领导，切实提高教材建设的科学化水平，打造精品教材。住房和城乡建设部历来重视土建类学科专业教材建设，从"九五"开始组织部级规划教材立项工作，经过近30年的不断建设，规划教材提升了住房和城乡建设行业教材质量和认可度，出版了一系列精品教材，有效促进了行业部门引导专业教育，推动了行业高质量发展。

为进一步加强高等教育、职业教育住房和城乡建设领域学科专业教材建设工作，提高住房和城乡建设行业人才培养质量，2020年12月，住房和城乡建设部办公厅印发《关于申报高等教育职业教育住房和城乡建设领域学科专业"十四五"规划教材的通知》（建办人函〔2020〕656号），开展了住房和城乡建设部"十四五"规划教材选题的申报工作。经过专家评审和部人事司审核，512项选题列入住房和城乡建设领域学科专业"十四五"规划教材（简称规划教材）。2021年9月，住房和城乡建设部印发了《高等教育职业教育住房和城乡建设领域学科专业"十四五"规划教材选题的通知》（建人函〔2021〕36号）。为做好"十四五"规划教材的编写、审核、出版等工作，《通知》要求：（1）规划教材的编著者应依据《住房和城乡建设领域学科专业"十四五"规划教材申请书》（简称《申请书》）中的立项目标、申报依据、工作安排及进度，按时编写出高质量的教材；（2）规划教材编著者所在单位应履行《申请书》中的学校保证计划实施的主要条件，支持编著者按计划完成书稿编写工作；（3）高等学校土建类专业课程教材与教学资源专家委员会、全国住房和城乡建设职业教育教学指导委员会、住房和城乡建设部中等职业教育专业指导委员会应做好规划教材的指导、协调和审稿等工作，保证编写质量；（4）规划教材出版单位应积极配合，做好编辑、出版、发行等工作；（5）规划教材封面和书脊应标注"住房和城乡建设部'十四五'规划教材"字样和统一标识；（6）规划教材应在"十四五"期间完成出版，逾期不能完成的，不再作为《住房和城乡建设领域学科专业"十四五"规划教材》。

住房和城乡建设领域学科专业"十四五"规划教材的特点，一是重点以修订教育部、住房和城乡建设部"十二五""十三五"规划教材为主；二是严格按照专业标准规范要求编写，体现新发展理念；三是系列教材具有明显特点，满足不同层次和类型的学校专业教学要求；四是配备了数字资源，适应现代化教学的要求。规划教材的出版凝聚了作者、主审及编辑的心血，得到了有关院校、出版单位的大力支持，教材建设管理过程有严格保障。希望广大院校及各专业师生在选用、使用过程中，对规划教材的编写、出版质量进行反馈，以促进规划教材建设质量不断提高。

住房和城乡建设部"十四五"规划教材办公室
2021年11月

前　言

随着我国铁路事业的飞速发展，铁路运营里程不断增加。高速铁路、城市轨道交通、重载铁路的大规模建设，使我国铁路路网覆盖范围进一步扩大，布局更加合理，结构更加清晰。铁路的快速发展，促进了铁道工程的测试与评估技术向更高层次和更高水平发展。铁道工程测试与评估技术是工务部门、科研院所等获得线路状态信息、评价线路技术状态、指导线路养护维修及实施科学管理的重要手段，是保障列车按规定速度安全、平稳和舒适运行的重要基础。

本书以最新的标准、规范、规程为依据，介绍了铁道工程测试与评估的主要内容、原理与方法及工程应用。本书主要内容包括：绪论、轨道静态参数的测试、轨道动力测试与评估、轨道状态检测方法与评估、路基关键参数及变形测试、高速铁路基础设施在线监测技术、铁路近接施工监测与评估技术、铁路环境振动测试与评估。

本书编写工作的主要承担者为：北京交通大学的蔡小培教授（主编，编写第1～4章和第6章），北京交通大学的沈宇鹏教授（编写第5章），北京交通大学的彭华教授（编写第7章），北京交通大学的侯博文副教授（编写第8章）。本书编写过程中，课题组高亮、肖宏、辛涛、张艳荣、钟阳龙等老师参与了大量工作，中国铁道科学研究院及相关高校、设计院、施工单位等给予了大力支持和帮助。研究生王铁霖、常文浩、马文辉、王启好、高梓航、孙天驰、张朝明、汤雪扬、姚宇飞、杨憬帆等进行了资料整理、文字校对等工作。编者在此致以衷心感谢。

本书编写过程中，参考了最新颁布的相关规范、国内外相关文献及教材，对其作者表示感谢。

鉴于铁道工程测试与评估技术发展较快，以及编者的水平及时间精力所限，本书难免存在不当和疏漏之处，恳请广大读者在阅读过程中及时指出并反馈编者，以利于编者不断地充实和完善。

2022 年 10 月 26 日

目　　录

第1章　绪论 ··· 1
　1.1　铁道工程发展概况 ·· 1
　1.2　测试技术在铁道工程中的应用 ·· 3
　1.3　铁道工程相关试验平台 ··· 7
　1.4　本教材主要内容 ·· 13
　思考题 ·· 13

第2章　轨道静态参数的测试 ·· 14
　2.1　轨道状态测试 ··· 14
　2.2　有砟轨道道床阻力测试 ··· 21
　2.3　轨道系统的刚度测试 ·· 24
　2.4　无砟轨道结构测试 ··· 30
　2.5　无砟轨道端刺区的参数测试 ··· 35
　2.6　无缝线路纵向力测试 ·· 42
　思考题 ·· 48

第3章　轨道动力测试与评估 ·· 49
　3.1　轨道动力测试系统组成 ··· 49
　3.2　轮轨力的测试方法与评估 ·· 52
　3.3　轨道位移与振动的测试与评估 ·· 60
　3.4　道岔动力性能测试 ··· 66
　3.5　基于IMC系统的轨道动力测试 ·· 69
　3.6　现场试验与工程应用 ·· 77
　思考题 ·· 83

第4章　轨道状态检测方法与评估 ·· 84
　4.1　检测内容及方法 ·· 84
　4.2　轨道检查仪 ·· 91
　4.3　普速铁路轨道检查车 ·· 97
　4.4　高速综合检测列车 ·· 104
　4.5　钢轨探伤技术 ··· 114
　4.6　高速铁路工务综合巡检系统 ·· 124
　思考题 ··· 131

第5章　路基关键参数及变形测试 ··· 132
　5.1　路基测试内容 ··· 132
　5.2　路基测试技术 ··· 138
　5.3　路基常见病害及治理效果评估 ··· 145

  5.4 铁路天然地基及基底检测技术 ·· 151
  5.5 铁路复合地基的检测与评估 ·· 161
  思考题 ·· 169

第6章 高速铁路基础设施在线监测技术 ·· 170
  6.1 基础设施健康状态监测内容 ·· 170
  6.2 基础设施健康状态评估方法 ·· 175
  6.3 高速铁路基础设施状态感知技术 ·· 184
  6.4 高速铁路健康在线监测系统 ·· 191
  6.5 监测数据处理技术 ·· 198
  思考题 ·· 208

第7章 铁路近接施工监测与评估技术 ·· 209
  7.1 近接工程分类及特点 ··· 209
  7.2 风险成因及发生机制 ··· 214
  7.3 检测项目及方法 ·· 215
  7.4 监测项目及方法 ·· 219
  7.5 监测系统的构建 ·· 228
  思考题 ·· 235

第8章 铁路环境振动测试与评估 ·· 236
  8.1 铁路沿线振动及噪声的产生及传播机理 ·································· 236
  8.2 铁路沿线环境振动测试方法 ·· 245
  8.3 铁路沿线环境噪声测试方法 ·· 253
  8.4 轨道交通引起室内二次结构噪声测试方法 ······························ 263
  思考题 ·· 269

参考文献 ··· 270

第1章 绪 论

本章知识点、重点、难点

 知识点

(1) 测试技术在铁道工程中的应用;
(2) 测试技术的研究现状;
(3) 国内外轨道工程试验平台。

 重 点

(1) 轨道工程测试对象;
(2) 测试系统的主要组成部分;
(3) 既有测试技术;
(4) 国内外标志性试验基地。

 难 点

(1) 轨道工程的测试对象;
(2) 测试系统的组成。

1.1 铁道工程发展概况

近年来,我国高速铁路、城市轨道交通及重载运输取得了世界瞩目的发展。铁路既有线改造和高速铁路的建设,极大地提升了我国铁路的整体技术水平,有力促进了我国经济的发展和社会的进步。1980年至2020年,我国铁路运营里程由5.33万km增长至14.63万km,如图1-1所示。截至2022年年底,"四纵四横"高铁网提前建成,"八纵八横"高铁网加密成型。我国已系统掌握各种复杂地质及气候条件下高铁建造成套技术,攻克了铁路工程建造领域一系列世界性技术难题,高速铁路技术迅速提升至引领世界的水平。

全国各城市大规模兴建城市地铁和轻轨,截至2022年12月,全国(不含港澳台)轨交城市达53座,城市轨道交通营业里程达9584km,网络覆盖进一步扩大,路网结构更加优化,形成了布局合理、功能完善、衔接顺畅的城市轨道交通网络,我国各城市轨道交通运营规模达100km的时间图如图1-2所示;重载铁路技术达到世界领先水平,构建了涵盖不同轴重等级的重载铁路技术体系。大秦铁路年最高运量突破4.51亿t,成为世界上年运量最大的重载线路。随着世界上一次性建成里程最长的重载铁路——浩吉铁路开通,我国铁路网络新增一条纵贯南北的能源运输大通道,重载铁路技术进入系统提升阶段。

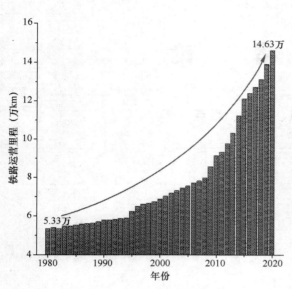
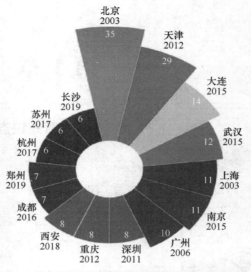

图 1-1　1980—2020 年中国铁路运营里程　　　图 1-2　中国各城市轨道交通运营规模达 100km 时间图

在"一带一路"倡仪实施的过程中,铁路作为先行者,更是致力于发展,做好与世界连接的桥梁。截至 2021 年 6 月,中欧班列累计开行突破 4 万列,通达境外 22 个国家 160 多个城市。凭借"高铁"这一闪亮名片,中国铁路逐步走向世界,影响力与日俱增。中阿、中匈塞、中巴、中印、中老、中泰等国际合作铁路的建设,铸就了互联互通的交通网络,实现了在谋求自身发展中促进各国共同发展。

2019 年 9 月 18 日,为加快铁路专用线建设,国家发展改革委、国家铁路局等五部门联合印发《关于加快推进铁路专用线建设的指导意见》,明确提出要进一步开放专用线建设及运维市场。2019 年 9 月 19 日,中共中央、国务院印发《交通强国建设纲要》,明确提出从 2021 年到 21 世纪中叶,分两个阶段推进交通强国建设。到 2035 年,基本建成交通强国。现代化综合交通体系基本形成,拥有发达的快速网、完善的干线网、广泛的基础网,基本形成"全国 123 出行交通圈"(都市区 1 小时通勤、城市群 2 小时通达、全国主要城市 3 小时覆盖)和"全球 123 快货物流圈"(国内 1 天送达、周边国家 2 天送达、全球主要城市 3 天送达);智能、平安、绿色、共享交通发展水平明显提高。据预测,2023 年我国拟通车高铁里程达 2500km。

行车安全是铁路运输生产的基础,铁路从建成到运营的各个阶段,都可能因行车、环境等因素产生损伤。列车运行的安全性和舒适度是一个系统工程,受到机车车辆、线路轨道、通信信号、运输组织、沿线气象条件、地质和水文条件等影响。而在这些因素中,线路轨道及路基结构作为铁路和城市轨道交通运输的重要基础设施,其状态和性能对列车的安全、平稳运行有重要的影响。因此保证其在服役期内的安全、尽可能延长各部件使用寿命,测试与评估工作必不可少。此外,铁路领域的研究、创新工作,也需要辅以可靠、高水平的铁路测试技术与方法,对铁路系统移动设备与固定设备进行必要的测试与评估。

就移动设备而言，从新产品预可行性研究到产品设计、制造、验收、运用与维护每个阶段都对安全有着重要的影响。预可行性研究阶段应当初步提出对产品的要求。设计阶段需要明确产品需要达到的标准，并研究关键技术的检测与评估方法。在产品制造阶段，需要建立从材料、单元件、部件每一部分的测试检验程序，通过过程控制，保证产品质量，消除安全隐患。产品完成以后，还需要通过整机试验对产品进行检验。

就固定设备而言，工程的可行性研究阶段应当提出项目的设计技术条件。在项目初步设计阶段应当同时研究涉及关键技术的试验。施工图设计时需要逐一落实具体的试验检测工点。施工阶段，在工程建设的同时，应按照过程控制的程序进行从材料到设备的见证取样，按检验批、分项工程、分部工程、单位工程的顺序对工程质量进行检验和必要的检测，还应同时预置隐蔽工程的传感器。在工程验收阶段，除对主体工程进行验收外，还需验收试验检测设施的预置质量。

为了确保铁路行车的安全，在工程验收阶段还有一项重要工作，即综合试验和联调联试。综合试验是对新技术中的关键技术进行试验评估，主要目的是检验新技术对于安全的可靠性，同时考验新的技术标准的可行性。联调联试则通过固定设备与移动设备的联动，验证新建线路和新研制的设备的安全性、可靠性和稳定性。

在运营阶段，铁路还需要进行大量的试验检测保证行车安全。如定期的移动设备保养与检测、定期的轨道检测、定期的基础设施检定。同时设立由成套设备组成的全天候工作的行车安全监控系统，该系统由地对车子系统、地对地子系统、车对车子系统、车对地子系统和行车安全信息管理系统、救援与维修系统构成。

近年来，在我国高速铁路、重载铁路和城市轨道交通建设等方面，新技术、新工艺和新型轨道结构不断出现。随着轨道交通的快速发展，亟需线路养护与维修技术向更高层次和更高水平发展。工务检测是工务部门获得线路状态信息、评价线路技术状态、指导线路养护维修及实施科学管理的重要手段，是保障列车按规定速度安全、平稳运行的重要基础。实践证明，工程测试与评估是建立有效质量监督和养修体系的关键手段。

1.2 测试技术在铁道工程中的应用

1.2.1 铁道工程的测试对象

铁路线路是机车车辆运行的基础，是铁路运输的主体设备。铁路线路是由路基、桥隧建筑物（桥梁、隧道、涵洞）（图 1-3）和轨道（钢轨、轨枕、联结零件、道床、防爬设备和道岔等）（图 1-4）组成的一个整体工程结构。为了能够保证列车安全、平稳和不间断运行，高质量完成客货运输任务，铁路线路必须保持良好的状态。

轨道作为铁路线路的重要组成部分，常年暴露在大自然的各种环境中，经受着各种天气、气候等自然条件的考验和列车随机荷载的反复作用。因而轨道的几何尺寸不断变化，道床及基础结构不断产生变形，钢轨、轨枕、联结零件及其他设备等不断劣化，导致轨道设备技术状态恶化。

图 1-3 桥隧建筑物

图 1-4 路基上轨道结构

行车速度和荷载的提高,对轨道、桥梁、路基、隧道等结构物提出了新的要求,主要表现在对轨道平顺性、线下基础结构的强度、刚度、基础沉降及运营维护等方面要求的提高。因此,需要先进的检测和评估手段,对线下基础设施进行客观检测和评估并预测轨道状态发展趋势。

铁道工程的测试对象包括铁路线路及其周围的环境。铁路轨道是一个长大结构,作用在轨道上的列车荷载受行车速度、车轮圆顺程度、车辆轴重、轨道不平顺的影响,在轨道中会引起相应的动力效应,如轮轨之间及各轨道部件之间的相互作用,轨道各部件的位移、应力、应变、振动等。同时,轨道各部件的几何形位、相对位置、基本尺寸及伤损状态等对行车安全性有重要影响。轨道状态、道床阻力、轨道刚度、轨道动力等测试是既有铁路线路质量状态评估并科学合理地制订维护计划的重要手段和基础,同时也能为新建线路设计、线路病害原因分析及维护标准制定等提供重要的实测数据。

与普速铁路相比,高速铁路路基强化了基床表层结构,提高和完善了压实标准,同时对路基填料及过渡段的刚度提出了更高要求,这对路基设计、施工和测试技术提出了新的挑战。铁路路基测试是路基质量控制和竣工验收评定的重要组成部分,也是运营期质量管理的重要环节。

通过铁道工程测试可以了解线路设备的技术状态和变化规律,及时发现问题,从而科学、合理地安排线路的养护和维修,确保线路处于良好的质量状态,保证铁路运输的安全。通过建立线路状态远程实时监测系统,为工务设备强化和基础设施综合维修提供科学数据支持,对接人工智能新型基础设施建设,以保持铁路工务设备长期处于良好工作状态。通过对线路设备在长期荷载作用下发生的结构变形进行记录和分析,来分析新结构、新部件为铁路线路带来的科技促进作用。

1.2.2 测试技术现状分析

我国在铁路各阶段的试验检测工作和新测试技术研发方面进行了大量的专项研究。为确保新技术的技术指标满足列车安全运营的要求,研究项目往往以大量的模型试验、实际工程试验为基础。不仅如此,还发展了通过计算机仿真分析平台,用数值模拟方法,进行科学试验。评估是按照制定的标准,对试验结果进行评价。标准的制定依靠科学研究,其中大量的数据来自试验分析。因此,评估与测试检验是相辅相成的工作。

(1) 测试系统组成

铁道工程测试与评估技术主要包括轨道静态检测技术、轨道动力学测试与评估技术、轨道几何状态动态检测技术、钢轨内部伤损检测技术等，同时还涉及轨道下部的路基工程、桥隧工程等的关键参数测试技术。随着信息化技术的发展及全寿命周期管理在铁道工程中的应用，对于已建成的工程，测试与评估技术还包括铁路基础设施的在线监测与分析，以保证线路的安全性及高平顺性；对于铁路近接施工工程，采用监测系统实时监控和预警，确保近接施工工程的安全，有利于控制铁路工程施工对周边建筑物或构筑物的影响。结合铁路结构环境振动测试、评估技术与铁路振动控制标准对环境振动影响进行分析与评价。

测试系统的主要组成如图1-5所示，主要包含激励装置、传感器、信号调理及处理、显示记录等。

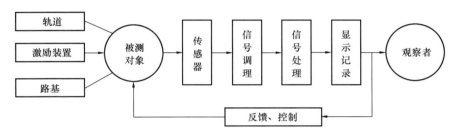

图1-5 测试系统的组成

1) 激励装置

向被测对象输入能量，激发出能充分表征有关信息又便于检测的信号。有些试验，被测对象在适当的工作状态下可产生所需的信号；而某些试验，则需用外部激励装置对被测对象进行激励。如机床振动模态试验，需用专门的激振器对机床激振。

2) 传感器

传感器是能感受规定的被测量并按一定规律和要求转换成输出信号的器件或装置。传感器通常由敏感元件和转换元件组成。敏感元件直接感受被测量，转换元件将敏感元件的输出转换为适于传输和测量的信号。许多传感器中这两者是合为一体的。

3) 信号调理及处理

将传感器输出信号转换成便于传输和处理的规范信号，并作进一步处理、分析，提取被测对象的有用信息。因为传感器输出信号一般是微弱且混有噪声的信号，不便于处理、传输或记录，所以一般要经过调制、放大、解调和滤波等调理，或作进一步的变换，如将阻抗的变化转换为电压或频率的变化，将模拟信号转换为数字信号等。对一些重要测试项目，需要将变换后的信号记录下来，作为原始资料保存或显示出来供测试者观察。

4) 显示记录

将处理结果显示或记录下来，供测试者作进一步分析。若该测试系统就是某一控制系统中的一个环节，处理结果将直接被运用。

测试系统的组成与研究任务有关，并不一定都包含图1-5中的所有环节。

（2）测试技术的研究现状

针对铁道工程建造、运维的需求，随着计算机、数据传输、数据处理技术不断进步，铁道工程测试技术和评估技术不断发展。在测试技术方面，由传统人工测量技术逐渐向自动化测试技术转变，测试精度和效率不断提升。在评估技术方面，评估指标更加全面，评估方法和体系更加合理，预警和预测技术不断进步。

1）轨道测试技术方面：对轨道的静态测量，如轨道几何状态、静力学参数的测量，多采用人工方法或人工和机械自动化相结合的方法进行静态测量并依据相关指标加以评估。目前研发并应用了轨检小车、道床阻力测试仪、锁定轨温测试仪、波磨仪、轮廓仪等静态测量设备。轨道动力性能测试，目前多采用动态传感器和动态采集仪相结合的形式，无源传感、自动触发、智能分析、无线采集等技术正在应用和推广。轨道检测方面，普速铁路采用轨检车对轨道几何形位进行检测，高速铁路的检测以综合轨检列车为主，激光、数字滤波及图像处理技术得到广泛应用，可实现铁路线路运营状态下的全方位测试与评估。此外，智能巡检车、自行式轨道几何检测车、基于无人机的损伤检测等技术蓬勃发展。总体而言，国内外铁路部门对轨道系统测试非常重视，各种设备正朝着系统化、智能化、简捷化方向发展。

2）路基测试技术方面：20世纪80年代以后，K_{30}、E_{vd}及CBR等压实质量力学评价指标在国外工程实践中得到了应用和发展。地基系数K30最早在日本道路路基土压实控制中使用，经过20多年的发展与研究，德国、美国和日本等国已经将便携式落锤弯沉仪（PFWD）应用于路基施工质量控制中，并应用动态变形模量检测值对路基压实质量进行评价，且该方法已经列入相关规范并确定了评价标准。路基压实质量控制的物理评价指标常用的检测方法有灌砂法、灌水法和环刀法等。由于传统的压实检测方法主要采取挖坑方式检测，对路基损坏较大，特别是测点会影响道路结构的完整性和承载能力。因此，核子密度仪法、瑞雷波法、压实度振动测试法和振动波衰减法等压实度无损检测方法得到了发展。随着大量的试验和研究，压实质量的力学评价指标检测设备也得到了快速发展，出现了落锤弯沉仪（FWD）和便携式落锤弯沉仪（PFWD）等快速检测设备。

3）结构监测技术方面：在铁道工程长期监测方面，建立了青藏铁路多年冻土区路基变形长期监测系统，高速铁路上也针对现场需求建立了多个路基沉降观测系统、无缝线路位移和无砟轨道温度场等监测系统。针对高速铁路基础设施需求，近年来研发了集光纤光栅技术、视频感知技术、通信技术和计算机技术于一体的无砟轨道（道岔）—桥梁长期监测系统，已应用于京沪高铁、郑西客专、京张高铁等高速铁路，实现了监测数据的自动采集、传输、分析、预警、预测等功能。此外，还研发和应用了道岔尖轨损伤监测系统、伸缩调节器监测系统、关键区段视频监测系统、结构振动长期监测系统等。铁道工程实时在线监测技术的应用，为轨道下部基础系统的安全性和平稳性分析提供了可靠详细的监测数据，为病害整治和养护维修提供了科学依据。目前正在研究基于分布式光纤在线监测、空天车地一体化监测、基于BIM＋GIS一体化监测等相关技术。

近10年是中国铁路现代化发展的重要时期。每条轨道交通线路都经过无数次试验、仿真计算、检测、评估，是在确保安全可靠的情况下开通运营的。在铁路技术创新的过程中，铁路的安全评估体系也在不断改进完善，目前已经基本形成了适应铁路现代化发展的试验、检测评估体系，可以确保铁路的运营安全。

（3）测试技术的发展方向

随着科学技术的发展，形成了以力学、电学、数学等多学科为基础，以传感技术、微电子技术、计算机技术、信号处理技术、精密机械技术为主要手段的铁道工程综合性测试技术。

与传统测试系统相比，传感器向着新型化、微型化、智能化、非接触方向发展。新型测试仪器往往具有高精度、多功能、小型化、性能标准化、易操作的特点。随着轨道交通运营里程增加，在近接工程和轨道病害多发处，长期在线监测成为铁道工程测试技术的发展方向。参数测量和数据处理以计算机为核心，使测量、分析、处理、打印、绘图、状态显示及故障报警向自动化、集成化、网络化发展。

虚拟仪器技术利用高性能的模块化硬件，结合高效灵活的软件来完成各种测试、测量。灵活高效的软件能帮助用户创建完全自定义的用户界面，模块化的硬件能方便地提供全方位的系统集成，标准的软硬件平台能满足对同步和定时应用的需求，充分发挥了虚拟仪器技术性能高、扩展性强、开发时间少、集成性能高四大优势。

1.3 铁道工程相关试验平台

为了保证在技术不断创新状态下的铁路运输安全，中国铁路在发展中逐步形成了以安全为核心的覆盖全系统、全过程的试验、检测与评估体系。在这个测试评估体系中，按照规范进行的日常程序性的检测工作一般由制造单位、施工单位、养护维修单位实施。新技术开发的科学研究与试验，新标准的制定，新线建设的联调联试，全国铁路线路的综合检测，全路范围路网安全检测评估则由专业化机构进行，其中中国铁道科学研究院是中国铁路最重要的综合研究机构和试验检测机构，北京交通大学、西南交通大学、中南大学、同济大学等高等院校也承担着铁路行业的研究与试验工作。

1.3.1 国内外主要实验室

2007年11月，国家发展改革委员会批复高速铁路系统试验国家工程实验室建设项目资金申请报告，实验室依托中国铁道科学研究院，联合北京交通大学、中国铁路设计集团有限公司开展实验室建设。实验室由1个试验基地、7个实验子系统和2个中心组成，新建和改扩建项目（实验室/平台）15个，已于2013年底竣工。该实验室在我国首次创建了最高试验速度500km/h高速轮轨关系试验台、高速弓网关系试验台、1∶1制动动力试验台，应用了400km/h高速综合检测车，以及移动式线路动态加载试验车等重要试验设备。围绕高速铁路系统的可靠性、安全性、舒适性和节能环保等性能验证，开展高速列车、线路工程、通信信号等系统综合性能试验、测试、验证，初步形成了我国高速铁路系统试验研究技术体系。

除上述高速铁路系统试验国家工程实验室以外，铁路行业由国家批准建设和已经验收的国家重点实验室和国家工程实验室见表1-1。

除国家级试验平台外，还有一些在铁道工程行业比较有影响的省部级试验平台，见表1-2。

铁路行业国家重点实验室和国家工程实验室　　　　　　　　　　表 1-1

序号	平台名称	依托（牵头）单位
1	高速铁路轨道技术国家重点实验室	中国铁道科学研究院
2	动车组和机车牵引与控制国家重点实验室	
3	高速铁路牵引与控制国家重点实验室	
4	高速铁路系统试验国家工程实验室	
5	轨道交通控制与安全国家重点实验室	北京交通大学
6	牵引动力国家重点实验室	西南交通大学
7	城市轨道交通系统安全保障技术国家工程实验室	
8	综合交通运输智能化国家地方联合工程实验室	
9	高速铁路建造技术国家工程实验室	中南大学
10	高速列车系统集成国家工程实验室	中国中车股份有限公司
11	城市轨道交通列车通信与运行控制国家工程实验室	北京交控科技股份有限公司
12	城市轨道交通系统安全保障技术国家工程实验室	中铁信息工程集团有限公司
13	城市轨道交通系统安全与运维保障国家工程实验室	广州地铁集团有限公司
14	城市轨道交通绿色与安全建造技术国家工程实验室	北京城建设计发展集团股份有限公司
15	城市轨道交通数字化建设与测评技术国家工程实验室	中国铁路设计集团有限公司
16	轨道交通系统测试国家工程实验室	深圳市地铁集团有限公司

铁道工程行业主要省部级试验平台　　　　　　　　　　表 1-2

序号	平台名称	依托（牵头）单位
1	轨道工程北京市重点实验室	北京交通大学
2	北京市轨道交通线路安全与防灾工程技术研究中心	
3	列车自主运行控制铁路行业重点实验室	
4	运营主动安全保障与风险防控铁路行业重点实验室	
5	高速铁路线路工程教育部重点实验室	西南交通大学
6	轨道交通工程动力学创新引智基地	
7	四川省高铁工务安全监测技术工程实验室	
8	先进能源牵引与综合节能铁路行业重点实验室	
9	轨道交通安全教育部重点实验室	中南大学
10	重载铁路工程结构教育部重点实验室	
11	江西省道路与铁道工程重点实验室	华东交通大学
12	江西省轨道交通基础设施安全与维护重点实验室	
13	基础设施安全与应急铁路行业重点实验室	石家庄铁道大学

国外针对轨道、路基、桥梁、隧道等也建设了大量的实验室和实验平台，如荷兰代尔夫特理工大学铁道工程实验室、挪威科技大学和美国伊利诺伊大学香槟分校有砟轨道实验平台、瑞典查尔姆斯大学轮轨接触实验平台、日本东京大学土木实验室和京都大学风洞实验室、法国居斯塔夫埃菲尔大学交通科学技术研究中心、德国慕尼黑工业大学边界层风洞

实验室等。

1.3.2 国内外综合试验基地

目前,世界上主要的轨道交通综合试验基地包括中国铁道科学研究院环形试验线、美国 TTCI 试验线、法国 CEF 铁路试验中心、俄罗斯谢尔宾卡环形试验基地、捷克维里姆试验研究中心、德国 PCW 铁路车辆试验中心以及日本铁道综合技术研究所。

(1) 中国铁道科学研究院环形试验线

该环形试验线位于北京市,是目前亚洲唯一的环行铁路试验场(图 1-6)。基地现有大环线、小环线、城市轨道交通试验线等线路,总长度 47km,在环内设有两个半径为 1000m 的曲线及 600m、350m 的曲线各一个。线路设有多种坡度和曲线半径。基地的站场共有 7 股道,具备万吨及其以上列车的编解作业能力。线路还设有专门的减振降噪试验段、噪声声屏障测试试验段、信号系统模拟车场线试验段、越区和分区供电试验段、冲击试验段等。

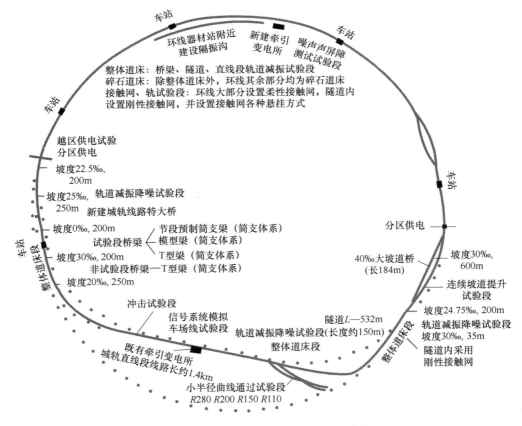

图 1-6　中国铁道科学研究院环形试验线

基地拥有 5 个国家级创新平台,30 余个专业试验室。近年来还建设了高速铁路系统试验国家工程实验室、城市轨道交通国家工程实验室,是中国铁路机车车辆、铁道建筑、铁道电气化、通信信号、客货运输、特种运输、行车安全、地铁及城轨车辆等多学科的综合性科研试验基地。

(2) 美国 TTCI 试验线

美国国家运输技术中心（TTCI）是世界性的铁路运输研究和试验中心。该试验线可对小到单个部件大至整车系统进行试验验证。在服务美国本土的同时，TTCI 还为世界很多国家的高速动车组、高速线路重要部件进行系统试验，美国 TTCI 试验线概况图如图 1-7 所示。

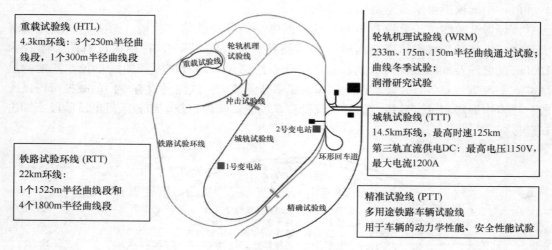

图 1-7　美国 TTCI 试验线概况图

TTCI 试验线总长 77.28km，是目前全世界最大的轨道交通综合试验基地。它可以对线路、桥涵、机车车辆、通信信号、牵引供电性能进行测试，进行不同类型钢轨、道岔等基础设施在累积运行吨公里数和耐久性方面的试验；具备列车系统级检测技术、关键部件检测技术的能力。同时，TTCI 利用试验线开展前瞻性、系统性及基础性试验研究，制定了一系列国际及行业标准。

但是 TTCI 试验基地也有一些不足之处，如不满足多样自然条件测试需求；试验基地不具备 270km/h 以上的高速轮轨客运系统测试能力；不具备 600km/h 高速磁浮、城轨系统等新产品的试验条件和能力；不具备耐高温、耐严寒、火灾等特殊环境条件下的测试能力。

(3) 法国 CEF 铁路试验中心

法国 CEF 铁路试验中心位于雷斯姆地区，可以对线路、机车车辆、牵引供电等性能进行测试，进行不同类型钢轨、道岔等基础设施在累积运行吨公里数和耐久性方面的试验；具备关键部件检测技术的能力；可以为城市轨道交通的试验提供服务，法国 CEF 铁路试验线如图 1-8 所示。

但是，该试验中心不具备耐严寒、耐高海拔的测试能力；不具备桥涵、通信信号常规性能测试的能力；无法完成 250km/h 以上的高速轮轨客运系统测试，不具备 120km/h 以下重载货运的试验条件和能力；只能进行以电气技术为主的相关局部性试验，缺乏系统的试验验证能力。

(4) 俄罗斯谢尔宾卡环形试验基地

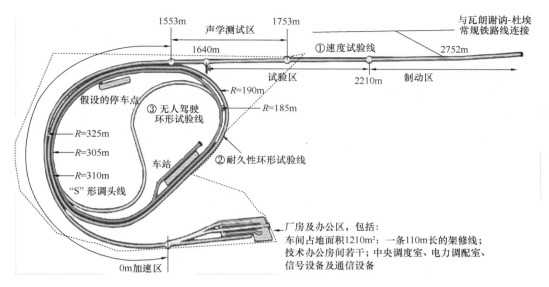

图 1-8 法国 CEF 铁路试验线

俄罗斯谢尔宾卡环形试验基地（图 1-9）位于莫斯科近郊，是世界上最早的环行线试验基地。试验基地铺设有环行试验线，可进行各类高速、重载、城轨列车、线路工程、通信信号、牵引供电及其他技术装备的性能试验和疲劳试验。该基地具备列车系统级检测技术、关键部件检测技术的能力，可进行 250km/h 高速动车组性能测试，及各类重载、城轨列车等试验。

但是，该基地不具备耐高温、高海拔的测试能力；不具备桥涵常规性能测试，不支持变制式、变结构等可配置试验；缺乏各专业系统检测技术的能力；无法完成 600km/h 高速磁悬浮系统测试等。

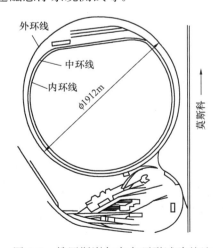

图 1-9 俄罗斯谢尔宾卡环形试验基地

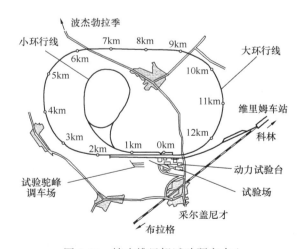

图 1-10 捷克维里姆试验研究中心

（5）捷克维里姆试验研究中心

捷克维里姆试验研究中心如图 1-10 所示，总长 13.276km 的大环试验线为对称椭圆形线路结构，直线区段与 2 条半径 1400m 的曲线连接，在大环线上可以进行速度 200km/h 的列车运行试验。大环的中部线路区段长 1893m，为无坡道的平直线路，可以进行机车车辆的启动、加速、按固定需要功率运行和制动试验。

但是，该基地不具备耐高温、严寒天气的能力，不能进行不同类型钢轨、道岔等基础设施在累积运行吨公里数和耐久性方面的试验；不能开展隧道和大坡道方面的试验研究；不能为第三轨受流车辆提供受流；不具备关键部件检测技术的能力及无法完成实验设备对试验能力的支撑评价；无法完成 250km/h 以上的高速轮轨客运系统测试，不能满足 120km/h 的快速重载车辆试验需求。

（6）德国 PCW 铁路车辆试验中心

德国 PCW 铁路车辆试验中心具有 5 条试验线，总长 30km，如图 1-11 所示。德国 PCW 试验中心是在干线铁路的背景下发展起来的，主要进行考核性试验。作为欧洲的轨道交通综合试验基地之一，在试验线路规划上，考虑了不同的需求，划分了不同的试验线路。基地可以对线路、机车车辆、通信信号等性能进行测试及不同类型钢轨、道岔等基础设施在累积运行吨公里数和耐久性方面的试验；具备列车系统级检测技术、各专业系统检测技术、关键部件检测技术的能

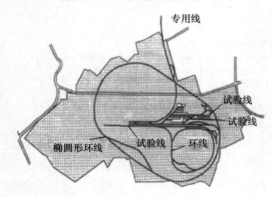

图 1-11 德国 PCW 铁路车辆试验中心

力，及实验设备对实验能力的支撑评价；具备 160km/h 以下的列车系统试验能力和城轨系统测试能力。

但它也很多不足之处，如不满足多样自然条件测试需求；不具备桥涵常规性能测试；不具备变制式、变结构检测能力；无法完成 250km/h 以上的高速轮轨客运系统测试；不具备 600km/h 高速磁浮等新产品的试验条件和能力；不具备耐严寒、耐高海拔等特殊环境条件下的试验能力。

（7）日本铁道综合技术研究所

日本铁道综合技术研究所是日本铁路进行有关铁路技术研究和试验的基地，除了山梨和宫崎超导磁浮铁路试验线外，仅有一条 600m 左右长的轮轨铁路环形试验线，且功能简单。日本铁路的高速试验能够在既有线上进行，主要有：小山综合试验段系列试验、STAR21 列车试验、300 系列车在东海道新干线的高速试验。

日本铁道综合技术研究所拥有非常先进的试验装备，包括各种试验台架（装置）和试验所。但是，该基地空间受限，试验线较少，不能满足线路常规性能测试，不能进行通信信号性能测试；试验线规模较小，故缺乏列车系统级检测技术和专业系统检测技术的能力；无法完成 250km/h 以上的高速轮轨客运系统测试，不具备重载试验条件和专门城轨试验线，不具备相配套的地方人力水平和产业水平。

通过对全球范围的轨道综合试验与检测设施的研究分析，现有试验线曲线半径均较小，试验功能不够齐全。不具备进行全方位高速试验的条件，不能满足持续性试验和条件要求较严苛的试验；部分国家对城市轨道交通新兴技术的研究和试验缺乏针对性，不具备

磁浮、单轨等设施的试验条件；不具备特殊环境条件下的试验条件，如高海拔、火灾等，无高速和特种车辆试验功能，不具备变制式、变结构检测能力。

1.4 本教材主要内容

铁道工程测试与评估技术是我国铁路和城市轨道交通工程设计、建造、检测和运营维护人员的必备知识。本教材将系统地介绍铁路轨道和路基等结构的静动态测试方法、轨道检测监测与评估技术、近接施工相关测试、结构振动测试与分析等基本知识，为从事铁路工程和城市轨道交通的相关工作奠定专业技术基础。

本教材系统、全面介绍铁道工程测试与评估的基本知识理论和方法，并吸纳了当今世界该领域最新成果。第1章在对国内外铁路发展情况和既有铁道工程测试技术与评估方法的基础上，对新的测试理论、评估方法、相关测试先进设备及现场应用技术等进行了系统介绍。第2章介绍轨道静态参数的测试，主要包括钢轨轮廓状态、有砟轨道道床阻力、无砟轨道推移阻力、轨道系统刚度及无缝线路纵向力等静态参数的测试内容与方法。第3章介绍轨道动力学测试与评估，主要包括轨道动力测试系统组成、轮轨力测试与评估方法、轨道位移与振动测试与评估以及道岔动力性能测试等。第4章介绍了轨道状态检测方法与评估，主要包括轨道几何形位检测内容与方法、多功能综合检测车、钢轨探伤技术以及轨道巡检系统等。第5章介绍了路基关键参数及变形测试，主要包括路基测试内容与技术、路基常见病害及治理效果评估、天然地基及基底检测技术和铁路复合地基检测等。第6章介绍了高速铁路基础设施在线监测技术，主要包括铁路基础设备健康状态监测内容与评估方法、在线监测系统和监测数据的评估等。第7章为铁路近接施工监测与评估技术，主要介绍了近接工程及其风险成因与发生机制、检测项目与方法、监测系统构建等。第8章为铁路结构环境振动测试与评估，主要包括铁路结构环境振动及噪声的产生和传播机理、环境振动测试方法、环境噪声测试方法等。

值得注意的是，学习"铁道工程测试与评估"这门课程，需要掌握铁路轨道和路基相关知识、具有较好的数学及力学功底，以理解与运用教材中的理论。同时，希望学习者注意理论、方法联系实际，可以通过对现场的参观、实践、交流等手段掌握必要的测试技术、评估方法及具体应用等知识。对于现场测试及其数据分析应注意其基本的理论方法、工程背景、精度要求、应用软件的特点等，注重培养实际的动手能力和解决实际工程问题的能力，并要学会在具体工程中灵活运用。

思 考 题

1-1 简述轨道工程的发展。
1-2 铁道工程的测试对象包括哪些？
1-3 测试系统由哪些部分组成？
1-4 简述测试技术的研究现状。
1-5 根据高铁的既有发展方向，谈一谈你对测试技术发展方向的理解。
1-6 简述国内外试验室的特点。

第 2 章 轨道静态参数的测试

本章知识点、重点、难点

(1) 轨道状态测试内容；
(2) 有砟轨道道床阻力测试内容；
(3) 轨道系统的刚度测试内容；
(4) 无砟轨道结构测试内容；
(5) 无砟轨道端刺区的参数测试方法；
(6) 无缝线路纵向力测试方法。

(1) 道床状态检测评估方法；
(2) 轨枕横向阻力及道床纵向阻力的测试方法；
(3) 轨道刚度的三种测试方法；
(4) 无砟轨道推板试验；
(5) 位移法、双向应变法及自振频率和阻尼系数法的测试。

(1) 不同钢轨轮廓状态测试方法的特点；
(2) 纵横向阻力的测试特点；
(3) 3 种无缝线路纵向力测试的特点。

轨道静态参数的测试是指在没有列车动态荷载时，利用道尺、弦线、轻型检查仪及静力加载设备等检测工具或设备对轨道进行的检查、测量。测试内容主要包括轨道几何尺寸、部件外观状态、道床纵横向阻力、轨道系统刚度和无缝线路纵向力等。通过测试轨道静态参数可以了解线路设备的技术状态和变化规律，及时发现问题，从而科学、合理地安排轨道的养护和维修计划。

2.1 轨道状态测试

2.1.1 钢轨轮廓状态测试

随着铁路运力不断增长，钢轨的磨耗速度越来越快。钢轨磨耗造成轮廓尺寸发生变化，导致轨距变化、轮轨接触面积增加，对钢轨和车辆都会造成不利影响，甚至在道岔、曲线等特殊区域易脱轨。因此，及时对钢轨轮廓进行检测，对保证列车的正常运行非常重要。

（1）检测设备

随着铁路运输事业的发展和技术进步，钢轨磨耗的测量技术经历了从简单目测到尺规类工具检测，再到数字化仪器检测的过程。人工目测方法是早期铁路采用的检测方法，主要依赖于工务人员的感觉和经验，其准确性和可靠性较差。

尺规检测依靠尺规支持架定位，再利用游标卡尺对轨头固定位置进行测量，获取轨头固定位置的磨耗值。国外在此基础上进行了积极探索，如德国公司 VOGEL&PLOTSCHER 研发了 P110B 轨头钢轨外形绘制装置、SKM1/SKM2 轨头磨耗检测装置，借助探针对钢轨表面进行扫描，并在记录纸上以等比例绘制出探针的轨迹曲线。

数字化仪器主要包括接触和非接触两大类。关于接触型测量设备，以丹麦的绿林（Green Wood）研发的 Mini Prof 系列便携式轮廓检测装置最为著名。其起源于 20 世纪 80 年代英国道比研究中心研发的钢轨断面测量仪。该测量仪由导轨和测头组成，测量时测头在导轨上滑动，采集钢轨外形数据，然后在计算机上对采集的数据进行处理分析。非接触型测量设备始于奥地禾格拉茨研制的 Calipri，其为世界上第一种采用非接触式测量的手持电子测量仪。其后，瑞士 ELAG ELECTRONIC AG 公司研制了便携激光轨道检测仪，即 Rail Monitor 3000。美国的 KLD Labs 公司研发了 ORIAN 系统（光学钢轨检测和分析系统）及 TRMS 系统，其中 ORIAN 系统能实现实时测量，将轨检设备与轨检车结合，实现了钢轨廓形的快速实时测量，大大提高了检测效率。

（2）主要检测方法

1）接触式检测

① 采用机械设备直接接触钢轨

一般通过卡尺进行人工测量，这种卡尺专门测量钢轨的垂直磨耗与侧面磨耗。原理是以钢轨的非工作边轨颚为基准点，用两个游标卡尺来测量相应的磨耗值，不同的钢轨型号有不同的卡尺型号，检测设备如图 2-1 所示。由于卡尺携带方便、成本较低，大部分钢轨测量都是采用这种方式。但是这种设备完全依赖人工测量，而且测量环境多变，测量结果很容易受到多因素的影响，特别是人为因素。

② 机械和电子技术等结合的电子检测

这种方法以传感器为测量媒介，间接得到钢轨轮廓尺寸，从而绘制出轮廓曲线，并与标准参考轮廓进

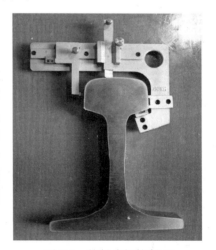

图 2-1　接触式钢轨断面
检测设备（磨耗尺）

行对比，得到钢轨磨耗值。根据传感器的不同又可以分为光电编码器法和位移传感器法。

光电编码器法采用接触式手工方式，具有直观、便携等优点，本书以最具代表的 MiniProf 便携式轮廓检测装置为例做简要说明，如图 2-2 所示。该系统由一台便携式计算机、一个专用扩展箱及轮轨测量装置构成。测量单元是一直径很小的磁轮，用于接触被测物表面。系统由两个连接杆构成，并以双角度的方式形成二维自由检测系统。测量时，人工操作测量杆"描绘"钢轨断面，计算机得到传感器的极坐标数据，然后转化为笛卡尔坐

标并计算出被测钢轨断面轮廓，完成钢轨断面轮廓测量。它的测量速度比较快，能够在 5s 内完成 500～800 个点的采集，计算机处理系统分析处理采集到的数据，计算磨耗、顶圆半径等钢轨参数。

图 2-2　接触式钢轨断面检测设备（MiniProf）

位移传感器法通过记录与钢轨接触的测量小球轨迹来实现测量。两个相互垂直的增量型位移传感器决定了小球的滑动平面，根据小球的滑动可以绘制出钢轨轮廓坐标，将坐标以数字形式传送到工控机上，对数据进行计算与存储，从而得到相应的钢轨磨耗值。通过测得数据还可以进一步在 CAD 等软件中进行钢轨轮廓绘制。

2）非接触检测方法

① 非接触式钢轨断面静态检测

图 2-3　钢轨平直度电子测量仪

非接触式钢轨断面静态检测设备主要采用激光三角测距原理，通过激光测距传感器横向移动来实现钢轨断面轮廓的测量。如图 2-3 所示为钢轨平直度电子测量仪，该测量仪不仅可用于 0.03～0.3m 短距离波形范围的钢轨磨损检测，也可用于 1～3m 较长距离波形范围的钢轨磨损情况评估。

钢轨平直度测量仪测量系统具有成本低、质量轻、界面友好、便于操作等优点，可以分析该测量区段的钢轨波磨情况，包括波长的平均值和最大值，波深的平均值和最大值。其测量基本长度为 1m，测量时间为每次 5～10s，测量点数量为每米 1000 点。该测量仪配备便携式计算机，可直接查看检测数据，有波形显示、数据显示等多种界面，操作方便。

图 2-4 中为非接触式钢轨断面静态检测仪 Railmonitor—LITE3000（RML3000），该检测仪集成了无接触激光测量技术、TFT 显示屏和轨道打磨参数计算软件，可同时测量钢轨轮廓、轨头高度、打磨深度、轨距、水平、钢轨半径、环境温度，甚至检测完整的道岔。全部检测和日志均保存在设定的位置，测量结果可及时显示并储存于 CF 卡内，数据可快速传输到电脑中进行分析。钢轨和道岔软件集成全球各种轨型参数，与激光实测数据进行对比分析、评估。该方法直接在线检测钢轨断面，具有检测精度高、稳定可靠等优

点，测量精度可达 0.05mm。

② 非接触式钢轨断面动态检测

非接触式钢轨断面动态检测设备主要采用光学成像原理，利用高速相机实时扫描钢轨断面轮廓形状，本书以 CAT 钢轨波磨测量仪（图 2-5）为例进行介绍。与平直度测量仪的作用相似，该测量仪可以对区段钢轨的表面波磨进行测量，对轨道的波磨特征进行检测。与传统直尺只能选取个别离散测点评价测量区段波磨特性的方式不同，该测量仪能够连续监测整个区段的钢轨表面不平顺状态。

在测量过程中，小车沿着轨道推行，间隔 1~2mm 记录轨面廓形。最终生成"异常超标报告"，包含一系列波磨超出预设值的钢轨里程，生成"不良焊缝报告"，显示钢轨不良焊缝及焊缝统计状况。图 2-6 为检测得到的钢轨不平顺数据图。

图 2-4　Railmonitor—LITE3000

图 2-5　CAT 钢轨波磨测量仪

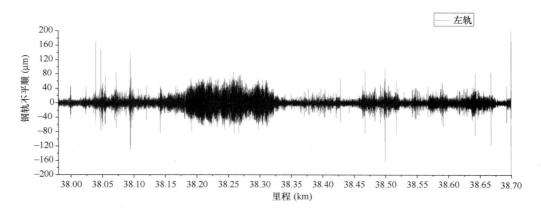

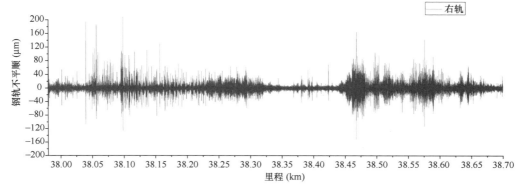

图 2-6　钢轨不平顺数据图

如图 2-7 所示为波兰 GRAW 公司研发的 TEP 手推式钢轨廓形测量小车，可以对钢轨廓形进行连续检测。当设备沿着钢轨纵向移动时，钢轨廓形数据可以实时存储到电子数据存储卡中。测量过程中，操作人员可以随时读取数据，对轨头顶面磨耗量和侧面磨耗量进行检测，可以将测量里程与钢轨廓形数据联合存储，方便用户分析。同时当系统检测到钢轨廓形损伤严重时，操作人员可以将钢轨缺陷的数据信息进行记录，并标注出破损的钢轨接头焊缝、钢轨和需要替换

图 2-7 TEP 手推式钢轨廓形测量小车

的钢轨轨枕及螺栓的位置。同时配套的 Geo TEC System 软件能够计算出钢轨的水平、垂直磨耗数据，测量结果可以以表格、图像的形式打印。

③ 轨检车钢轨断面轮廓检测

高速动检车均配有基于光学成像原理的钢轨断面检测装置，利用激光线扫描钢轨轮廓，高速工业相机实时拍摄断面图像，并由服务器数据处理单元对轮廓线进行分析、处理，给出钢轨磨损量等信息，如图 2-8 所示。

如图 2-9 所示，美国 KLD Labs 公司的钢轨断面轮廓动态检测系统是较为典型的光学钢轨检测和分析系统。轨检机车上装载有多种检测设备，包括多个激光发射器和光学摄像传感器，以及温度、速度、里程等传感器。轨检车在钢轨上运行时，庞大的检测系统可对轨道的轨距、不平顺度、波形磨耗、钢轨轮廓磨耗等多个参数进行实时测量。其自动化程度较高，工作效率高，使用寿命长。各种钢轨轮廓检测方法的原理、优缺点见表 2-1。

图 2-8 动检车钢轨断面检测示意图

图 2-9 钢轨断面轮廓动态检测系统

钢轨轮廓检测方法总结　　　　　　　　表 2-1

方式	钢轨轮廓检测种类		原理	优点	缺点
接触式	机械设备直接接触		卡尺进行人工测量	卡尺携带方便、成本较低	依赖人工测量，而且测量环境多变，这使测量结果很容易受到很多因素的影响
	机械和电子可编程技术等相结合的电子检测设备	光电编码器法	接触式手工方式	直观、便携等优点	设备测量行程小，磁轮无法测量轨颚位置，不利于钢轨磨耗的评估
		位移传感器法	位移传感器方式	便携、方便	检测过程依赖人工操作，精度无保证

续表

方式	钢轨轮廓检测种类	原理	优点	缺点
非接触式	静态	激光三角测距原理	直接在线检测钢轨断面，具有检测精度高、稳定可靠等优点	不能连续测量，一次测量只能测量轨道一点的廓形，效率不高
	动态	光学成像原理	效率高，实时测量并存储数据	续航时间受限，不能长时间、大规模检测
	轨检车	非接触式激光成像原理	自动化程度高，工作效率高，使用寿命长	成本高，只能定期检测，不能用于日常维护

2.1.2 道床状态检测评估

道床是轨道框架结构的支撑体，其质量优劣关系到整个轨道的使用状态和行车安全。为评估新建铁路和既有线碎石道床的施工质量、衡量碎石道床的密实稳定性、评估无缝线路轨道稳定性，在新建铁路和既有线大修作业后，应进行碎石道床质量测试试验。

（1）道砟质量

我国标准《铁路碎石道砟》TB/T 2140—2008 将道砟分为特级和一级两个级别，道砟主要性能为抗磨耗性能、抗冲击性能、抗压碎性能、渗水性能、抗大气腐蚀性能及稳定性能，道砟材质性能对应检测参数及相应规定见表2-2。

道砟材质性能　　　　　　　　　　　表 2-2

性能	编号	参数	特级道砟	一级道砟	评定方法 单项评定	综合评定
抗磨耗、抗冲击性能	1	洛杉矶磨耗率（LAA）（%）	$\leqslant 18$	$18 < LAA < 27$	—	道砟的最终等级以编号1、2、3、4中的最低等级为准。特级、一级道砟均应满足编号5、6、7、8的要求
	2	标准集料冲击韧度（IP）	$\geqslant 110$	$95 < IP < 110$	若两项指标不在同一等级，以高等级为准	
		石料耐磨硬度系数（$K_{干磨}$）	> 18.3	$18 < K_{干磨} \leqslant 18.3$		
抗压碎性能	3	标准集料压碎率 CA（%）	< 8	$8 \leqslant CA < 9$	—	
	4	道砟集料压碎率 CB（%）	< 19	$19 \leqslant CA < 22$	—	
渗水性能	5	渗透系数 P_m（10^{-6} cm/s）	> 4.5		至少有两项满足要求	
		石粉试模件抗压强度 σ（MPa）	< 0.4			
		石粉液限 LL（%）	> 20			
		石粉塑限 PL（%）	> 11			
抗大气腐蚀性能	6	硫酸钠溶液浸泡损失率 L（%）	< 10			
稳定性能	7	密度 ρ（g/cm³）	> 2.55			
	8	相对密度 R（g/cm³）	> 2.50			

（2）洛杉矶磨耗率试验

主要试验设备为洛杉矶磨耗机，其转速为 31～33r/min，洛杉矶磨耗机填料用钢球直径为 46.0～47.6mm，质量为 390～455g。钢球的数量和总质量根据试样种类按表 2-3 选用。

洛杉矶磨耗机填料数量　　　　　　　　　　　　　　表 2-3

试样种类	球数	总质量（g）
道砟	12	5000±25

筛分、制备相应粒径的试样，用规准仪检查试样，针状和片状颗粒的质量百分比分别不大于 5%。将试样洗净、烘干（105～110℃烘 4h）。按表 2-4 的级配和质量标准，制备 3 份试样。

洛杉矶磨耗率试样质量　　　　　　　　　　　　　　表 2-4

试样种类	试样粒径（mm）	试样质量（g）	试样总质量（g）
道砟	20～25	5000±25	10000±50
	25～40	5000±25	

试验时将一份试样装入洛杉矶磨耗机滚筒内，装入钢球、盖好筒盖，开启电机，使圆筒旋转。圆筒旋转达到规定的次数（道砟 1000r，级配碎石、底砟 500r）停机，倒出试样。用孔径 1.7mm 的方孔筛筛分，将大于 1.7mm 的试样用水洗净，装入鼓风干燥箱烘干（105～110℃烘 4h），再次筛除 1.7mm 以下的粉粒，称出试样磨耗后粒径大于 1.7mm 颗粒的质量 G_2。按同样的程序分别测试另两份试样。按式（2-1）计算道砟洛杉矶磨耗率。

$$LAA = [(G_1 - G_2)/G_1] \times 100 \quad (2-1)$$

式中　LAA——道砟洛杉矶磨耗率，%；
　　　G_1——试样磨耗前质量，g；
　　　G_2——试样磨耗后粒径大于 1.7mm 颗粒的质量，g。

3 份试样中任何 2 份试样磨耗率之差不得大于 2%，否则应重新取样试验。3 份试样的磨耗率平均值为该道砟洛杉矶磨耗率，LAA 值一般取小数点后一位。

（3）标准集料压碎率试验

标准集料压碎率是反映石料抗压碎能力的参数，以标准粒径碎石用规定试模、规定荷载压碎后损失的质量百分率来表示。

采用 500kN 压力试验机和标准集料压碎率试模，从自然风干或烘干的试样中，筛选粒径 10～16mm 标准试样 3 份，每份试样质量 G_1 为 3000±5g，试样的针、片状颗粒质量百分率均不大于 5%。

将试模圆筒置于底盘上，将 3kg 试样分两层装入试模，装完一层试样，在底盘中心放一直径 15mm 圆棒，使底盘高于台面 10mm，以圆棒为中心用手左右各摇振 30 次，第二层振完后整平试样表面。将压头装入试模内，然后移至压力机台面上加载，以 0.6～0.8kN/s 匀速加载至 200kN，保压 2min 卸载，移去压头，倒出试样。用孔边长 2.5mm 的筛子筛分试样，称试样筛余质量 G_2。

按同样的程序分别测试另两份试样。按式（2-2）计算道砟标准集料压碎率。

$$CA = [(G_1 - G_2)/G_1] \times 100 \tag{2-2}$$

式中 CA——道砟标准集料压碎率，%；
G_1——试样试验前质量，g；
G_2——试样试验后筛余质量，g。

取 3 份试样压碎率的算术平均值作为该道砟的标准集料压碎率，CA 值取小数点后一位。

（4）道砟集料压碎率试验

道砟集料压碎率是道砟集料试样按规定的试模和荷载压碎后级配变化的参数。试验设备采用 1000kN 压力试验机，从自然风干或烘干的试样中，按表 2-5 的规定配制一份试样。试样颗粒不得有肉眼可见裂纹，且针、片状颗粒质量百分率各不得大于 5%。

道砟集料试样质量 表 2-5

粒径（mm）	16～25	25～35.5	35.5～45	45～56	56～63
质量（g）	600	2400	2400	6000	600

试验时将试样拌合均匀，分三次装入试模圆筒内。每装完一层将试模置于直径 30mm 圆棒上，使底盘高出台面 25mm，以圆棒为中心用手左右各摇振 50 次。第三层装完摇振后整平试样表面，将压头装入试模内，然后移至压力机台面上，以 0.6～0.8kN/s 匀速加载到 500kN，保压 2min 卸载。移去压头，倒出试样。用 56mm、45mm、35.5mm、25mm、16mm 和 1.7mm 方孔筛筛分试样，分别称量压碎后各粒径的质量。将压碎后各粒径质量填入表 2-5，并算出占筛余总质量的百分率。按式（2-3）、式（2-4）计算道砟集料压碎率：

$$CB = [(10195 - Fn)/10195] \times 100 \tag{2-3}$$

$$Fn = 112A_{56} + 107A_{45} + 101A_{35.5} + 93A_{25} + 81A_{16} + 45A_{1.7} + 7A_{底} \tag{2-4}$$

式中 CB——道砟集料压碎率，以百分比计（%），取小数点后一位；

A_{56}、A_{45}、$A_{35.5}$、A_{25}、A_{16}、$A_{1.7}$、$A_{底}$——各粒级的筛余质量百分率。

2.2 有砟轨道道床阻力测试

道床阻力是指碎石道床所提供的阻止轨枕纵横向移动的力。道床阻力对保持轨道框架的纵横向位置起着十分重要的作用，是防止轨道纵向爬行及无缝线路横向失稳的重要因素。道床阻力分为道床纵向阻力和道床横向阻力，道床横向阻力体现为轨道结构刚度。

道床纵向阻力是指道床抵抗轨道框架纵向位移的阻力，是抵抗钢轨伸缩，防止轨道纵向爬行的重要参数。当钢轨与轨枕间扣件阻力大于道床抵抗轨枕纵向移动的阻力时，无缝线路长钢轨的温度应力和温度应变的纵向分布规律完全由接头阻力和道床纵向阻力确定。道床纵向阻力受道砟材质、颗粒大小、道床断面、捣固质量、道床脏污程度以及轨道框架重量等诸多因素的影响。试验表明，道床阻力随轨枕位移的增加而增大，且阻力与轨枕位移成非线性关系。

道床横向阻力由枕底摩擦力、枕侧道砟摩擦力以及砟肩阻力三部分组成。枕底摩擦力取决于钢轨及轨排组成的轨排重量以及枕底的粗糙程度，约占总横向阻力的50%。枕侧道砟摩擦力由道砟盒内石砟侧压与轨枕侧面摩擦而产生，约占总横向阻力的20%~30%。道砟盒内的石砟越饱满，夯拍越密实，枕侧摩擦力越大。砟肩阻力是当轨枕向一侧横向移动时，道床肩部石砟所提供的被动阻抗压力，约占总横向阻力的20%~30%。砟肩阻力随道床肩宽的增加而增加，但当肩宽达到46cm左右时，进一步增加肩宽的效果已不明显，可采用在砟肩上将石砟堆高的方法增加横向阻力。轨道道床纵横向阻力是有砟轨道无缝线路设计、检算的基本参数，也是决定大机作业后线路开通速度的重要参数。

轨道结构刚度是影响轨道反力分布、轨道结构振动产生和传递的关键因素。轨道刚度不平顺引起的轨道结构振动及传递荷载日益增大，最终将表现为轨道部件受损、道床不均匀沉降、线路基础病害等现象。这些病害的出现又进一步加剧了轨道刚度不平顺，影响了车辆运行品质。所以，轨道刚度不平顺是轨道劣化的重要因素，是基础病害、轨道几何不平顺、轨道下沉等病害的重要根源，同时也是轨道劣化的表现形式。

2.2.1 道床横向阻力测试

道床横向阻力采用现场原位测试方法，将被测量轨枕所有扣件松开，并抽出橡胶垫板，利用钢轨提供的反力横向推移轨枕。测试过程中，使用千斤顶施加横向推力，压力传感器测量力的大小，位移计测量轨枕位移，并通过IMC动态数据采集仪实时采集数据传输到计算机。横向阻力测试见图2-10~图2-13。

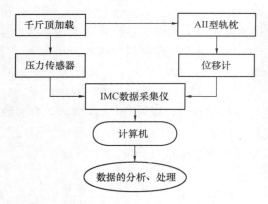

图2-10 横向阻力测试原理流程图

图2-11 千斤顶与压力传感器

图2-12 位移计与固定支架

图2-13 IMC数据采集仪与计算机

道床横向阻力测试示意图如图 2-14 所示,试验的具体方案如下:

1)卸下测试轨枕扣件上的 4 个螺母和弹条,并抽出扣件橡胶垫板,使轨枕和钢轨完全脱离,之后将加力架放置在钢轨内侧的测试轨枕上,扣件螺纹道钉螺栓穿过加力架圆孔。

2)将千斤顶横卧在加力架的后底面,保证顶住加力架后壁,顶铁紧靠钢轨放置,然后在顶铁和千斤顶之间放置压力传感器。

3)将连接装置套在钢轨外侧的螺纹道钉上,并用扳手紧固,使位移计指针所指位置处于垂直状态。

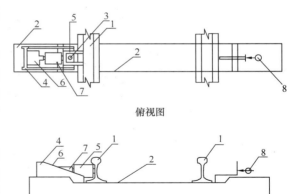

图 2-14 道床横向阻力测试示意图
1—钢轨;2—轨枕;3—螺纹道钉;4—加力支架;
5—顶铁;6—千斤顶;7—压力传感器;8—位移计

4)将位移计固定支架放置在道床砟肩上,并加重(放置一段长 400mm 的 60kg/m 钢轨)固定;将位移计安装到固定支架上,并使位移计顶住连接装置突起部位。

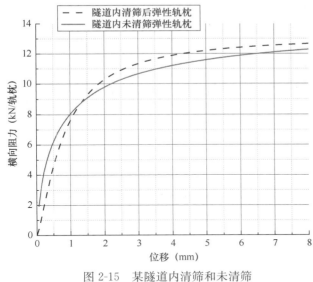

图 2-15 某隧道内清筛和未清筛
弹性轨枕道床横向阻力

5)将压力传感器和位移计通过数据线连接到 IMC 动态数据采集仪上,并将数据采集仪连接至笔记本电脑。

6)开启 IMC 数据采集系统,并调试测试仪器,校正相关参数。使用千斤顶沿线路横向缓慢加载,实时采集并存储数据。

某普通线路隧道内清筛弹性轨枕和未清筛弹性轨枕横向阻力各 10 个样本,剔除异常值后,以实测数据计算均值,再减去 2.5 倍标准差,确定道床横向阻力最小可能值。采用 origin 分析软件对数据进行非线性拟合,得到轨枕横向阻力曲线,如图 2-15 所示。

2.2.2 道床纵向阻力测试

道床纵向阻力的测试方法与横向阻力测试类似,如图 2-16、图 2-17 所示。首先,拆除相邻两根轨枕上两股钢轨的弹条和垫板,使钢轨与轨枕完全脱离,两根轨枕为测量枕;在测量枕之间的枕盒内,适当捡出道砟,在靠近钢轨内侧的位置通过加载垫块将加载油缸安装在两测量枕之间;在靠近测量枕的相邻轨枕上(轨枕上的扣件不得松动),将位移计安装板压在轨枕中部顶面上，位移计装在安装板前端，顶在测量轨枕的侧面上；用手动液压泵缓缓对两根轨枕施加纵向推力，测试并记录轨枕的位移与相应纵向荷载。当测试的两根轨枕分别达到纵向 2mm 位移时，对应的纵向推力即为道床纵向阻力，见图 2-18。

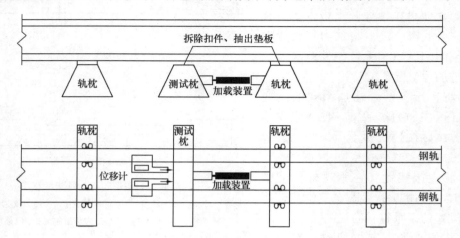

图 2-16 道床纵向阻力测试安装示意图

图 2-17 道床纵向阻力现场测试

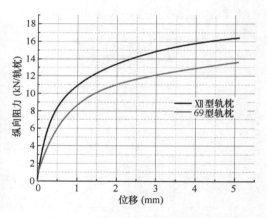

图 2-18 道床纵向阻力与位移关系曲线

2.3 轨道系统的刚度测试

轨道刚度是铁路结构设计、施工和维护的重要参数，是轨道使用期间影响轨道几何劣化、钢轨疲劳以及其他结构部件破坏的重要参数。轨道刚度测量对于新建铁路线路的设计、既有线的升级改造和维护具有重要的理论和实践意义。

2.3.1 轨道刚度的定义

轨道刚度定义为垂向轨道荷载除以轨道挠度，是轨道设计的一个基本参数。轨道刚度影响轨道的承载能力、通过车辆的动态特性，特别是轨道几何质量和轨道部件的寿命。一般来说，轨道刚度较高时，可以提供足够的轨道阻力以抵抗荷载，并减少轨道变形，从而降低轨道劣化。然而，高刚度会使轮轨界面以及轨枕和道砟上的动力增加，从而导致轨道部件的磨损和疲劳。此外，铁路沿线的轨道刚度变化会使车辆-轨道相互作用力的变化，并产生不均匀沉降，从而导致不均匀轨道几何恶化和潜在的振动问题。

轨道垂向刚度 k 可通过多种方式定义，最简单的形式是轨道荷载 P 和轨道挠度 y 的比，作为时间 t 的函数，见式（2-5），其中力可以是轴重或轮重：

$$k(t) = \frac{P(t)}{y(t)} \tag{2-5}$$

通常，轨道不同部件（如轨垫和路基）的刚度是非线性的。此外，轨枕下方也可能有空隙，这导致低荷载下的大挠度。为了考虑这些因素，可使用其他轨道刚度定义，如割线刚度和切线刚度，割线刚度如式（2-6）所示，计算范围为 10～70kN（轴重为 20～140kN），切线刚度如式（2-7）所示，P、y 分别是压实荷载和由此产生的挠度。

$$k_{x-ykN} = \frac{P_y - P_x}{y_y - y_x} \tag{2-6}$$

$$k_{\text{tng},y} = \left| \frac{\mathrm{d}P(t)}{\mathrm{d}y(t)} \right|_y \tag{2-7}$$

轨道系统非线性刚度测试原理曲线如图 2-19 所示。现场测得的垂直轨道刚度如图 2-20 所示，将钢轨缓慢（准静态）加载至 150kN，同时测量相应的挠度。静刚度可看成是动荷载在激振频率为 0 时动刚度的特殊形式。轨道承受来自列车动荷载的激振频率范围较大，动刚度变化较大。轨道动刚度不同于静刚度的一成不变，随激振频率的变化而变化，轨道动刚度在低频段受激振频率变化影响较小，对乘车舒适性、列车车体与轨道结构的疲劳损伤影响较小；在中、高频段内轨道动刚度振动幅值波动较大，这是系统的固有特性。

一般来说，轨道刚度测量指的是轨道整体刚度的测量，可以通过直接测量施加在轨道上的力除以轨道位移得到，也可以通过测量各部件刚度叠加得到。直接测量分为静态测量和动态连续测量，轨道刚度静态测量用于轨道区段水平的测量，动态连续测量用于铁路网水平的测量，静态刚度测量通常用于研究，而动态连续测量则用于维护。间接测量中，轨道部件（扣件）的刚度可以在实验室条件下测量，轨道基础的刚度可以通过现场测试得到。

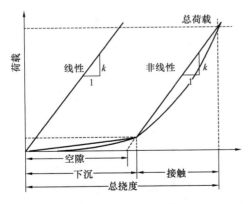

图 2-19 轨道系统非线性刚度测试原理曲线

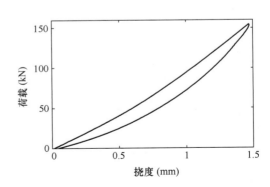

图 2-20 轨道系统非线性刚度现场测试曲线

2.3.2 轨道刚度的静态测量

轨道刚度静态测量方法有：传统液压千斤顶加载法、冲击锤法、落锤式弯沉仪（FWD）、轨道加载车法（TLV）以及激光传感器等方法。传统液压千斤顶加载法（图 2-21）通过千斤顶在钢轨上施加荷载，使用位移计测量钢轨挠度，根据割线刚度或切线刚度的定义计算轨道整体刚度。

冲击锤法使用冲击锤作为脉冲载荷激励轨道振动，通过安装在钢轨或轨枕上的加速计测量轨道振动（图 2-22）。通过对振动图的二重积分，可以确定位移函数。冲击锤法根据锤头材料不同，可以测量 50~1500Hz 之间频率的轨道刚度。

图 2-21 传统液压千斤顶载荷（左）和位移计（右）　　图 2-22 冲击锤法

落锤式弯沉仪（FWD）用于轨道整体刚度的静态测量，测量速度快且容易实现。FWD 的原理是在落锤的同时测量轨枕振动。标准 FWD 方法中高度已知，落锤重量为 125kN，采用速度传感器或检波器测量振动响应。

轨道加载车（TLV）使用自身重量作为轨道载荷，通过液压千斤顶施加荷载。与传统的液压千斤顶加载方法相比，该方法操作简单，且能提供更大的垂向力。瑞典 TLV 质量达 49t，静态载荷可达 150kN，动态载荷可达 200Hz（图 2-23）。TLV 的主要优点是预载荷、动载荷和频率范围变化较大，但测量过程耗时，需要暂停线路运营。

不同类型的运动传感器均用于轨道变形测量。位移传感器仅用于相对位移的测量，加速度计由于其安装简单、动态范围和频率范围大，是最常用的绝对位移传感器类型。另外，检波器具有测量位移幅值大、供电方便、成本低等优点。激光多普勒测速仪和高速摄像机可用于钢轨变形的测量。在马德里—巴塞罗那高速线上使用激光传感器和检波器对钢轨变形进行了直接和间接测量。激光接收器和检波器紧挨着夹在轨脚上（图 2-24），检波器测得的最大位移振幅与激光系统获得的振幅一致。

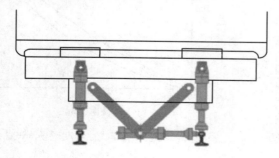

图 2-23 瑞典 TLV 示意图　　图 2-24 激光接收器和检波器

2.3.3 轨道刚度的动态连续测量

中国铁道科学研究院是最早研制轨道刚度连续测量车的机构之一。测量车辆（图 2-25）由位于车辆末端的一辆重型车辆和一辆轻型车辆组成。重型车辆的轴重可以通过调整混凝土块的数量来改变，最大可达 250kN，从而得出不同轴重对测量结果的影响。车辆重量为 40kN，用于减少轨道几何不平顺对刚度测量的影响。车辆以高达 60km/h 的速度行驶，使用弦线法测量轨道几何形位。以较低荷载下测得的挠度表示轨道几何不平顺，以高、低荷载下测得的挠度之差表示轨道柔度。

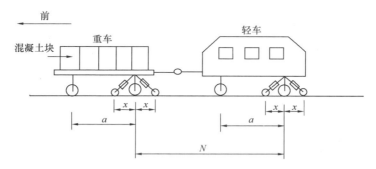

图 2-25 中国铁道科学研究院轨道刚度测量示意图

美国 TTCI 开发的轨道刚度测量车（图 2-26），用于测量静止以及 16km/h 速度时的轨道刚度。通过使用不同的轴重，使轨道几何不平顺和轨道挠度之间存在差异。该车由重型车、轻型车和牵引机车组成。重型车中央轮对用液压在 4~267kN 之间加载。刚度在 44kN 及 178kN 荷载下测量，轨道几何不平顺在 8.9kN 荷载下测量。178kN 荷载下能反映轨道和路基的位移变形，44kN 荷载下主要反映钢轨、轨枕和道砟的位移。

图 2-26 TTCI 轨道刚度测量车

美国内布拉斯加州大学林肯分校（UNL）开发的轨道刚度测试系统如图 2-27 所示。测量车使用安装在转向架上的两个激光发射器测量钢轨的相对挠度。测量原理如图 2-28 所示。使用两个激光器和相机测量两条激光线之间距离 d 的相对偏转。当传感器离钢轨表面越来越近或越来越远时，激光线之间的距离会发生变化。

Banverket 和瑞典皇家理工学院（KTH）开发了滚动刚度测量车（RSMV）。RSMV 为改造后的两轴货车，配有加载和测量设备（图 2-29）。通过一个轮对上方的两个振动质量（4000kg）对轨道进行动态激励。静态轴重为 180kN，最大动态轴重为 60kN。RSMV 可以测量频率高达 50Hz 的轨道动刚度，可以在 50km/h 的速度下进行测量，也可以在

10km/h 的速度下进行精细测试。

图 2-27 UNL 轨道刚度测试系统

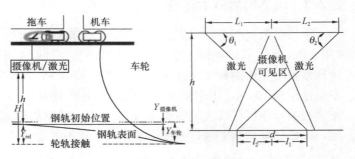

图 2-28 UNL 轨道刚度测试系统原理示意图

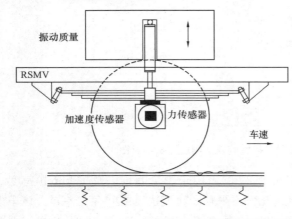

图 2-29 RSMV 测量原理及实物照片

法国实验和研究中心与法国铁路公司（SNCF）工程部开发了带有振动轮对的测量车，用于测量轨道动刚度。测量车由演示仪和运输系统两部分组成。静载荷在 70～120kN 之间变化，动载荷变化幅度可达 70kN。测量车可以通过最高 35Hz 激励频率来测量轨道刚度，最大测量速度约 15km/h。测量车演示仪配备了加速度计、相位传感器和增量距离编码器（图 2-30）。

图 2-30 测量车及传感器

2.3.4 轨道刚度的间接测量

轨道刚度除直接测量外，也可通过各构件刚度测量叠加得到。整体轨道刚度由钢轨抗弯刚度和钢轨基础弹性模量决定。钢轨基础弹性模量的定义为单位长度的钢轨基础产生单位下沉所需的施加在钢轨基础上的分布力，用于表征钢轨基础的弹性特征，其大小为钢轨支座刚度与钢轨支座间距的比值。钢轨支座刚度的定义为使轨底面产生单位下沉而作用于支座上的压力，用来表征钢轨扣件和枕下基础的等效刚度。目前铁路轨枕通常为混凝土轨枕，混凝土轨枕刚度大弹性小，可忽略轨枕的弹性。钢轨支座可视为由扣件与枕下基础所组成的串联弹簧，钢轨支座刚度可由两者刚度串联叠加得到。

扣件刚度与采用的扣件类型有关，在设计时已确定，可在实验室测得。道床系数可表征道床及路基的弹性特征，定义为使道床顶面产生单位下沉所需要的施加于道床顶面单位面积上的压力，测试示意图见图 2-31。综上所述，已知钢轨抗弯刚度、扣件刚度、轨枕间距和道床系数即可计算得到混

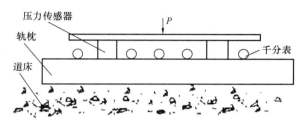

图 2-31 道床系数测试示意图

凝土轨枕有砟轨道的整体刚度。钢轨、扣件、轨枕间距这些参数在线路设计时已确定，道床系数受线路条件等影响大，干扰因素多，需现场测量。现场测量道床系数后即可得到轨道刚度。

道床系数的定义为引起单位沉降量所需作用于基底单位面积上的力。道砟是松散的颗粒体，粒径比较大，视作连续体是不合适的，但由于道床厚度比较小（约为轨枕长度的1/7），可以认为是薄的压缩层，符合文克尔假定，因此用道床系数来表示道床静刚度是合理的。用轨枕测定道床系数是国内外常用方法，测得轨枕上的压力 P 和轨枕沉降量的平均值 y 后，结合轨枕在道床上的有效支承面积 F，按式（2-8）计算道床系数 C：

$$C = P/(Fy) \qquad (2-8)$$

传统道床系数测试设备对道床有一定扰动，对枕盒内道砟状态会产生破坏，因此北京交通大学发明了一种铁路有砟轨道枕下道床支撑刚度测试设备，操作简便，可准确地进行枕底道床支承刚度测试，如图 2-32 所示，适用于新建普通铁路与高速铁路有砟轨道的道床状态测试。

测试时将两千斤顶分别置于测试轨枕上钢轨左右两侧，测力传感器分别置于左右千斤顶和左右加力架力柱之间，钢轨左右两侧的电子位移计放置在测试轨枕的邻近轨枕位置上，其测头安装在钢轨与千斤顶之间，和测试轨枕上表面接触，加力架的两个加力架夹持臂的前端夹住钢轨的轨头。松开测试轨枕的扣件，当使千斤顶加力时，测试轨枕向下产生竖向位移，电

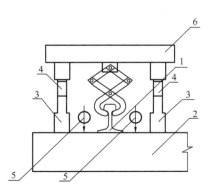

图 2-32 枕下道床支承刚度测试设备
1—钢轨；2—轨枕；3—千斤顶；
4—测力传感器；5—电子位移计；
6—加力架

子位移计测得其竖向位移。

2.4 无砟轨道结构测试

我国高铁无砟轨道类型有 CRTS Ⅰ 型、Ⅱ 型、Ⅲ 型板式无砟轨道和 CRTS Ⅰ 型、Ⅱ 型双块式无砟轨道。本节以桥上 CRTS Ⅱ 型板式无砟轨道为例，对无砟轨道结构测试进行介绍。CRTS Ⅱ 型板式无砟轨道由滑动层、底座板、CA 砂浆、轨道板、板间纵向连接部件、钢轨及扣件等结构组成。通过在轨道板灌注口中灌注水泥乳化沥青砂浆，砂浆硬化后将已精调到位和临时固定的预制轨道板和底座板连接为整体，利用水泥乳化沥青砂浆的板间粘结作用完成轨道板的定位。

2.4.1 结构材料强度测试

理论仿真分析中，在建立非线性随机损伤模型前，需要获取各个组成部位的塑性损伤本构关系，包括轨道板、CA 砂浆层以及支承层。其中轨道板和支承层的塑性损伤本构关系可参考既有的混凝土本构关系推导获得，而 CA 砂浆，由于缺少相关研究，需进一步开展劈裂抗拉试验等获取。

CA 砂浆的沥青含量约为水泥质量的 30%，脆性较明显，塑性较低，性能表现为水泥材料的基本特征。选取 CA 砂浆抗压应力-应变关系曲线方程见式（2-9）：

$$\sigma = E\varepsilon(1-D) + \eta\theta \tag{2-9}$$

式中，σ 为应力；E 为弹性模量；ε 为应变；D 为损伤变量；η 为 CA 砂浆的黏性系数；θ 为应变率。

根据混凝土统计损伤力学"平行杆模型"，假设 CA 砂浆中的无机成分由 N 个细观杆元素组成的平行杆系统，每个细观杆包括无机组分的一切物理力学行为，细观杆破坏前为线弹性体，破坏后不再具有承载力，砂浆中的黏性体不发生损伤，且与细观杆变形协调，各细观杆发生损伤时的应变服从 Weibull 分布。可得砂浆抗压应力-应变关系变形公式如式（2-10）：

$$\sigma = E\varepsilon \exp\left[-\left(\frac{\varepsilon}{n}\right)^n\right] + \eta\theta \tag{2-10}$$

式中，n 为 Weibull 分布的分布参数。

为获取 CA 砂浆的抗拉应力-应变本构关系曲线，开展 CA 砂浆劈裂抗拉测试，如图 2-33 所示。试验共 5 组，每组 3 个试件，每个试件尺寸为 40mm×40mm×40mm，每组试验结果取 3 个试件的平均值。采用微机电液伺服万能试验机进行压缩试验。试件上下面放有对称的宽度 3mm 的两钢质垫条，垂直于试件劈裂面两侧均贴有电阻应变片，并各自组成半桥，接入动态数据采集仪实时采集试件劈裂拉应变。所得 CA 砂浆劈裂抗拉强度试验曲线如图 2-34 所示。

由 CA 砂浆抗压应力-应变关系变形公式（2-10）计算结果可知，CA 砂浆的黏性系数与应变率之积 $\eta\theta=0.34$MPa，相对于其抗压强度峰值 20.8MPa 较小，这也说明了 CA 砂浆脆性较明显，性能表现为水泥材料的基本特征。

图 2-33 CA 砂浆劈裂抗拉试验

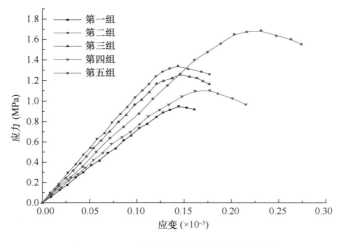

图 2-34 CA 砂浆劈裂抗拉强度试验曲线

根据试验所得的应力应变峰值点，可得 CA 砂浆劈裂抗拉应力-应变关系曲线，如图 2-35（a）所示。进而可得砂浆的抗拉应力-非弹性应变曲线和损伤因子-非弹性应变（抗拉）的对应关系曲线，如图 2-35（b）、（c）所示。

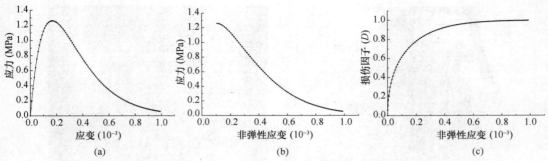

图 2-35 CA 砂浆塑性损伤本构关系

(a) 劈裂抗拉应力-应变曲线；(b) 抗拉应力-非弹性应变曲线；(c) 损伤因子-非弹性应变（抗拉）

2.4.2 无砟轨道推板试验

（1）测试原理

砂浆垫层对轨道板的约束能力是影响 CRTS Ⅱ 型板式无砟轨道可靠性、稳定性和耐久性的关键。因此，需测量轨道板与砂浆层间黏结强度，以保证对轨道板的约束能力。当前，对于黏结强度的测试国内外主要采用快速推板试验。推板模型如图 2-36 所示，L 为轨道板长度，b 为轨道板宽度，t 为轨道板厚度。

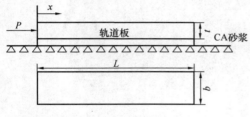

图 2-36 推板模型示意图

轨道板与砂浆层之间的黏结特性假定如图 2-37 所示。在推板作用下，认为轨道板与砂浆层发生纯剪切变形，假设轨道板与 CA 砂浆层轴向受力平均分布，忽略弯曲的影响。基于以上假设，建立黏结滑移模型。黏结滑移模型种类较多，其中双线性模型简单有效，在较多的领域都有应用，因此选取双线性模型进行分析，如图 2-38 所示。

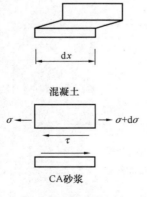

图 2-37 层间变形及应力

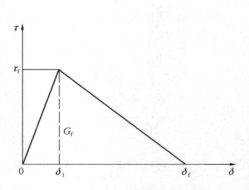

图 2-38 黏结滑移模型

界面极限剪切强度 τ_f 对应的位移为 δ_1，达到极限剪切强度 τ_f 以前，黏结剪切应力线性增大；超过 τ_f 后，进入软化阶段，随着相对位移的增加，剪切应力线性减小；当剪切强度降为 0 时，相对位移为 δ_f，此时进入破坏阶段。

（2）测试方法

将预制好的轨道板置于混凝土底座上，校正好位置并用水泥乳化沥青砂浆进行灌注。轨道板距反力墙约 80cm，以满足安装千斤顶和测量设备的需要。为分配荷载，在板的端面上安装工字钢，并将板端宽缝填满高强砂浆。借助液压千斤顶在板与砂浆垫层系统上施加剪切力，所施加的力用压力传感器测量，纵向位移由位移传感器测得，从而获得力与位移关系曲线。

（3）测试步骤

1）轨道板状态检查

推板前，进行轨道板平整度高程的测量。从测量结果可以看出，砂浆灌注完毕，养护 28 天后，现场轨道板的高程是否基本一致，轨道板是否为水平状态，有没有发生翘曲或变形。

2）推板前工作准备

推板前，准备推板所需的辅助材料，并组织协调现场相关作业人员。同时，检查推板作业面是否具备推板条件。当砂浆灌注 2 天后，拆除轨道板的封边，清扫板端的粉尘，将板端宽缝填满高强砂浆，进行高强砂浆施工，施工后进行适当的洒水养护。推板前，对反力墙与轨道板承力面进行打磨处理，将表面的浮浆打除，并进行平整处理，高强砂浆施工前后的情景对比见图 2-39。

图 2-39　高强砂浆施工前后

3）试验装置

推板试验装置如图 2-40、图 2-41 所示，推板试验的千斤顶、压力传感器、位移传感器的设置如图 2-42 所示。

4）仪器调试

推板前，用水平尺检查千斤顶、压力传感器等仪器是否水平，水平度调整见图 2-43。推板时，使千斤顶的推力垂直作用于工字钢上，即工字钢受力面垂直于轨道板高程的中线平面，使千斤顶等仪器中心位置与承轨台竖向对应的轨道板中线位置基本一致。推板前，对推板前的数据传输及采集装置进行检查，确保数据联机正常。推板试验装置数据采集如图 2-44 所示。

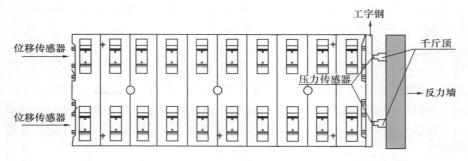

图 2-40 推板试验装置

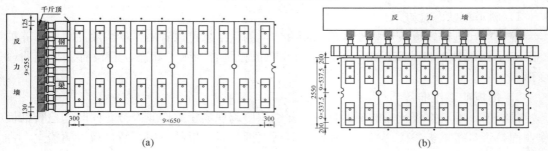

图 2-41 纵向、横向推板试验装置对比（单位：mm）
（a）纵向推板试验装置；（b）横向推板试验装置

图 2-42 推板试验装置设置
（a）千斤顶、压力传感器；（b）位移传感器

图 2-43 推板试验装置水平度调整

图 2-44 推板试验装置数据采集

5）推板

现场 6 块轨道板的充填层砂浆均采用相同的配合比和灌注工艺施工，砂浆灌注完毕，搭棚并养护 28 天后，进行推板试验测试黏结强度。

2.5 无砟轨道端刺区的参数测试

2.5.1 土工布摩擦系数测试

（1）测试内容

浇筑试验台并设置反力装置，在反力装置与测试底座板间进行加载，测量试验台在逐级加载下位移的变化曲线，模拟不同土工布所能提供的摩擦系数。

（2）测试方法

为了测试两布一膜滑动层所能提供的摩擦系数及底座板的推移阻力，采用如图 2-45 所示的测试方法。其中图 2-45（a）为俯视图，图 2-45（b）为正视图。现场试验时按图中所示浇筑试验台，拆模后在试验台的四角分别安装一个位移计（千分表），采用油压可读的液压千斤顶分级对试验台加载，通过记录每级荷载下试验台的平均位移即可得到顶推力下试验台受力与位移的关系曲线。

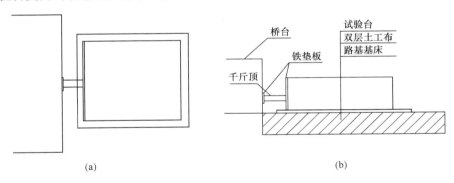

图 2-45 滑动层摩擦系数及轨道板推移阻力测试示意图
(a) 俯视图；(b) 正视图

根据试验台受力与位移的关系曲线就可以判断出试验台发生滑动时所对应的顶推力 F，试验台的重量 G 可以通过试验台的体积和混凝土的密度得出，因此对应的土工布的摩擦系数 $\mu=F/G$。

试验台刚好发生滑动时，作用在试验台上的顶推力为 F。根据作用力与反作用力的关系可知，试验台受到的推移阻力为 F_1（与 F 大小相等，方向相反）。试验台底面积为 $1m^2$，所以单位面积底座板上的推移阻力大小为 F。

按照实验要求浇筑两个试验台，试验台的长宽高分别为 1m、1m、0.3m，试块体积为 $0.3m^3$，混凝土重度为 $2500kg/m^3$，则试块的质量为 750kg，重力为 7.5kN。试块下面垫有两层土工布，试验时在试验台的前后（千斤顶压力头顶推的一面记为前面）分别安装两个位移计用来记录不同推力作用下试块的位移。其中一个试验台（记为 A）与底座板间采用摩擦系数为 0.8~0.9 的双层土工布，另一个试验台（记为 B）与底座板间采用摩擦系数为 0.75~0.8 的双层土工布，现场试验如图 2-46 所示。

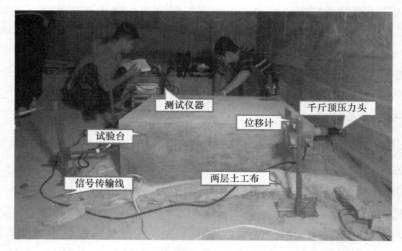

图 2-46 滑动层摩擦系数及轨道板推移阻力试验

本测试的目的是"掌握两布一膜滑动层所能提供的滑动层摩擦系数"，需要得到的是试块被推动瞬间的顶推力大小，与顶推力初始值和试块位移的初始值无关。试验初始先用千斤顶压力头对试块施加一定的预压力（为了便于观察，本试验选择仪表盘读数 2MPa 作为初始压力值）以方便试验操作，然后将千分表归零并平衡位移计。逐级对试验台进行加载并记录每级荷载作用下位移计电信号对应时间、千分表的示数及荷载强度。此次试验对 A、B 试块分别进行了 4 次重复试验。

（3）测试步骤

1）准备测试设备

千斤顶：最大加载量至少为 10t，油压可读；

铁垫板：主要用于均布加力头的荷载，防止加载区域混凝土破碎，每块尺寸在 0.15m×0.15m×0.01m 左右，要求表面尽量平整；

位移支架：高度和方向均可调，且易于固定。

2）安装测试设备

安装位移支架并固定位移计、千分表，将位移计和 IMC 采用数据连接线连接并进行调试。

3）加载与记录

使千斤顶预加一定的力，调平百分表后开始测试。千斤顶每次加载 2MPa，通过千斤顶加载，记录百分表的位移值及对应的千斤顶压力值。

4）数据采集与分析

对测试数据进行统计分析，将经过标定的千斤顶压力值与位移值绘制成曲线，通过重复加载每种工况，至少得到 3 组荷载位移曲线。通过分析测试曲线计算出滑动层的摩擦系数。

（4）测试结果分析

A、B 两组试块分别进行了 4 次顶推试验，数据处理结果如图 2-47、图 2-48 所示，图中所示分别为 A、B 两试块 4 组测试数据经过标定处理得到的顶推力-试块位移平均值关系曲线。

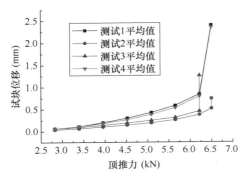 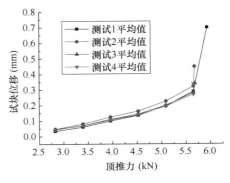

图 2-47 试块 A 顶推力-位移平均值关系曲线　　图 2-48 试块 B 顶推力-位移平均值关系曲线

可以看出，在顶推力较小时，试块顶推力-位移之间呈线性关系，当顶推力增加到某一值时，试块与双层土工布间开始发生微小滑动，千斤顶压力无法继续增加而位移持续增加，此时千斤顶的顶推力即为试块在土工布上滑动所需的最小推力值，记为 F，试块自重 $G=7.5kN$，即每组测试的摩擦系数为 $\mu=F/G$，由此可得每组测试测得的摩擦系数（表 2-6）。

每组测试摩擦系数　　　　表 2-6

试块名称	项目	测试 1	测试 2	测试 3	测试 4
试块 A	压强 (MPa)	4.6	4.6	4.4	4.4
	压力 (kN)	6.50	6.50	6.22	6.22
	摩擦系数	0.87	0.87	0.83	0.83
试块 B	压强 (MPa)	4.2	4.1	4.1	4.1
	压力 (kN)	5.93	5.79	5.79	5.79
	摩擦系数	0.79	0.77	0.77	0.77

2.5.2 摩擦板与基床间黏结性能测试

测试位置定于短路基上，待短路基上的底座板施工一半时进行，测试过程及设置条件与滑动层摩擦系数测试类似。

（1）测试内容

选取已浇筑好的桥台为反力基础，在短路基靠近两侧桥台的基床表面铺设 1.0m×1.0m×0.3m 的试验台，预留 0.4m 加载缝。测量试验台在逐级加载下位移的变化曲线，并根据力-位移曲线斜率判断摩擦板与基床间刚度及最大剪应力。

（2）测试方法

为了准确测得摩擦板与基床间的摩擦阻力，设计如图 2-49 所示的测试方法。其中图 2-49（a）为俯视图，图 2-49（b）为正视图。进行现场试验时，在短路基上按照图 2-49 所示浇筑试验台（试验台浇筑时要将短路基基床清扫干净）。试验台拆模后在其四角分别安装一个位移计（千分表），采用油压可读的液压千斤顶对试验台分级加载。通过记录每级荷载下试验台的平均位移即可得到顶推力下试验台受力 F 与位移 S 的关系曲线。试验台受力与位移曲线的斜率即为摩擦板与基床间单位面积的刚度，斜率突变时顶推力的大小即为摩擦板与基床间的最大剪应力。

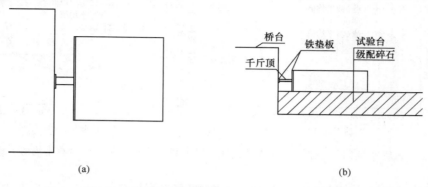

图 2-49　摩擦板与基床间摩擦阻力测试方法示意图
(a) 俯视图；(b) 正视图

在路基基床上选择两个典型位置分别浇筑 1.0m×1.0m×0.3m 的试验台，试块体积为 $0.3m^3$，混凝土重度为 $2500kg/m^3$，则试块的质量为 750kg，重力为 7.5kN。试验台距桥台 0.4m，如图 2-50 所示。

图 2-50　摩擦板与基床间摩擦阻力试验

由于本测试的目的是"测得摩擦板与基床间的摩擦阻力"，需要得到顶推力与试块位移关系曲线的斜率，证明其与顶推力初始值和试块位移的初始值无关，因此试验初始先用千斤顶压力头对试块施加一定的预压力（为了便于观察，本试验选择仪表盘读数 10MPa 作为初始压力值）以方便试验操作，然后将千分表归零并平衡位移计。逐级对试验台进行加载并记录每级荷载作用下位移计电信号对应时间、千分表的示数及荷载强度，每个试验台进行 4 次重复试验。

(3) 测试步骤

1) 准备测试设备

千斤顶：最大加载量至少为 30t，油压可读；

铁垫板：主要用于均布加力头的荷载，防止加载区域混凝土破碎，每块尺寸在 0.15m×0.15m×0.01m 左右，要求表面尽量平整；

位移支架：高度和方向均可调，且易于固定。

2）安装测试设备

安装位移支架并固定位移计、千分表，将位移计和 IMC 采用数据连接线连接并进行测试调试。

3）加载与记录

将千斤顶预加一定的力，调平百分表后开始测试。千斤顶采用逐级加载，每级荷载 5MPa。通过千斤顶加载，记录百分表的位移值及对应的千斤顶压力值和每级荷载对应的时间（为了便于对后期 IMC 测试出的位移计电信号进行处理）。

4）数据采集与分析

对测试数据进行统计分析，将经过标定的千斤顶压力值与位移值绘制成曲线，通过重复加载每种工况，至少得到 3 组荷载-位移曲线。通过分析测试曲线计算出摩擦板与基床间的刚度和黏结力。

（4）测试结果分析

A、B 两组试块分别进行了 4 次顶推试验，数据处理结果如图 2-51、图 2-52 所示。两个试块测试得到的摩擦板与基床间刚度数据的平均值为 704.12kN/mm/m²，方差为 28.83，最大可能值为 776.2kN/mm/m²，最小可能值为 632kN/mm/m²。在整个试验过程中，当千斤顶顶推力达到 300kN 时，仍没有破坏试验台与基床间的黏结作用。由此可知，单位面积摩擦板与基床间的黏结力所能提供的抗剪强度大于 300kN，即摩擦板与基床间黏结力的抗剪强度大于 0.3MPa。

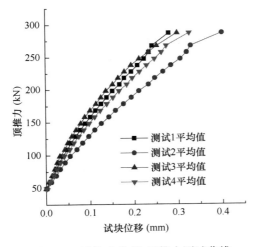

图 2-51 试块 A 位移-顶推力测试曲线

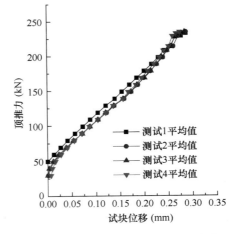

图 2-52 试块 B 位移-顶推力测试曲线

2.5.3 主端刺区销钉抗剪试验

（1）测试内容

本试验主要对含有不同销钉数目及有无植筋胶的试块进行顶推试验，得到各试块所受顶推力与试块位移平均值的曲线关系,并通过对测试结果的对比分析得出隧道内主端刺区销钉的抗剪性能及其影响因素。

(2) 测试方法

在隧道内主端刺区预留的多根锚固销钉中选择靠近端刺边缘的 4 根钢筋,在 4 根钢筋范围内进行混凝土表面磨平、刷油及铺薄膜处理,以尽量减小摩擦力,考虑钢筋的纯剪效应。然后在四根钢筋上浇筑 0.9m×0.9m×0.3m 的混凝土。待混凝土强度足够后在混凝土底部进行加载,测量混凝土块底部位移情况,布置情况如图 2-53、图 2-54 所示。

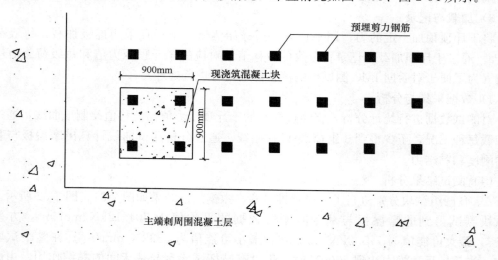

图 2-53　剪力销钉与后浇混凝土块平面布置

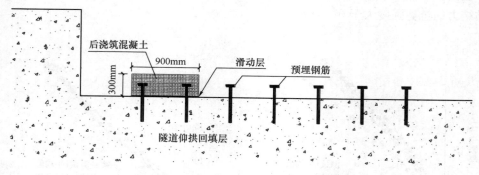

图 2-54　剪力销钉与后浇混凝土块剖面

为了对隧道内主端刺区销钉抗剪性能进行充分研究,考虑含有不同根数销钉、与下层底座板间有无黏结、销钉与钻孔间有无灌注植筋胶等情况,共制作了 5 个试块,每个试块的情况如表 2-7 所示。

试验时先用千斤顶压力头对试块施加一定的预压力(为了便于观察,本试验选择仪表盘读数 10MPa 作为初始压力值)以方便试验操作,然后将千分表归零并平衡位移计。逐级对试验台进行加载并记录每级荷载作用下位移计电信号对应时间、千分表的示数及荷载值。图 2-55 是隧道内销钉抗剪试验。

试块情况表　　　　　　　　　表2-7

试块编号	试块与底座板有无黏结	钢筋与钻孔间有无植筋胶	销钉根数	试块尺寸（m）	试块重量（kN）
试块1	黏结	无	1	0.4×0.4×0.3	1.2
试块2	黏结	有	1	0.4×0.4×0.3	1.2
试块3	无黏结	有	1	0.4×0.4×0.3	1.2
试块4	无黏结	有	2	1.0×0.4×0.3	3
试块5	无黏结	有	3	1.0×1.0×0.3	7.5

图2-55　隧道内销钉抗剪试验

（3）测试步骤

1）根据加载设备尺寸及试块1～5的不同要求，分别选择合适的钢筋位置，根据不同要求选择是否将钢筋范围内的混凝土磨平。

2）在磨平的混凝土上刷油并铺上一层薄膜材料。涂油及薄膜材料的尺寸与后期浇筑混凝土块的平面尺寸相同，为0.9m×0.9m。

3）在钢筋四周立模，浇筑尺寸为0.9m×0.9m×0.3m的混凝土块，等待混凝土强度达到一定程度后进行加载。

4）如图2-56、图2-57所示放置千斤顶和铁垫板，在对应千斤顶的混凝土另一侧安装位移支架以及位移传感器。千斤顶预压一定的力以稳定系统。

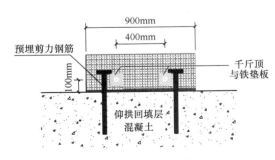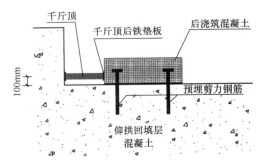

图2-56　销钉抗剪试验加载立面布置　　　图2-57　销钉抗剪试验加载侧面布置

5) 对含有一根销钉的试块,以1t为一级进行分级加载,加载到20t左右进行卸载,测量另一端混凝土试验台的横向变形。重复进行3组试验。

6) 对含有1根以上的试块,以1t为一级进行分级加载,加载到4根钢筋出现屈服为止(加载到30t以上),测试钢筋屈服阶段剪切变形随剪切力的变化曲线。

7) 数据采集与分析。

(4) 测试结果分析

在施工检查中发现部分销钉植入后,由于隧道内施工积水问题,可能产生一定程度的植筋胶失效。因此,有必要对植筋胶失效时销钉抗剪性能进行试验分析。以试块一的测试结果为例进行介绍,试块一底部与混凝土底座相黏结,中部设置的销钉与混凝土底座间未设置植筋胶。试验方案和试块一顶推位移与顶推力曲线见图2-58、图2-59所示。

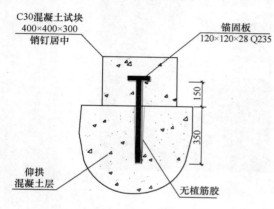

图2-58 试验方案(单位:mm)

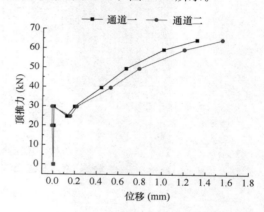

图2-59 试块一顶推位移与顶推力曲线

从第一次顶推试验中可以看出,在黏结面未破坏前,试块位移基本为0。当顶推力达到30kN时,试块位移增加,为0.1~0.15mm,顶推力下降至24.75kN左右,黏结面此时破坏。在混凝土黏结面破坏后,未设置植筋胶的销钉抗剪强度在28~33kN/mm之间。黏结面所受最大剪切力在29.7kN左右,黏结面积0.16m²,平均剪应力0.186MPa左右。

2.6 无缝线路纵向力测试

无缝线路是现代铁路轨道的重要组成部分。随着轨道结构的不断强化,无缝线路出现断轨、胀轨跑道等强度或稳定性问题的概率不断降低。当环境温差发生较大变化时,无缝线路钢轨会产生很高的轴向温度力,梁轨相互作用下的钢轨附加力也十分显著。因此大跨桥上无缝线路仍存在着胀轨跑道和断轨的风险,并对以无砟轨道为主的高速铁路轨道结构产生重大影响。因此,准确测量无缝线路钢轨纵向力,成为科学评估、管理和维护桥梁等敏感区段无缝线路的关键,有利于加深对无缝线路服役状态演变规律的认知。

一根长度为l,可自由伸缩的钢轨,当轨温变化Δt时,其伸缩量为:

$$\Delta l = \alpha \cdot l \cdot \Delta t \quad (2-11)$$

式中 α——钢轨的线膨胀系数,取$11.8 \times 10^{-6}/℃$;

l——钢轨长度,mm;

Δt——钢轨轨温变化幅度,℃。

如果将处于自由状态的钢轨两端完全固定,不能随轨温变化而自由伸缩,则钢轨内部将产生温度应力。由虎克定律可知,温度应力 σ_t 为:

$$\sigma_t = E \cdot \varepsilon_t = E \frac{\Delta l}{l} = E \cdot \alpha \cdot \Delta t = \lambda \cdot \Delta t \tag{2-12}$$

式中 E——钢轨的弹性模量,取 2.1×10^5 MPa;

ε_t——钢轨的温度应变;

λ——轨温变化幅度与温度应力的换算系数,2.48MPa/℃。

通过对无缝线路纵向应力的测试,即可结合测试时的轨温,推算得到实际的锁定轨温 T 为:

$$T = t + \Delta t = t + \sigma_t/\lambda \tag{2-13}$$

式中 t——测试时的轨温。

目前无缝线路纵向力的测试方法主要有位移法、应变法及自振频率和阻尼系数法三种测试方法。下面对这三种测试方法分别进行介绍。

2.6.1 位移法

建立无缝线路轨道模型,分析温度力变化时侧向力作用及相应侧向位移的变化规律。结合现场测试,标定钢轨侧向位移与锁定钢轨轴力的对应曲线,最终通过对钢轨侧向位移的测量,实现钢轨温度力的精确测试。

(1) 测试原理

当钢轨上作用一个侧向荷载时,必然对应发生侧向位移,影响这种力与位移关系的因素,除钢轨的形状、几何尺寸和材料的力学参数外,还有钢轨的既有受力状态。在这个既有受力状态中必定包含轴力的影响,因此寻求上述各因素的依赖关系是求解轴力的前提。假设钢轨是一个无限长的连续体,从中截取一段为研究对象,解除轨枕对它的约束,设其长度为 L,模型的力学计算分析见图 2-60。在跨中施加侧向力 P,在端部受轴力 N、弯矩 M_0、侧向力 $F = \frac{1}{2}P$ 的作用,钢轨抗弯刚度为 EI。

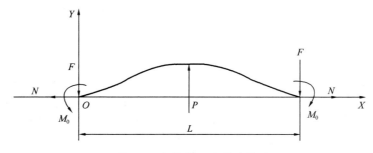

图 2-60 钢轨模型力学计算图

经推导,并经参数修正得:

$$\frac{P}{\delta} = \frac{2EI\mu^2\eta^2}{L^3} + \frac{\mu^2}{2L}N \tag{2-14}$$

式中,μ、η 为两个待定参数,由试验确定。

(2) 测试方法

1) 标定试验

在无缝线路上选择一钢轨接缝处进行标定试验。将单股钢轨被测点前后扣件松开一定长度（为测试方便，取用的试验钢轨长度一般为 $L=10\pm0.5\text{m}$），两端按无缝线路技术要求锁定，用高精度温度传感器测出测试状态下的实时轨温。一端利用液压方枕器对被测钢轨段施加固定轴向力，用轴力传感器测定钢轨跨中的实际轴力。然后用千斤顶对被测钢轨跨中点施加侧向力（0～1kN），用位移传感器测量出跨中相应的侧向位移。建立钢轨跨中轴力与测向位移的对应关系，用试验数据对式（2-14）进行线性拟合，从而求得两个待测参数 μ、η 的值。

2) 现场测试

现场测试过程中，将单股钢轨被测点前后扣件松开 $10\pm0.5\text{m}$，两端按无缝线路技术要求锁定；在钢轨跨中位置安装好位移传感器（图 2-61），用于测量钢轨的横向位移；用千斤顶（图 2-62）多次对被测钢轨跨中点施加侧向力（0～1kN）；将位移传感器测量的跨中横向位移与对应千斤顶施加的横向力进行统计处理；然后利用标定试验建立的钢轨跨中横向力与横向位移的对应关系，可算出该段钢轨跨中的实际纵向力。

图 2-61 位移传感器

图 2-62 千斤顶

2.6.2 应变法

应变法通过测试钢轨应变计算钢轨纵向力。由于采用应变法测量钢轨纵向力的设备简单，许多学者使用该方法进行桥上无缝线路纵向力的测试与研究。用于无缝线路纵向力检测的传感器主要有电阻应变计和光纤光栅传感器两类，其中电阻应变计作为传统测试手段，应用较为广泛，可对钢轨纵向力进行长期监测。

(1) 测试原理

位于无缝线路固定区的钢轨由于其变形受到限制，当钢轨温度相对锁定轨温变化 Δt 时（设升温为正，降温为负），其内部会有一定的力，即为无缝线路的基本温度力，其大小为：

$$F_t = \pm EA\beta\Delta t \tag{2-15}$$

式中，F_t、E、A、$β$ 分别为钢轨的基本温度力、弹性模量、截面积及线膨胀系数。钢轨温度力为拉力时取正号，压力时取负号。

由于钢轨纵向变形被限制，因此其纵向应变为 0。虽然纵向应变为 0，但是钢轨竖向处于自由状态，由应力与应变之间的关系可知钢轨竖向会有应变，其值为 $(μ+1)βΔt$，其中 $μ$ 为钢轨的泊松比。

在桥上无缝线路钢轨纵向力中不仅有基本温度力，还存在由于桥梁温度变化发生伸缩，经由梁轨相互作用引起的伸缩附加力。该附加力引起的钢轨纵向应变为 $ε_f$，则附加力为 $EAε_f$，对应钢轨竖向应变为 $-με_f$。

因此，桥上无缝线路固定区钢轨的纵向应变 $ε_x=ε_f$，竖向应变 $ε_y=(μ+1)βΔt-με_f$，桥上无缝线路钢轨纵向力为基本温度力与伸缩附加力之和。

$$F_Z = EAε_f - EAβΔt = EA(ε_f - βΔt) = EA(ε_x - ε_y)/(μ+1) \quad (2-16)$$

从式（2-16）可以看出，通过测量钢轨纵向应变及竖向应变，可以确定桥上无缝线路钢轨中的纵向力，这就是双向应变法的基本原理。

温度变化对电阻应变计的所有性能均有显著的影响，其中温度变化引起的应变计输出常为虚假输出，通常称为视应变（apparent strain）或热输出（thermal output）。应变计的热输出与被测试件的约束状态是相关联的，不同约束状态下应变计的热输出存在一定的差异。当被测试件的被测方向处于自由状态，且温度缓慢变化 $ΔT_s$，其电阻应变计对应的热输出为：

$$ε = α_R ΔT_s/K + (β_r - β_R)ΔT_s \quad (2-17)$$

式中，$α_R$ 为应变计敏感栅材料的电阻温度系数；K 为应变计的灵敏系数；$ΔT_s$ 为被测试件温度变化；$β_r$ 为被测试件线膨胀系数；$β_R$ 为应变计敏感栅材料线膨胀系数。

从式（2-17）可以看出，应变计的热输出与被测试件的实际应变 $β_rΔT_s$ 存在一定的差异，这是测量误差的一个来源。对于无缝线路钢轨，其竖向是自由状态。若在竖向测试其应变，其应变计的测试应变应该包含式（2-17）的热输出。但钢轨纵向在温度作用下变形是被完全约束的，基于式（2-17）的推导原理可以得到此时电阻应变计的热输出为：

$$ε = α_R ΔT_s/K - β_R ΔT_s \quad (2-18)$$

从式（2-18）结果可以看出，被测试件被测方向全约束状态下，电阻应变计热输出等效于线膨胀系数为 0 的自由状态。

（2）测试方案

1）确定应变计的黏贴位置，用打磨机进行打磨。先粗磨再细磨，除去钢轨表面铁锈，使钢轨表面光滑。用酒精棉擦拭，准备黏贴应变计。

2）采用惠斯通电桥（图 2-63b）测试应变，4 个电阻应变计（图 2-64）用胶水黏贴在被测钢轨上。其中 R_1、R_2 两个电阻应变计对称黏贴在轨腰两侧，用来测量轨腰处钢轨的竖向应变，R_3、R_4 两个电阻应变计对称设置在被测钢轨轨底两侧上表面，用于测量钢轨纵向应变。应变计的黏贴位置如图 2-63（a）所示，注意应变计要与钢轨密贴。

3）将所连的桥路与数据采集仪（图 2-65）相连，调试设备。

4）将从数据采集仪中得到的结果 $ε_1$、$ε_2$、$ε_3$、$ε_4$ 代入式（2-19）：

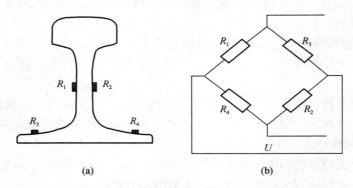

图 2-63 基本测试桥路及应变计黏贴位置
（a）应变计黏贴位置；（b）等效电路

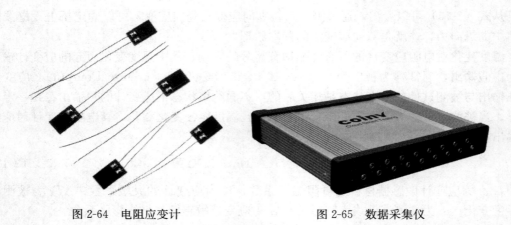

图 2-64 电阻应变计　　　　图 2-65 数据采集仪

$$\varepsilon_x - \varepsilon_y = -\frac{\varepsilon}{2} = \varepsilon_1 + \varepsilon_2 - \varepsilon_3 - \varepsilon_4 \tag{2-19}$$

5）目标钢轨纵向力为：

$$F_Z = -\frac{EA\varepsilon}{2(\mu+1)} \tag{2-20}$$

2.6.3 自振频率和阻尼系数法

（1）基本原理

根据结构动力学理论，在不同轴向力（以压力为正）作用下，梁结构的横向振动阻尼将随其所受横向荷载的增大而增大，梁结构横向振动自振频率将随其所受横向荷载的增大而减小。无缝线路轨道结构钢轨可以视为连续弹性点支承基础上的无限长梁，通过对钢轨施加某一动力，激励无缝线路钢轨产生振动响应。通过对钢轨上设置的传感器，采集钢轨振动响应数据，计算其横向振动阻尼系数，测定钢轨的自振频率。参照事先给定的标准关系曲线，测得阻尼系数和自振频率，求出钢轨中所对应的纵向力。

（2）测试方案

本节以 60kg/m 钢轨为例对测试方案进行介绍。测试工艺如图 2-66 所示。

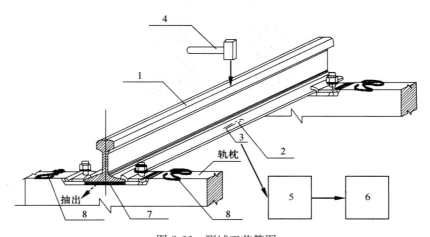

图 2-66 测试工艺简图

1—钢轨；2—位移传感器；3—位移传感器引出线；
4—力锤；5—应变仪；6—计算机；7—橡胶垫；8—扣件

1）标准关系曲线的测定可以在试验室或现场，通过标定的方法获取。即可选取一段无缝线路轨道，对钢轨进行应力放散。在钢轨的一端设置加力装置，分别对钢轨施加不同的荷载，使钢轨中产生所要求的纵向力。然后通过位移测量传感器，对振动进行采集。所采集的信号放大后输入到计算机，然后在计算机中通过 FFT 软件（快速傅里叶变换软件）进行谱分析，确定对应的阻尼系数和振动响应频率。这样就建立了钢轨纵向力-阻尼系数关系曲线（图 2-67）、钢轨纵向力-振动频率关系曲线（图 2-68）。

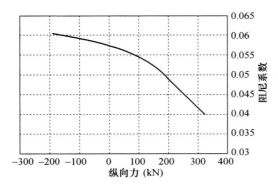

图 2-67 钢轨纵向力-阻尼系数关系曲线

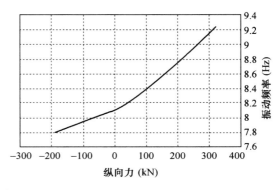

图 2-68 钢轨纵向力-振动频率关系曲线

2）在无缝线路钢轨纵向力测试时，先将所测区段的钢轨扣件松开、去掉，然后将扣件下的橡胶垫板取出，将测试区段的钢轨腾空于轨枕，扣件松开长度为 10.4m。在测试区段中部的钢轨上安设位移测量传感器，然后用力锤敲击该处钢轨，对钢轨产生一冲击力，使钢轨产生自由振动。通过数据采集系统记录由传感器采集的钢轨振动波形，对所测的波形进行计算，得到钢轨振动响应的自振频率和阻尼系数。与标准关系曲线对比，在频率及阻尼标准曲线中找出对应频率及阻尼的钢轨纵向力，得到所测试钢轨的实际纵向力值。测试结果如表 2-8 和表 2-9 所示。

对应振动响应频率的钢轨纵向力测试结果示例（负数表示压力）　　表2-8

振动响应频率（Hz）	纵向力（kN）
9.24	611.5
8.36	94.08
8.20	0
7.96	−141.1
7.80	−235.2

对应阻尼系数的钢轨纵向力测试结果示例（负数表示压力）　　表2-9

阻尼系数	纵向力（kN）
0.0421	323.36
0.0528	141
0.0573	0
0.0592	−94
0.0603	−188

思 考 题

2-1　简述不同钢轨轮廓状态测试方法的优缺点。
2-2　道床纵横向阻力测试时有哪些注意事项？
2-3　简述轨道整体刚度的定义。
2-4　简述三种轨道刚度测试方法的优缺点。
2-5　简述无砟轨道推板试验的测试流程。
2-6　无砟轨道端刺区的测试包含哪些内容？
2-7　简述位移法的基本假设。

第 3 章 轨道动力测试与评估

本章知识点、重点、难点

（1）轨道动力测试系统的组成；
（2）轮轨力的测试；
（3）轨道位移与振动的测试与评估；
（4）道岔动力性能测试方法与评估；
（5）基于 IMC 系统的轨道动力测试流程及方法；
（6）现场工程应用。

（1）轨道动力测试系统的信号处理；
（2）轮轨力的测试方法及评价指标；
（3）位移传感器测试内容；
（4）减振效果的评价指标；
（5）道岔动力性能测试的主要内容及方法。

（1）安全评价指标的计算；
（2）图像处理技术测试位移的方法；
（3）减振效果的评价；
（4）道岔的测试与评估。

轨道动力学测试的重要指标是轮轨间相互动力作用，可设置轨道测试段测试各种通过列车对轨道的动力作用。测试内容主要包括轮轨垂向力、横向力、轨道部件应力、位移、枕上压力、道床应变、轨道振动加速度等。通过轨道动力学相应测试，可以了解轨道部件的动态受力状态，估算轨道的承载能力、检验轨道的运行状况。

3.1 轨道动力测试系统组成

轨道动力测试系统主要由激励源、测试对象、动力传感器、信号预处理和信号处理等组成，如图 3-1 所示。

（1）激励源

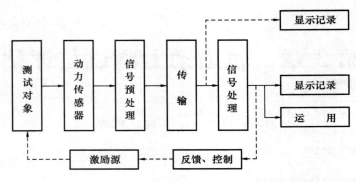

图 3-1 轨道动力测试系统框图

激励源是向测试对象输入能量，激发出能充分表征有关信息又便于检测的信号。在一些试验中，测试对象在适当的工作状态下可产生所需的信号；而在一些试验中，则需用外部激励装置对测试对象进行激励，例如在对轨道结构进行模态试验时，需要利用力锤或激振器对轨道进行激励，如图 3-2、图 3-3 所示。

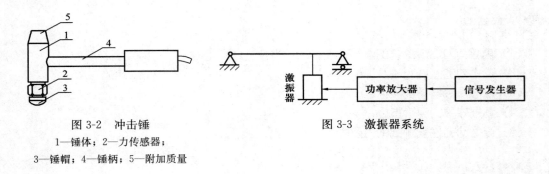

图 3-2 冲击锤
1—锤体；2—力传感器；
3—锤帽；4—锤柄；5—附加质量

图 3-3 激振器系统

（2）动力传感器

动力传感器是能一种感受到被测量的信息，并能将感受到的信息，按一定规律变换成为电信号或其他所需形式的信息输出的装置。动力传感器通常由敏感元件和转换元件组成。敏感元件直接感受被测量，转换元件将敏感元件的输出转换为适于传输和测量的信号，许多传感器中将二者合为一体。选择使用传感器时应根据测试目的和实际条件，考虑传感器的灵敏度、动态响应特性、测量精度、稳定性等问题，才能确保测试的准确性（图 3-4）。

（3）信号预处理

信号预处理是将传感器输出信号转换成便于传输和处理的规范信号。因为传感器输出信号一般是微弱且混有噪声的信号，不便于处理、传输或记录，所以一般要经过调制、放大、解调和滤波等调理，或做进一步的变换，如将阻抗的变化转换为电压或频率的变化，将模拟信号转换为数字信号等（图 3-5）。

（4）信号处理

将中间变换的输出信号做进一步处理、分析，提取被测对象的有用信息。信号处理的

图 3-4 加速度传感器

方法包括模拟信号处理和数字信号处理两种方法。

1) 模拟信号处理法

模拟信号处理法是直接对连续时间信号进行分析处理的方法,其分析过程是按照一定的数学模型所组成的运算网络来实现的,即使用模拟滤波器、乘法器、微分放大器等

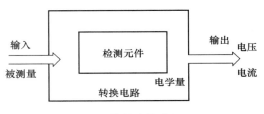

图 3-5 信号变换流程

一系列模拟运算电路构成模拟处理系统来获取信号的特征参数,如均值、均方根值、自相关函数、概率密度函数、功率谱密度函数等。

2) 数字信号处理法

数字信号处理就是用数字方法处理信号,它可以在专用的数字信号处理仪上进行,也可以在通用计算机上或 DSP 芯片上通过编程实现。在运算速度、分辨力和功能等方面,数字信号处理技术都优于模拟信号处理技术。目前,数字信号处理已经得到越来越广泛的应用。

（5）显示记录或运用

将处理结果显示或记录下来,供测试者进一步分析。若该测试系统就是某一控制系统中的一个环节,处理结果将直接被运用。图 3-6 为轨道加速度测试系统。

（6）反馈、控制

反馈、控制主要用于闭环控制系统中的测试系统。

测试系统的具体内容还需要根据测试要求和研究任务进行调整,并不一定包含图 3-1 的所有环节。

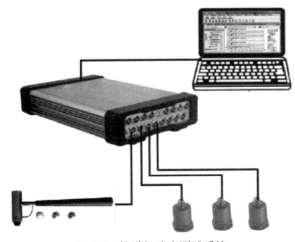

图 3-6 轨道加速度测试系统

3.2 轮轨力的测试方法与评估

轮轨力是判定车辆-轨道动力学性能的基本要素,轮轨力相对于钢轨可以分解为三个互相垂直的分量,即垂向力、横向力和纵向力,如图 3-7 所示。一般情况下,对于轮轨作用力只进行垂向力与横向力的测试。

根据传感器黏贴位置的不同,轮轨力的测试方法可分为地面测试和车载测试。地面测试方法可以检测经过此区域的所有车辆的轮轨力,比较同一线路不同车辆的动力学性能;车载测试方法可以连续检测车辆运行全程的轮轨力,比较同一车辆在不同线路区间的动力学性能。

3.2.1 地面测试方法

轮轨力的地面测试方法是指在钢轨表面安装应变片或者传感器,通过检测钢轨的变形从而获得轮轨力,见图 3-8。轮轨力的地面测试方法基于不同的原理又有不同的测试方法。

图 3-7 轮轨作用力的三个分量

图 3-8 轮轨力地面测试方法

(1) 剪力法

钢轨可看作一个长的超静定梁,当车辆经过钢轨时,轮轨垂向力可视为作用在钢轨上的移动载荷,记为 P。当车轮移动至某一位置时,取分离体进行受力分析,得到钢轨内部的剪力分布,如图 3-9 所示。在车辆运行过程中,轨枕支反力 R_1、R_2、R_3、R_4 以及剪力 S_l、S_r 会发生变化,但 $P=S_l+(-S_r)$ 始终成立。因此,剪力法从钢轨的剪应力分布入手,通过测定剪力和获取轮轨垂向力。

剪力法测试轮轨垂向力的方案如图 3-10 所示。通过在轨腰中性轴处贴 45°方向应变片测该处主应力来获取剪应力值。应变片 A_1 和 A_2、A_3 和 A_4、B_1 和 B_2、B_3 和 B_4 分别为 4 个应变花,应变花以中性轴为中心成对黏贴,左右两个应变花中心间距应保持在 22cm,AC 对应电压输入,BD 对应信号输出。通过应变花测得钢轨的应变,根据标定得到的应力-应变关系得出轮轨力。

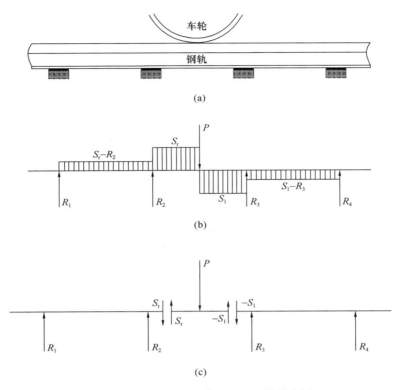

图 3-9 轮轨间垂直力作用下的钢轨剪力图

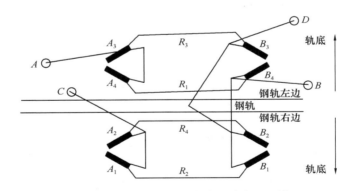

图 3-10 剪力法测试垂向力的贴片和组桥

轮轨横向力的测试方案如图 3-11 所示，其原理与剪力法测试轮轨垂向力的原理类似，即从钢轨在荷载左右两边断面上的水平剪力入手，通过测定水平剪力和获取轮轨间的水平力。剪力法测量轮轨横向力如图 3-11 所示。应变片 A_1 和 A_2、A_3 和 A_4、B_1 和 B_2、B_3 和 B_4 分别为 4 个应变花，应变花以距离轨底边缘 2.5cm 处为中心成对黏贴，左右两个应变花中心间距应保持在 22cm，AC 对应电压输入，BD 对应信号输出。

（2）轨腰弯矩差法

轮轨垂向力的测试原理如图 3-12 所示，轨枕垂向反力分别为 F_{v1} 和 F_{v2}，轨枕横向反力分别为 F_{h1} 和 F_{h2}，P 和 Q 分别为轮轨垂向力与横向力。将应变片对称地贴在轨腰两侧，

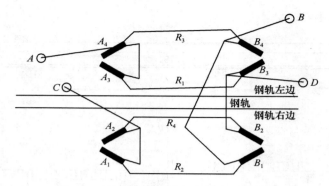

图 3-11　剪力法测试横向力的贴片和组桥

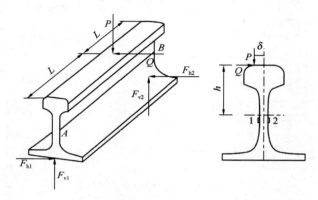

图 3-12　轮轨垂向力测试原理

其中应变片 1、2 在轨道垂向的应力可表示为：

$$\sigma_1 = aP - bhQ - c\delta P \tag{3-1}$$

$$\sigma_2 = aP + bhQ + c\delta P \tag{3-2}$$

式中，a、b、c 为常数。两式相加得：

$$\sigma_1 + \sigma_2 = 2aP \tag{3-3}$$

只需测得应变片 1、2 沿钢轨垂向的正应力，就能求得轮轨垂向力 P。

轮轨横向力的测试原理如图 3-13 所示，把钢轨断面看成一个轨底固定的悬臂梁，测试不同高度的轨腰断面弯矩差。A 断面和 B 断面的弯矩分别为：

$$M_a = H(m+n) + M + (F_1 - F_2)l \tag{3-4}$$

$$M_b = Hn + M + (F_1 - F_2)l \tag{3-5}$$

式中，F_1、F_2 为轨枕垂向反力；H 为轨枕横向反力；M 为轨枕对轨底的弯矩。两式相减，得：

$$H = \frac{(M_a - M_b)}{m} \tag{3-6}$$

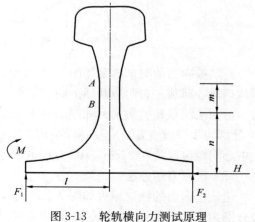

图 3-13　轮轨横向力测试原理

设 A、B 断面的应力分别为 σ_a、σ_b，那么：
$$M_a = \sigma_a W_a \tag{3-7}$$
$$M_b = \sigma_b W_b \tag{3-8}$$

式中，W_a、W_b 为抗弯截面系数。贴片位置对称于中性轴，由于贴片处轨腰厚度相等，则抗弯截面系数相等，即 $W_a = W_b = W$，式（3-6）表示为：
$$H = \frac{W(\sigma_a - \sigma_b)}{m} \tag{3-9}$$

利用电桥的加减特性，可直接测得 $\sigma_a - \sigma_b$ 的值，W、m 为常数，这样就能求得一个轨枕的横向反力，轮轨横向力 Q 为力的作用范围内所有轨枕反力之和。

（3）轨底弯矩差法

垂向力的测试原理如图 3-14 所示，其中作用在左右截面的剪力分别为 S_1、S_2，截面的力矩为 M_0。由受力平衡条件可得：
$$\begin{cases} P = S_1 + S_2 \\ M_1 = S_1(x_1 + l) + M_0 \\ M_2 = S_1 x_1 + M_0 \end{cases} \tag{3-10}$$

因此
$$S_1 = \frac{M_1 - M_2}{l} \tag{3-11}$$

同理可得：

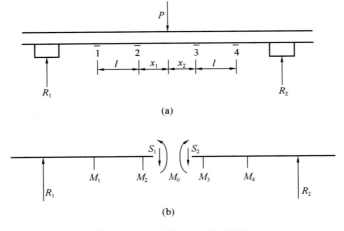

图 3-14 轮轨垂向力测试原理
(a) 荷载 P 的作用；(b) 受力分析

$$S_2 = \frac{M_4 - M_3}{l} \tag{3-12}$$

将式（3-11）、式（3-12）代入式（3-10）的第 1 个公式得：
$$P = S_1 + S_2 = \frac{1}{l}(M_1 - M_2 + M_4 - M_3) = \frac{W}{l}(\sigma_1 - \sigma_2 - \sigma_3 + \sigma_4) \tag{3-13}$$

式中，通过全桥电路可获得 $\sigma_1 - \sigma_2 - \sigma_3 + \sigma_4$ 的值，W 为抗弯截面系数，是一个常量。但由于分离断面处实际的材料参数值与理论计算值之间会存在差异，应变片的尺寸、贴片技术和精度问题，按照应变值计算所得到的轮轨间垂向力会存在较大的误差。

3.2.2 车载测试方法

车载测试方法有直接测试法、间接测试法和高精度轮轨力测试法等，如图3-15所示。直接测试法是在轮对上直接进行测试；间接测试法是通过车辆其他位置来测试轮轨力；高精度轮轨力测试法是基于测量误差综合控制的连续测量法。

图3-15 轮轨力车载测试方法

（1）直接测试法

在轮对上直接进行测试的方法称为直接测试法，也称作测力轮对法。测力轮对主要有两种测试方法，一种是把应变片贴在车轮的辐条或者辐板上面，通过测量某个部位上的变形来得到轮轨力，称为轮测法；另外一种是把应变片贴在车轴上面，同理利用某个部位的变形来测出轮轨力，称为轴测法。

1）轮测法

轮测法是在车轮上黏贴应变片，通过测试车轮某些部位的应变来得到轮轨力。轮测法可以根据车轮的不同形式分为3种，分别是辐条式测力轮对、直辐板测力轮对、曲辐板测力轮对。

① 辐条式测力轮对

辐条式测力轮对是在辐条的侧面分别贴上测量桥来测试轮轨力，其中轮轨横向力与垂向力的测量桥是单独布桥的，横向力测量桥与垂向力测量桥分开布置的方式可以减少它们之间的互相干扰，但是会增加成本，降低灵敏度。因为现在大多数铁路的车轮都没有采用辐条式车轮，所以这种方法较少采用。

② 直辐板测力轮对

直辐板测力轮对通过测试辐板上面某个部位的变形来得到轮轨力，该方法的测量精度相对较高，而且很灵敏；但是该方法最大的缺点是横向力与垂向力的耦合问题。由于该测力轮对中辐板上的某个部位垂向应变的变化范围较小，而横向应变的变化范围较大，因此通过合理的设计组桥方案与贴片半径，可以降低轮轨力之间的耦合影响。

③ 曲辐板测力轮对

1979年2月，Modransky等设计出了曲辐板测力轮对的布置方式。在曲辐板的两侧布置电桥，横向力电桥布桥的角度差为90°，垂向力电桥布桥的角度差为45°。其中横向力作用下产生的辐板应变的波形为正余弦波，而垂向力作用下产生辐板应变的波形为三角波，因此都接近余弦函数，所以轮轨垂向力和横向力的相互耦合影响较大。

2）轴测法

轴测法有两种方法，第一种方法是在车轴上测量某个断面的弯曲应变，然后利用与弯曲力矩的关系得到轮轨垂向力、横向力与切向力。第二种方法利用弯曲应变，只能得到轮轨垂向力与横向力，轮轨切向力则是利用车轴某个部位的扭转剪切应力得到的。

（2）间接测试法

在车辆其他位置测试轮轨力的方法称为间接测试方法。通过在转向架的构架上贴片，测量构架产生的应变从而得到轮轨力。因为构架在轴箱悬挂系统的上方，轮轨力需要经过轴箱悬挂系统的衰减作用才传到构架，所以一般状况下轮轨力产生的构架变形会比较小，而且测试过程中会存在较大误差，因此该方法的测量精度不高，而且构架上测点与轮轨力的作用点有一段距离，因此轮轨力会有一个较长的传递路径，惯性力引起构架的变形也会影响测试结果。

（3）高精度轮轨力测试法

近年来，国内外都开展了高精度轮轨力测试的研究，力求从技术上找到解决问题的途径，基于测量误差综合控制的连续测量法则被证明是一种有效的方法。因此，采用连续测量测力轮对进行轮轨力测量是最佳选择，对深入掌握轮轨动态作用意义重大。

1）高精度连续测力轮对的基本原理

测力轮对的原理是通过测量轮对应变得到轮轨作用力。由于轮对在工作时处于线弹性状态，轮轨力的获取就是求解线性方程组的过程，如式（3-14）所示。

$$\begin{vmatrix} f_{1p}(\theta) & f_{1q}(\theta) & f_{1l}(\theta) & f_{1m}(\theta) \\ f_{2p}(\theta) & f_{2q}(\theta) & f_{2l}(\theta) & f_{2m}(\theta) \\ f_{3p}(\theta) & f_{3q}(\theta) & f_{3l}(\theta) & f_{3m}(\theta) \\ f_{4p}(\theta) & f_{4q}(\theta) & f_{4l}(\theta) & f_{4m}(\theta) \end{vmatrix} \begin{vmatrix} p \\ q \\ l \\ m \end{vmatrix} = \begin{vmatrix} O_1 \\ O_2 \\ O_3 \\ O_4 \end{vmatrix} \tag{3-14}$$

式中，θ 为轮对相对转角；p、q、l 分别代表垂向力、横向力、纵向力；m 为附加弯矩，是力与作用点位置的函数；Q_1、Q_2、Q_3、O_4 代表桥路输出；$f_{ij}(\theta)$ 为对应项的灵敏度函数。

由于轮对旋转系数矩阵交变，准确求解上式并不容易，连续测量轮轨力需要构建一个针对任意转角均可准确求解的方法。为达到上述目的，典型的方法是使灵敏度函数均具有良好特性，如近似余弦函数或三角函数，同时在 2 个或多个角度布置相同的电桥，利用灵敏度函数的平方或绝对值和恒定的特性求解式（3-15）所示的轮轨力。

$$\begin{cases} p_t = \sqrt{(p_t\cos\theta_t)^2 + (p_t\sin\theta_t)^2} \\ q_t = (p_t\cos\theta_t \times q_t\cos\theta_t + p_t\sin\theta_t \times q_t\sin\theta_t)/p_t \\ l_t = (p_t\cos\theta_t \times l_t\cos\theta_t + p_t\sin\theta_t \times l_t\sin\theta_t)/p_t \\ m_t = (p_t\cos\theta_t \times m_t\cos\theta_t + p_t\sin\theta_t \times m_t\sin\theta_t)/p_t \end{cases} \tag{3-15}$$

测力轮对的组桥方案为 3 组垂向力检测应变片桥路、2 组横向力检测应变片桥路、3 组接触点位置检测应变片桥路和 1 组纵向力检测应变片桥路，垂向桥贴片位置及组桥方式如图 3-16 所示，横向桥贴片位置及组桥方式如图 3-17 所示。此测力轮对的工艺要求非常高，为保证制造的精确性，理想的加工基准是采用车轴的加工基准，但对设备的要求较高因而其应用受到限制。在试验过程中，测力轮对需要进行标定，一般有动态、准静态、静态三种标定方法，最后进行动态试验验证，该测力轮对达到了设计要求。

与传统的测力轮对比较，高精度高速连续测量测力轮对不仅可以实现高速条件下对垂向力和横向力的精确测量，还可完成纵向力和轮轨作用点的精确测量。

2）基于 NanoPAN537 无线传输系统的测力轮对

杨骏等设计了一套基于 Nanotron 公司开发的 NanoPAN537 的测力轮对无线传输系

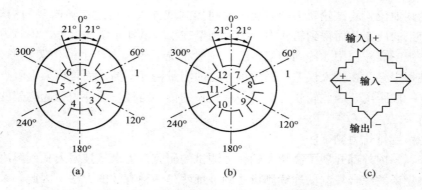

图 3-16　垂向力测试贴片位置和组桥方式
(a) 辐板内侧贴片位置；(b) 辐板外侧贴片位置；(c) 组桥方式

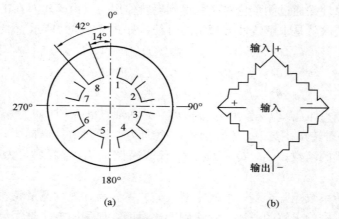

图 3-17　横向力测试贴片位置及组桥方式
(a) 辐板内侧贴片位置；(b) 组桥方式

统,该系统传输速率能达到 100kbps,可以提高实际测量的效率,减少很多工作量。由于系统发送端和接收端分别安装在轮轴上和转向架上,因此对传输距离的要求不高。整个系统将完成数据采集、数据无线传输,并把数据最终传给上位机或存储在 SD 卡中。

3.2.3　安全评价指标

(1) 轮轨横向力

我国国家标准《机车车辆动力学性能评定及试验鉴定规范》GB/T 5599—2019 中,轮轨横向力指左右轮轨横向力的向量和,按式（3-16）评定:

$$H \leqslant 15 + P_0/3 \tag{3-16}$$

式中,P_0 为车轮静轴重。

(2) 脱轨系数

脱轨系数是车辆运营的一个重要指标,为某一时刻作用在车轮上的横向力 Q 和垂向力 P 的比值 Q/P,该比值最初由法国科学家 M. J. Nadal 提出,于 1908 年发表,其后为世界各国铁路部门所采用。

脱轨系数可用以衡量车轮爬上钢轨轨头造成脱轨的危险性程度。

$$\frac{Q}{P} = \frac{\tan\alpha - \mu}{1 + \mu\tan\alpha} \tag{3-17}$$

式中，α 为车轮轮缘角；μ 为轮轨间摩擦系数。

《机车车辆动力学性能评定及试验鉴定规范》GB/T 5599—2019 根据车种及曲线半径，规定的脱轨系数评定限值见表 3-1。

脱轨系数评定限值表 表 3-1

车种	脱轨系数 Q/P	
	曲线半径 250m≤R≤400m；侧向通过 9 号、12 号道岔	其他线路（曲线半径 R>400m）
客车、动车组	≤1.0	≤0.8
机车	≤0.9	≤0.8
货车	≤1.2	≤1.0

《机车车辆动力学性能评定及试验鉴定规范》GB/T 5599—2019 规定的机车脱轨系数安全指标为：

$$\begin{cases} Q/P = 0.6 & \text{优} \\ Q/P = 0.8 & \text{良} \\ Q/P = 0.9 & \text{合格} \end{cases} \tag{3-18}$$

将脱轨时间引入到规范中，对于高速动力车有：

$$\begin{cases} Q/P \leqslant 0.8 & \text{脱轨系数大于 0.8 的时间 } t \geqslant 0.07\text{s} \\ Q/P \leqslant 0.056/t & \text{脱轨系数大于 0.8 的时间 } t < 0.07\text{s} \end{cases} \tag{3-19}$$

（3）轮重减载率

轮对在轨道上运动过程中，一侧或两侧车轮会由于振动和横向力作用而发生减载。而车辆动力学试验表明，车辆可能会因为单侧轮重减载过大而脱轨。轮重减载率为评定车辆在轮对横向力为零或接近于零的条件下，因一侧车轮严重减载而脱轨的安全性指标。

轮重减载率定义为某一时刻车轮减载量和平均静轮重的比值，常用于评价车辆因轮重减载而导致车轮悬浮脱轨的危险性，其计算公式为：

$$\frac{\Delta P}{\overline{P}} = \frac{P_1 - P_2}{P_1 + P_2} \tag{3-20}$$

式中，ΔP 为轮重减载量；P_1、P_2 分别为一副轮对两个车轮轮重；$\overline{P}$ 为减载和增载侧车轮的平均轮重。

《机车车辆动力学性能评定及试验鉴定规范》GB/T 5599—2019 根据试验鉴定得出车辆轮重减载率 $\Delta P/\overline{P}$ 应符合以下条件：

当试验速度 v≤160km/h 时，$\Delta P/\overline{P}$≤0.65；

当试验速度 v>160km/h 时，$\Delta P/\overline{P}$≤0.80。

式中，ΔP 为轮重减载量，单位为"kN"；$\overline{P}$ 为减载和增载侧车轮的平均轮重，单位为"kN"。

需要指出的是，该标准是在轮轴横向力 $H=0$ 的假定下得出的，而这种假定只对车辆低速运行才适用。一般情况下，应以脱轨系数作为行车安全性的评价指标，而轮重减载率可视为静态或者准静态条件下的评价指标，不适合于动态减载时的评定。

而对于动态减载，美国和德国采用的限值为 0.8。日本在新干线提速时，动态轮重减载率限值也取为 0.8，而且还根据轮重和轴箱振动加速度的测量波形，认为轮重减载率超过限度 0.8 的时间在 0.01s 以下时，可认为没有脱轨有危险性。我国《客运专线铁路工程竣工验收动态检测指导意见》（铁建设〔2008〕7 号）规定的动态轮重减载率限值也为 0.8。

3.3 轨道位移与振动的测试与评估

3.3.1 轨道位移测试方法

轨道位移测量方式可归为两大类：位移传感器和数字图像处理技术。位移传感器有电阻式、电位器式、电容式、涡流式、压电式、感应同步式、磁栅式和光电式等。数字图像处理技术有 MATLAB 图像处理技术、SOPC 图像处理技术和 CCD 图像处理技术等，具有较高的测量精度和较大的测量距离，可以适应较恶劣的环境。

（1）位移传感器测量位移

感应同步器、光栅、容栅、磁栅等传感技术通常用来测量大的位移，由于轨道横垂向相对位移数值较小，所以只考虑电阻应变式、电位器式、电感式、差动变压器式、电涡流式、霍尔传感器来检测。

1）电阻应变式传感器

电阻应变式传感器是以电阻应变计为转换元件的电阻式传感器。电阻应变式传感器由弹性敏感元件、电阻应变计、补偿电阻和外壳组成，可根据具体测量要求设计成多种结构形式。弹性敏感元件受到所测量的力而产生变形，并使附着其上的电阻应变计一起变形。电阻应变计再将变形转换为电阻值的变化，从而可以测得对象的位移。

电阻应变式传感器的优点是精度高，测量范围广，寿命长，结构简单，频响特性好，能在恶劣条件下工作，易于实现小型化、整体化和品种多样化等。其适用于几毫米到几百毫米的位移测量。目前对于轨道位移测量最常用的是将电阻应变片组装成等强度梁位移传感器。

等强度梁的各横截面上的最大正应力都相等，并均达到材料的许用应力。等强度梁的优点主要有以下几个方面：节省材料，最大限度提高材料的利用率；提高结构的承载力，使结构更加安全；节省空间，降低自重，提高结构的实用性。等强度梁位移传感器如图 3-18 所示，由应变片及等强度梁组装而成，通过弹片的位移来测量结构的位移。

图 3-18　等强度梁位移传感器

2）电位器式传感器

电位器式传感器一般由电阻元件、骨架及电刷等组成。电刷相对于电阻元件的运动可以是直线运动、转动或螺旋运动，根据测量目标的不同可分为直线电位器和角度电位器。当被测量物发生变化时，通过电刷触点在电阻元件上产生移动，该触点与电阻元件间的电阻值就会发生变化，即可实现位移与电阻之间的线性转换。

电位器式传感器（图 3-19）结构简单，体积小，质量轻，价格低廉，性能稳定，对环境条件要求不高，输出信号较大，一般不需放大，并易实现函数关系的转换。

3）电感式传感器

电感式传感器（图 3-20）主要分为：无芯式、回弹式和双端万向接头式。其工作原理与铁芯可动变压器类似。它由一个初级线圈、两个次级线圈、铁芯、线圈骨架、外壳等部件组成。当铁芯由中间向两边移动时，次级两个线圈输出电压之差与铁芯移动呈线性关系。

图 3-19　电位器式传感器

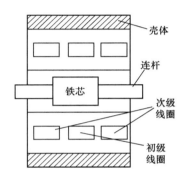

图 3-20　电感式传感器结构图

电感式位移传感器具有无滑动触点，工作时不受灰尘等非金属因素的影响，并且低功耗，长寿命，可在各种恶劣条件下使用，适用于零点几毫米到几百毫米的位移测量。

4）差动变压器式传感器

差动变压器式传感器主要有气动式 LVDT 位移传感器，其特点为无摩擦测量、无限的机械寿命、无限的分辨率、零位可重复性高、径向不敏感和输入/输出隔离。

差动变压器式位移传感器的优点为：动态特性好，可用于高速在线检测，进行自动测量，自动控制，可在强磁场、大电流、潮湿、粉尘等恶劣环境下使用，可靠性非常好，体积小价格低，性能价格比高。其缺点是：由于 LVDT 传感器工作原理是差动变压器式，通过线圈绕线，对于超大行程来说（超过 1m），生产难度大，传感器和拉杆之和长度将达 2m 以上，使用不方便且线性度不高。

5）电涡流式传感器

电涡流式传感器能静态和动态的非接触、高线性度、高分辨力地测量被测金属导体距探头表面距离。它是一种非接触的线性化计量工具，其工作原理如图 3-21 所示。电涡流传感器能准确测量被测体（必须是金属导体）与探头端面之间静态和动态的相对位移变化。在高速旋转机械和往复式运动机械状态分析、振动研究、分析测量中，对非接触的高精度振动、位移信号，能连续准确地采集到转子

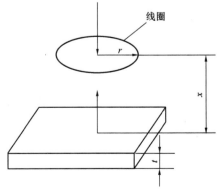

图 3-21　电涡流式传感器原理图

振动状态的多种参数,如轴的径向振动、振幅以及轴向位置。电涡流传感器具有长期工作可靠性好、测量范围宽、灵敏度高、分辨率高等优点。

6) 霍尔传感器

霍尔效应是指将一块半导体放入磁场中,沿垂直于磁场方向通以电流 I,在垂直于电流和磁场的方向将产生电动势的物理现象。霍尔传感器是基于霍尔效应工作的传感器,属于磁阻传感器的一种。

霍尔传感器的结构牢固、体积小、重量轻,测量时无接触点、分辨率高、灵敏度高、寿命长、安装方便,可以适应复杂的测量环境。霍尔传感器可以分为线性霍尔传感器和开关型霍尔传感器两种,前者主要用于检测模拟量,后者主要用于检测断续量。

(2) 数字图像处理技术测量位移

1) SOPC 图像处理技术

SOPC(System on a Programmable Chip)是一种灵活、高效的 SOC 技术,是与电子设计自动化技术(EDA)相结合的一种全新的嵌入式系统设计技术。使用 SOPC 技术在硬件上对实时图像进行处理将图像处理算法固化在 FPGA 芯片上,并在其中嵌入 Nios Ⅱ 软核处理器,可以加快图像处理的速度,满足图像实时处理的需要。SOPC 系统框图如图 3-22 所示。

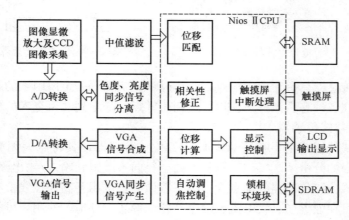

图 3-22 SOPC 系统框图

SOPC 图像处理技术具有设计的灵活性和更强的适应性,它可以根据需要决定是提高系统速度还是节省系统资源,能够更好地实现并行处理,从而提高系统的性能。

2) MATLAB 图像处理技术

MATLAB 是美国 MathWorks 公司开发的商业数学软件和图形处理的软件,除主包外,还包含许多功能各异的工具箱,用于解决各个领域的特定问题。它的工具箱主要有通信、控制系统、滤波器设计、图像处理、非线性控制设计、系统识别、神经网络、最优化、模糊逻辑、信号处理、鲁棒控制、统计等。借助于这些工具箱,用户可以非常方便地进行分析计算及设计工作,该软件被来越多的人群接受和长期使用。MATLAB 工具箱几乎包括所有经典的图像处理方法,因此在图像处理技术中使用 MATLAB 语言可以快速实现模拟仿真,大大提高试验效率。图 3-23 为利用 MATLAB 图像处理技术显示的 4 种不同位移的图像。

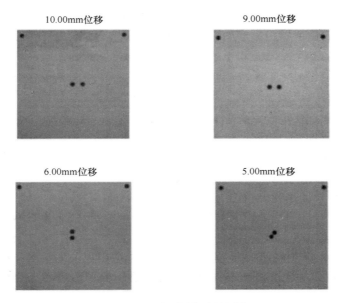

图 3-23 4 种不同位移的图像

3) CCD 图像处理技术

CCD（Charge-coupled Device）是一种半导体器件，可直接将光学信号转换为模拟电流信号，经过放大和模数转换，实现图像的获取、存储、传输、处理和复现。CCD 图像处理技术是运用 CCD 摄像机进行图像采集，通过计算机图像处理和分析从而获取测量结果（图 3-24）。

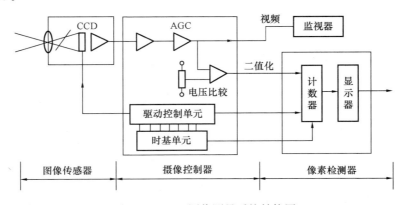

图 3-24 CCD 图像测量系统结构图

该技术的原理是将一明亮光标固定于被测目标位置上，用望远显微成像系统将光标成像于 CCD 的光靶上，CCD 摄像机将靶面上的光信号转变为相应的电信号，利用数字图像处理技术可以精确地确定光标的位置。通过与初始位置的比较，可以测量被测目标所产生的微小位移。

3.3.2 轨道振动测试方法

列车作用下，轮轨间冲击振动明显，轨道内出现的振动是导致轨道失效的主要原因之一。分析轨道振动的产生及其在轨道各部件的传递规律，研究振动对轨道的破坏作用，提出有效的轨道减振隔振措施，是提高轨道承载能力的重要途径之一，而轨道振动测试是实现上述目的的前提。轨道振动测试中使用的加速度传感器主要有两种，即电阻应变式加速度传感器和压电式加速度传感器。

(1) 电阻应变式加速度传感器

电阻应变式加速度传感器是以电阻丝为换能元件，其中又分黏着应变片式和非黏着应变片式（张丝式）两种，它们在我国的轨道振动测试中应用较广。

1) 黏着应变片式加速度传感器（图3-25）

这种加速度传感器的结构如图3-25所示，它的弹性元件多设计成悬臂式等强度梁，质量块固牢于梁的自由端，应变片贴在弹性元件的两边，组成半桥（或全桥）。弹簧、质量系统被密封在外壳中，在壳内灌注阻尼油。通过调节阻尼油的黏度，使弹簧质量系统的阻尼比达到0.7，以使加速度传感器的幅频特性有最长的平坦区段。梁厚度所在的方向为测振方向。

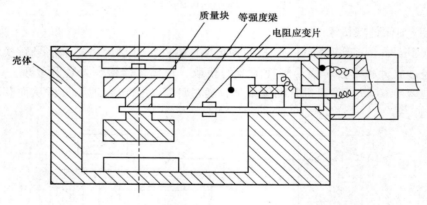

图3-25 黏着应变片式加速度传感器

2) 非黏着应变片式加速度传感器

这种加速度传感器的结构如图3-26所示。它的弹性元件是两个平行的悬臂板，故在受强迫振动时，可以保证惯性块运动的方向能始终与振动的方向平行，克服了单个悬臂板时惯性块作弧线运动的缺点。在惯性块和固定架上锚有支杆，应变丝绕在这些支杆之间，惯性块相对于固定架的位移直接变成应变丝的变形，因而传感器有较高的灵敏度。或者说，在保证传感器一定的灵敏度的前提下，可以达到

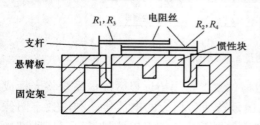

图3-26 非黏着应变片式加速度传感器

较高的自振频率。4个应变丝组成全桥。整个质量、弹簧系统置于密封的外壳内，在壳内注阻尼油。通过调节油的黏度（阻尼）以取得最佳的幅频特性。

（2）压电式加速度传感器

1）压电效应

一些晶体如石英、钛酸钡等受到外力作用时，不仅几何尺寸发生变化，而且内部极化，表面上有电荷出现，形成电场。当去掉外力后，表面又重新回到不带电的状态，这种现象称为压电效应。具有这种性质的材料称为压电材料。如果将压电材料置于电场，其几何尺寸也发生变化，这种由于外电场作用，导致压电材料机械变形的现象，称为逆压电效应，或电致伸缩效应。

2）压电式加速度传感器的结构和原理

压电式加速度传感器的结构如图 3-27 所示。两个并联的压电元件安装在厚基座的金属壳体内，压电元件上装有质量块，通过硬弹簧预先加载，把质量块、压电元件紧紧连在一起，当加速度计承受振动时，质量块就给压电元件施加一个可变的力，该力和质量块的加速度成比例。由于压电元件的效应，在两端产生一个可变电压，该电压与该力成比例，所以也与质量块的加速度成比例。当被测物体的振动频

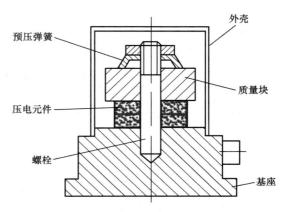

图 3-27　压电式加速度传感器结构图

率远低于整个加速度体系的质量和刚度所决定的自振频率时，则质量块的加速度和被测物体的加速度一样，因此，加速度传感器所产生的压电也就和被测物体的加速度成比例。因为两个压电元件是并联的，所以只要把夹在两压电元件之间的导杆作为一极，整个支座的外壳作为一极，就可输出压电元件两端的电压。

在加速度传感器中常用的压电材料是锆钛酸铅和石英。前者有高的灵敏度，后者的灵敏度虽低，但具有较好的长期稳定性和温度稳定性。

3.3.3　评价指标

（1）轨道结构动态变形评价

轨道结构动态变形量是反映车辆对轨道动态作用程度的重要参数，主要包括钢轨垂向动位移、横向动位移、轨距动态扩大量等。一般情况下，钢轨动位移过大，说明车辆对轨道动态作用较强，过大的钢轨横向动位移直接影响高速运行横向平稳性。轨距动态扩大，将改变轮轨接触几何关系，引起轮轨横向动作用力变化，严重时甚至影响行车安全。

对于轨道动位移，我国规范并未给出规定的限值。在高速铁路车辆与轨道相互作用的动力学特性评价中，通常采用的钢轨垂向位移限值为 2mm。对于钢弹簧浮置板轨道，通常采用的钢轨垂向位移限值为 4mm。

（2）车体振动加速度评价指标

根据《机车车辆动力学性能评定及试验鉴定规范》GB/T 5599—2019 有：

$$W = 3.57\sqrt[10]{\frac{A_i^3}{f_i}F(f_i)} \tag{3-21}$$

式中，A_i 为振动加速度（m/s²），f_i 为振动频率（Hz），$0.5\text{Hz} \leqslant f_i \leqslant 40\text{Hz}$；$F(f_i)$ 为频率修正系数，取值见表 3-2。

频率修正系数表　　　　　　　　　　　　表 3-2

垂向振动		横向振动	
0.5~5.9Hz	$F(f_i) = 0.325f^2$	0.5~5.4Hz	$F(f_i) = 0.8f^2$
5.9~20Hz	$F(f_i) = 400/f^2$	5.4~26Hz	$F(f_i) = 650/f^2$
≥20Hz	$F(f_i) = 1$	≥26Hz	$F(f_i) = 1$

客车和动车组的平稳性指标等级见表 3-3。

客车和动车组平稳性指标等级表　　　　　　表 3-3

平稳性等级	平稳性指标 W	评定
1 级	$W \leqslant 2.50$	优
2 级	$2.50 < W \leqslant 2.75$	良好
3 级	$2.75 < W \leqslant 3.00$	合格

（3）减振效果评价指标

根据《城市区域环境振动标准》GB 10070—88，减振效果应在 1~200Hz 频率范围内进行评价，所测加速度均为垂向加速度。减振效果采用减振措施轨道与普通整体道床轨道隧道壁分频振级均方根的差值 ΔL_a、分频振级差值的最大和最小值进行评价，计算公式如下：

$$\Delta L_a = 10\lg\left(\sum_{i=1}^{n} 10^{\frac{VL_q(i)}{10}}\right) - 10\lg\left(\sum_{i=1}^{n} 10^{\frac{VL_h(i)}{10}}\right) \tag{3-22}$$

$$\Delta L_{\max} = \max_{i=1 \to n}[VL_q(i) - VL_h(i)] \tag{3-23}$$

$$\Delta L_{\min} = \min_{i=1 \to n}[VL_q(i) - VL_h(i)] \tag{3-24}$$

式中　ΔL_a——减振效果的评价指标；

　　　$\Delta L_{\max}$——分频振级的最大差值；

　　　$\Delta L_{\min}$——分频振级的最小差值；

　　　$VL_q(i)$——普通整体道床轨道隧道壁振动加速度在 1/3 倍频程第 i 个中心频率的分频振级（dB）；

　　　$VL_h(i)$——减振轨道隧道壁振动加速度在 1/3 倍频程第 i 个中心频率的分频振级（dB）。

3.4　道岔动力性能测试

道岔是轨道结构中非常关键的结构部件，也是轨道结构中的一个薄弱环节。通过测试道岔区轮轨垂向动力响应、轮轨横向动力响应和轨道部件强度等参数，考核列车直向和侧向通过道岔时的安全性、平稳性,验证道岔轨道刚度设置的合理性、轨道刚度的均匀性,评价道岔区的列车运行安全性、平稳性、道岔部件强度的安全储备。

3.4.1 道岔动力测试项目

道岔种类较多,有高速铁路道岔、重载铁路道岔、城市轨道交通道岔与特殊轨道交通道岔结构。道岔包括道岔、交叉以及道岔与交叉的组合三种,常用的道岔种类有单开道岔、三开道岔、交叉道岔、交分道岔和渡线道岔等。单开道岔占道岔数量的绝大部分,约占90%以上。

单开道岔有主线和侧线,通过尖轨的动作实现道岔的开通,侧线开通和正线开通由转辙机控制。单开道岔是现场使用最多、最典型的道岔类型。单开道岔由尖轨、基本轨和转辙器(即转辙部分)、连接部分、辙叉及护轨以及岔枕等部分组成,如图3-28所示。

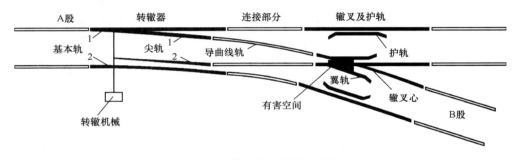

图 3-28 普通单开道岔示意图

道岔动力测试项目主要有:轮轨垂向力与横向力、钢轨垂向位移与横向位移、钢轨垂向加速度、轨枕或无砟道床垂向横向位移、轨枕或无砟道床垂向加速度、钢轨动弯应力、道岔滑床板(铁垫板)应力、轨枕与道床结构动应力、轨下垫板压力、扣件扣压力和螺栓上拔力、弹条动应力、轨道动刚度、道岔尖轨心轨开口量及护轨横向位移、道岔转换设备动位移等。

往往根据现场需求,确定动态测试的具体内容。通过测试轮轨垂直力、钢轨及轨下基础垂向位移等参数,分析列车动力作用对道岔结构部件动力性能的影响,评估道岔是否具有一定的安全储备。

3.4.2 主要测试方法

道岔及转换设备动力性能测试的内容很多,这里对道岔结构部分测试方法进行介绍。

(1)轮轨垂直力 P、水平力 Q

轮轨垂直力和水平力测试方法同3.2节,一般根据《轮轨横向力和垂向力地面测试方法》TB/T 2489—2016 的要求,采用剪应力法测试列车以不同速度通过道岔的轮轨垂直力 P 和横向水平力 Q,从而计算出脱轨系数 Q/P 及轮重减载率 $\Delta P/\overline{P}$,以判定列车运行的安全性和道岔的稳定性。

(2)横向、竖向位移

横向和竖向位移测试方法同3.3.1节,目前大部分采用等强度梁位移传感器测试道岔区钢轨件及其他部件的动态位移。

（3）振动加速度

测试方法同 3.3.2 节，用加速度计测试道岔部件振动加速度，以判定列车运行对道岔结构动力影响。

（4）道岔铁垫板（滑床板）应力测试

道岔铁垫板（滑床板）是道岔的关键部件，在实际使用中，由于支撑状态或工作状态不合理而出现开裂或断裂现象，因此，在道岔动力性能试验中经常进行动应力测试，以验证其是否具有一定的安全储备、是否满足强度要求，为铁垫板（滑床板）设计提供依据。

其测试方法是：在铁垫板（滑床板）上黏贴应变片，组成半桥或全桥电路，测试其在列车动载作用下的动应力水平。

（5）道岔翼轨应力测试

道岔翼轨是道岔结构的主要组成部件，由于翼轨的结构特殊性，翼轨刨切面是其强度的薄弱环节，在列车动载作用下，翼轨薄弱断面的应力水平是否满足强度要求必须进行检测，为完善翼轨设计、选材及锻造工艺提供依据。

其测试方法是：在道岔翼轨薄弱断面处黏贴应变片，组成半桥或全桥电路，测试其在列车动载作用下的动应力水平。

（6）轮对横移测试

轮对横移测试方法如图 3-29 所示，在距离钢轨外侧一定距离安装 PSD 激光位移传感器（该位移传感器通过光学原理工作，是一种非接触式位移传感器），列车过岔时，轮对端面将传感器发射的激光反射至传感器中，传感器可通过反射光的角度确定轮对端面与传感器的距离，便可计算出轮对中心相对线路中心线的横移量。钢轨工作边与传感器间的距离需通过静态标定获得。

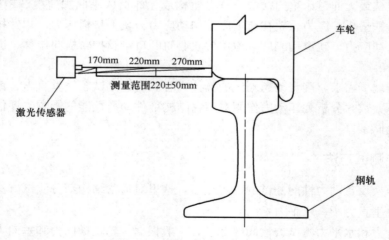

图 3-29　轮对横移测试原理图

3.4.3　测试评估指标

道岔及转换设备动力性能检测评估指标应符合表 3-4、表 3-5 的规定。未具体规定检测值应符合设计要求和相关技术标准的规定。

轨道动力性能动态测试评估指标   表3-4

测试项目		无砟轨道		有砟轨道	
		最大允许值	基准值	最大允许值	基准值
轮轨垂向力（kN）	最大值	200	150	200	150
	最小值	10	12	10	12
轮轨水平力（kN）		40	30	40	30
钢轨横向位移（mm）		2	1	3	1.5
轨道板、轨枕横向位移（mm）		2	1	2	1
钢轨垂向位移（mm）		3	2	4	3
轨道板、轨枕垂向位移（mm）		2	1	3	2
钢轨加速度（m/s^2）		10000	5000	10000	5000
轨道板（道床板）、轨枕加速度（m/s^2）		1000	500	1000	5000

道岔动力性能动态测试评估指标   表3-5

测试项目	无砟轨道		有砟轨道	
	最大允许值	基准值	最大允许值	基准值
道岔区部件横向变形(直向/侧向)	1.5mm/3.0mm	1.0mm/2.0mm	1.5mm/3.0mm	1.0mm/2.0mm
尖轨、心轨开口量（mm）	≤4.0			
道岔区轮轨力过渡	符合设计要求			
道岔转换设备转换阻力	小于6000N			

注：基准值为测试参数通常在这个范围内的值，最大允许值为考虑以往的测定值和设计所定的一个限值，若测试结果超过这个限值就需要进行详细调查。

3.5 基于 IMC 系统的轨道动力测试

本节主要介绍 IMC 系统在轨道动力测试技术中的应用，对 IMC 测试流程、测试电桥及连接方法、试验组织及相关设备等进行了详细说明，为现场试验与工程应用提供参考。

3.5.1 IMC 测试流程

（1）网络设置

首先打开设备，检查硬件，包括数据采集设备、电源、通信电缆（网线或对接线）。然后检查硬件连接是否正确，确认数据采集设备电源是否打开。网线适用于多台仪器通过集线器（Hub）连接，对接线适用于电脑直接和数据采集设备点对点连接。

首先安装 IMC 测试软件。软件安装完成后，打开 imc Devices TCPIP-Config 程序，查找网络上的设备（图 3-30）。

查找到设备以后，查看设备的网络设置（图 3-31），修改本地计算机 IP 地址及子网掩码，保证本地计算机与设备的 IP 地址在同一网段，子网掩码一致。DHCP 及路由设置均需保持不选择的状态，如果设备默认已选择，需要将选择取消。

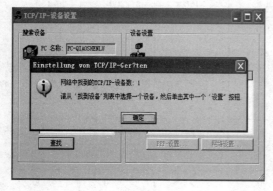

图 3-30　设备查找

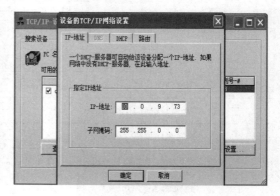

图 3-31　网络设置

（2）设备配置

设备及本地计算机的网络设置完成以后退出 imc TCPIP-Config 程序，进入 imc Devices V2.6 程序，首先点击"选择设备…"进行设备的选择（如果设备及测试参数无变化，可点击"载入实验"直接进行测试，或者点击"打开…"，打开其他已保存的文件进行测试；如果设备及测试参数发生变化，可在选择设备后，点击"新建"，建立新的测试文件）。

首次进入设备选择时，列表中无设备，点击"新建"对设备进行查找（图 3-32）。在弹出的"添加设备接口"对话框中，首先进行网络设置，选择 TCP/IP 协议（一般测试不会使用自定义接口，因此"允许用户自定义接口的扩展设置"设置为非选中的状态），确定后进行网络搜索，系统将显示查询到的设备。

选中新设备后，点击确定就可将其加入用于实验的列表中（图 3-33）。如果在左侧空闲设备列表中已包含需要使用的设备，则可以双击所需的设备或选中后点击增加。如果用

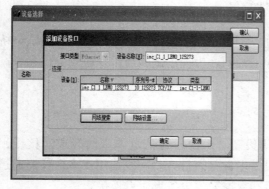

图 3-32　设备选择

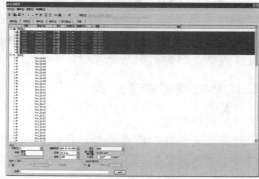

图 3-33　基础设置

于实验的列表中存在不需要使用的设备,则可以双击或选中后点击后退,使其回到空闲设备列表中。在设备选择对话框中完成相关操作后,点击确定,程序即自动与设备建立连接,进入测量工程界面。

(3)通道设置

点击主菜单"设置/配置"或单击工具栏左侧第三个图标"编辑通道参数",修改通道的信号类型,输入信号范围,配置相关选项。具体操作如下:

1)"基础"选项卡

程序默认仅第一通道激活,首先激活需要使用的设备通道。单击工具栏左侧第二个图标(被动通道/出发 开/关),显示设备所有通道;选中需要使用的通道,将其激活。对于测试时长不确定的情况,持续时间设为未定义;采样可通过时间或总数控制;如果选择定义数据采样间隔时间(采样频率),采样数据总数可自动得出。对于轨道结构测试,持续时间应选择未定义,并确定采样间隔时间即可。采样间隔时间应根据测试内容及传感器性能合理确定。

设备通道名称可根据测试项目进行必要的调整;某些测试(如压力盒、加速度计等)需设置 Y-因子,应根据传感器的标定值进行设置。选项卡各项设置完成后,点击确定(或回车)保存设置。

2)"放大器"选项卡

加速度测试多使用压电传感器,此时应在确定通道后选择"电压";耦合:电压;输入:差分;电源及输入范围应根据传感器性能确定,电源无特殊要求取最小值 5V 即可;特性及滤波器类型不需设置(图 3-34)。

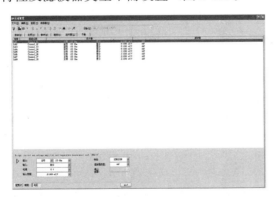 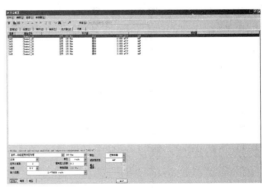

图 3-34 放大器设置

对于某些利用电流变化输出物理量的传感器,应在确定通道后选择"电流";耦合:电流;输入:差分;电源及输入范围应根据传感器性能确定,电源无特殊要求取最小值 5V 即可;特性及滤波器类型不需设置。

轮轨力及动位移测试多使用应变片组成的桥路,此时应在确定通道后选择"应变计";根据测试桥路的形式及桥臂电阻值,选择合适的桥路及电阻值;可选择输出应力或应变;应变计系数及横向应力系数根据应变片或应变花的性能参数确定;电源及输入范围应根据传感器性能确定,电源无特殊要求取最小值 5V 即可;输入范围合理值应通过试测确定;特性及滤波器类型不需设置。

选项卡各项设置完成后,点击确定保存设置。以上选项卡设置完成后,退出设备设置界面,返回主界面。

(4) 测试及存储

单击工具栏左侧第 7 个图标"初始化"或"测量/初始化",将所有的设置烧入测量装置。烧写成功后工具栏最右边的"开始"按钮呈绿色,可以开始测试。进行测试,点击"显示曲线"按钮,打开波形窗口实时观看采集的波形数据(图 3-35)。测试开始后,"开始"按钮变为"停止"按钮,点击即可结束测试。

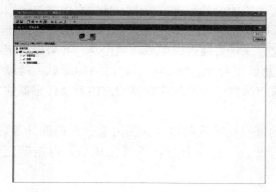
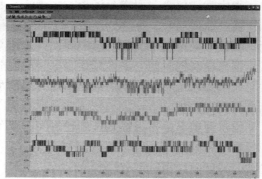

图 3-35 实时测试

在测试数据的实时显示界面中,可单击工具栏左侧第 3 个图标"放大高亮段数据"按钮,框选关注数据段进行观察,然后单击工具栏左侧第 4 个图标"显示所有数据"恢复原状。单击工具栏左侧第 6 个图标"显示/隐藏网格",可在界面中显示/隐藏网格,方便对数据的简单分析。以上操作均可在主菜单"编辑"或"Configration"下拉菜单中实现。为方便不同通道测试数据的观察分析,必要时可进入"Configration/图例",对图例文字及位置进行调整。

参数设定合适后,选择测试数据的存储方式(图 3-36)。单击工具栏左侧第 4 个图标"配置通道显示,保存…"按钮或"设置/存储器",存储与显示对话框中的左半部分是机载存贮;右半部分是 PC 本地存储。根据测量要求可以任选(如果选择 PC 本地存储,必须勾选"传送"),确认后退出。点击确定(或回车),完成设置,退出界面。主界面通道显示的存储器栏将出现相应图标,表示设置成功。

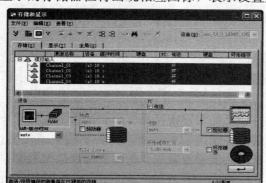
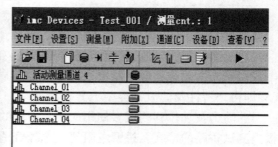

图 3-36 存储设置

保存工程。单击工具栏左侧第 2 个图标"保存"按钮或"文件/保存",将本次测试的设置保存在一个工程里面,如果下次测试设置没有变化,可以直接打开已保存的工程继续进行测试。如果系统设置有所改变,可进入"文件/另存为",将设置存入新的工程。每次点击"开始"后,程序将在工程目录下,根据开始测试的时间自动创建相应的文件夹,存储测试数据。

存储文件夹的命名形式可在"设置/选项"中的数据存储选项卡中进行修改(图 3-37),一般保持默认即可(对于轨道结构而言,由于每次测试工况不同,因此需在一次测试完成前后,采用合适方式准确记录数据文件夹相应的测试工况,方便数据的分析处理;对于工况简单且与测试时间无直接关系的测试,也可通过重命名,将工况信息作为数据文件夹的名称,重复的工况需要同时标明测试序号)。注意,一次测试完成后,不能对刚生成的数据文件夹进行重命名操作,需要在第二次测试完成后才能进行。相应的,此时不能对第二次测试刚生成的数据文件夹进行重命名操作。

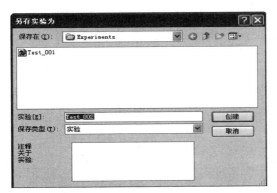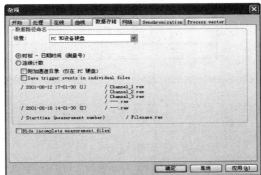

图 3-37 测试数据保存

对于轨道测试,工程建立后往往需要多次"开始"及"结束"操作(如测试多组列车先后通过时的结构动力特性)。在每次测试开始前,应注意单击工具栏左侧第 6 个图标"放大器平衡"按钮或"设置/平衡活动窗口",保证系统的平衡状态(在"平衡通道"界面中,对于电压及电流放大器,将未平衡的电信号置零;对于应变计放大器,显示电桥)。

进入主菜单"设置/放大器",测试人员可根据平衡结果对通道状态进行判断。如有显示不平衡的情况,通道无法正常工作,需要及时分析处理。

同步设置。对于需要两台或以上设备提供多通道的测试,不同设备间需要设置信号同步。首先使用同步线连接不同设备的同步接头(SYNC),然后进入"设置/选项",点击"Sychronization",设置相应选项即可。

3.5.2 测试电桥及连接方法

(1) LEMO 接头

LEMO 型接头为 7 通道(图 3-38),通道接口均为 LEMO 接头(B-2 或 UNI-2 接头在其他型号设备应用)。

(2) 轮轨力测试

轮轨力测试采用 3.2 节中介绍的剪力法。垂向力和横向力测试应变花分别贴在钢轨中

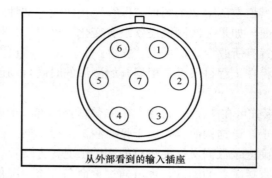

接头	imc-plug ACC/DSUB–UN12
1	+IN
2	−IN
3	+VB
4	−VB
5	TEDS(单线)
6	传感器
7	四分之一桥/Pt100三线配置传感器

图 3-38　LOMO 接头的端口设置

性轴附近及轨底上部表面，与钢轨纵向成±45°角。

（3）动应力测试

1）基本轨/区间钢轨动应力桥路采用全桥（图 3-39）。在基本轨/区间钢轨动应力桥路中，AC 对应电压输入，BD 对应信号输出。AC 接±VB；BD 接±IN；传感器与-VB 短接。应变片与轨底边缘之间的距离应为 2cm。

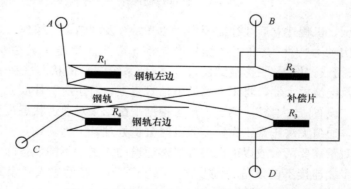

图 3-39　基本轨/区间动应力桥路连接方法

2）尖轨动应力桥路采用半桥（图 3-40）。在尖轨动应力桥路中，AC 对应电压输入，BD 对应信号输出。AC 接±VB；B 接+IN；传感器与-VB 短接。

（4）动位移测试

位移测试时，传感器应根据所测试结构变形的方向，设置于结构侧方或底部。

动位移桥路采用半桥（图 3-41）。在动位移桥路中，AC 对应电压输入，BD 对应信号输出。AC 接±VB；B 接+IN；传感器与-VB 短接。

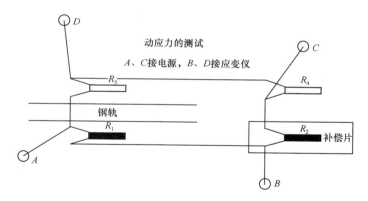

图 3-40 尖轨动应力桥路连接方法

（5）土压力测试

压力盒内部采用半桥或全桥，根据其自定义的芯线对应接口，确定接线方式。

（6）加速度测试

接线方法为：单芯屏蔽导线STYN芯线接＋IN，屏蔽网拧成单股接-IN。

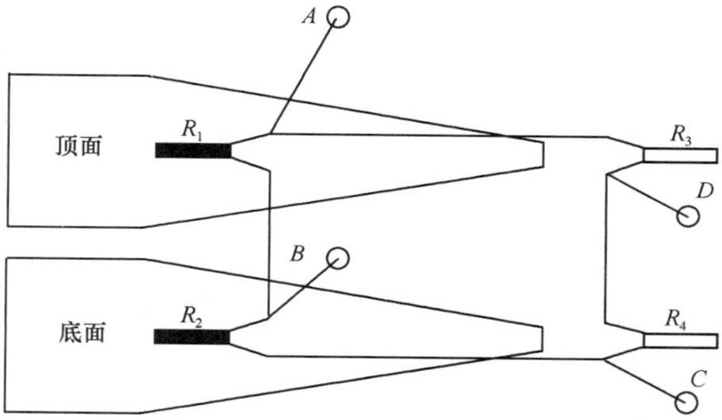

3.5.3 试验组织及相关设备

图 3-41 动位移桥路连接方法

（1）一般流程

①编制试验大纲，确定试验方案；②人员培训，购置设备及耗材；③室内组装调试设备，完成导线的自定义工作（方便接口连接）；④现场测点定位，标记打磨位置（轮轨力、动应力、枕上压力等）；⑤钢轨打磨，黏贴应变片/应变花及端子，组成桥路并引出外接线，使用万用表检查桥路后完成防水绝缘；⑥安装位移、加速度及压力传感器，使用万用表检查桥路，完成防水绝缘；⑦检查屏蔽导线，连接导线与测试桥路及传感器，接头防水绝缘；⑧将 IMC 设备置于合适位置（机箱或测试工棚），连接屏蔽导线与 IMC 设备（对于加速度测试有所不同，见相关内容），接头防水绝缘；⑨设置 IMC 设备各项参数，通过人工触发传感器或临时通过车辆等进行试测，完成系统调试；⑩整理现场，保证测试工作的有序进行；⑪正式测试，发现问题及时调整；⑫利用合适时间完成标定工作（轮轨力、位移等）；⑬测试结束。

（2）加速度传感器

加速度计采用江苏联能系列产品，输入电压均要求设为 5V。加速度传感器通过单芯屏蔽导线 STYN 首先与恒流适配器（YE3826A 多通道 IEPE 信号调理器，12 通道）相连，恒流适配器再通过单芯屏蔽导线 STYN 与设备相连。

在 IMC 软件的"基础"选项中，应根据加速度传感器的灵敏度（厂家标定）设置 Y-因子。以加速度传感器为例，灵敏度为 0.505mV/m/s^2，Y-因子应设置为 202.06g/V（重力加速度取 9.8m/s^2）。

接线时应注意加速度传感器、恒流适配器与设备通道的一一对应。测试期间如有雨雪天气，应提前做好传感器的防水工作。加速度传感器安装时，应采取措施保持与结构水平面垂直，保证测试结果准确。

（3）位移传感器

位移传感器由应变片及等强度梁组装而成。等强度梁上下表面相同位置各黏贴一应变片，并引出外接线（需统一短接线，不同位置引出不同的外接线），使用704硅橡胶完成防水绝缘。应变片位置应设在距离等强度梁端1/3梁长处，引出线应统一朝向梁端，便于接线。

试验时应使用塞尺对位移传感器进行标定；标定应分步进行（0.1mm—0.2mm—0.5mm—1.0mm—2.0mm—3.0mm，可根据实际情况自行调整），同时记录不同位移下的应变值，加载至3mm即可完成标定。

（4）压力传感器

压力传感器及压力盒，内部为全桥或半桥。根据传感器说明连接相应接头即可。压力盒也可用于道床应力测试。

在IMC软件的"基础"选项中，应根据压力传感器的标定值（厂家标定）设置Y-因子。

压力传感器应在试验前1～1.5月预埋；传感器承压面应面朝应力传递过来的方向，并与之垂直，同时安放平稳，保证测试过程中压力盒承压面不偏转。压力盒周围介质的密度应尽量与被测介质的密度一致。

（5）轮轨力标定设备

轮轨力标定设备包括千斤顶、反力架、固定钢丝绳及垫块。垂向力可在试验列车5km/h通过时进行准静态标定，并与人工标定结果复核；横向力标定必须使用标定设备完成。

试验前应对油压-荷载在室内进行标定；现场加载时应分步进行，同时记录不同荷载下的应变值，加载至3～4t即可完成标定。如果不同位置测点轨下基础存在明显差异（如不同形式的无砟轨道、有砟无砟过渡段等），应对各测点分别进行标定。

（6）其他设备及耗材

1）卷尺、钢尺、定点卡具、记号笔：用于测点及应变片、应变花黏贴定位及标记；

2）电缆、插座：用于试验前打磨、焊接等布点作业及测试作业的供电；

3）打磨机、砂轮：用于钢轨及无砟轨道表面的打磨，保证应变片、应变花的合理黏贴，为位移传感器固定架或加速度传感器的固定提供清洁的黏贴面；

4）应变片、应变花：应变片用于动应力等的测试及位移传感器的组装，应变花用于轮轨力、枕上压力等的测试；

5）502胶、酒精棉、塑料布：用于组桥及桥路外接。塑料布用于按压应变片、应变花；

6）IMC设备插头外接线：专业人员预制，用于设备与屏蔽导线的连接；

7）端子、短导线：端子黏贴于应变片、应变花的末端（线头引出方向），线头将首先焊接在端子上。作外接线的短导线应用不用颜色定义桥路的接口；

8）剥线钳、剪刀、老虎钳：用于剥离芯线护套，方便芯线之间的焊接作业；

9）万用表：多使用电阻档及电流档，电流档用于检查导线是否短路及断路，电阻档用于检查导线阻值是否满足要求以及桥路是否连接正确；

10）电烙铁、焊丝、焊锡膏：用于焊连导线，如应变片、应变花与短导线组桥等；

11）704 硅橡胶：用于桥路完成后的绝缘及防水保护；

12）网线、光纤（转接器）、集线器：网线用于连接设备与本地计算机，如本地计算机需使用多台设备进行测试，应使用网线将设备与本地计算机分别连入集线器，并设置同步；

13）四芯、六芯、七芯屏蔽导线：用于连接桥路外接线与 IMC 插头外接线；

14）单芯屏蔽导线：STYV，低噪声同轴射频电缆（S-射频；T-铜导线；Y-PVC 绝缘；V-聚氯乙烯护套），用于连接加速度传感器与恒流适配器；

15）302 胶、玻璃片：用于固定加速度传感器。对用于钢轨加速度测试的传感器，先使用 302 胶将玻璃片与钢轨黏接，再将加速度传感器黏接在玻璃片上；对用于无砟轨道或桥梁加速度测试的传感器，可将传感器直接黏于结构表面；

16）位移计固定架、扳手：用于固定位移传感器，利用扳手松紧螺栓进行固定架旋臂的调整及定位，保证位移传感器的触头在合适的位置；

17）塞尺：用于位移传感器的标定；

18）钢丝钳、钢绞线及卡头、铅垂、套筒、改锥：用于桥梁挠度的测试，使用钢丝钳将钢绞线截成合适长度，用卡头将钢绞线上端固定在桥面，下端与置于套筒内的铅锤连接，位移传感器触头顶在铅锤底面；

19）手电、应急灯：夜间测试或调试仪器临时使用，用于照明。

3.6 现场试验与工程应用

通过现场动力试验，可深入分析轮轨动力及接触关系，并通过对轮轨接触力、钢轨、轨下结构、区间结构等的位移与加速度的测量，深入研究车辆运行过程中轨道结构振动与变形规律以及与行车安全的相关指标，对于不同的轨道交通方式，需要结合具体的测试环境选择测试方法。

本节以北京某地铁线路为测试对象，介绍相关的现场测试内容及注意事项。由于地铁运营期间的隧道环境特殊性，在运营地铁隧道测试项目需要采用自动化监测方式，且由于测试设备及相关系统安装调试工作只能在地铁运营天窗期时间进行（一般一个天窗期时间为 3~4h），实施时间有限，所以在进行仪器安装前需要提前制订详细的计划，多项工作同步进行，才确保仪器安装和调试工作顺利完成。

3.6.1 测试仪器设备

本次现场试验应选择能够满足测试精度要求的测试设备，轨道动力现场试验常用设备、材料基本信息如表 3-6 所示。

轨道动力测试所需材料、设备　　　　表 3-6

名称	用途	生产厂家	型号
应变片	轮轨垂向力、横向力	日本共和	KFW-5-120-C1-11L1M2R N22-FA-5-120-11-W3

续表

名称	用途	生产厂家	型号
位移计	钢轨、弹性轨枕位移	中国盛谱机械有限责任公司	120Ω
加速度计	振动加速度测试	中国江苏联能	CA-YD-181 CA-YD-186 CA-YD-189
应变数据采集系统	加速度、轮轨力测试	德国 IMC	C1-1-LEMO-ET
移动硬盘	数据存储	美国希捷	Backup Plus
笔记本电脑	数据采集及处理	中国联想	T400、4G、500G
轮轨力标定架	轮轨垂向力、横向力标定	中国	—
四芯屏蔽导线	信号传输	中国	—

3.6.2 剪力法测试轮轨力

根据《轮轨横向力和垂向力地面测试方法》TB/T 2489—2016，采用全桥剪应力法测试铁路车辆通过轨道结构动力作用测点时的钢轨垂向力和横向力。根据该规范，应变片黏贴在相邻钢轨支点之间中心线左右对称断面的钢轨两侧中性轴上，可对钢轨垂向力进行测试，应变片黏贴在相邻钢轨支点之间中心线左右对称断面距里轨底边缘 20mm 处轨底上表面，可对钢轨横向力进行测试。首先在钢轨轨腰与轨底分别确定好应变花的位置，做好标记，使用划轨器（三角形）确定钢轨中性轴位置，然后在标记好的黏贴应变花处打磨钢轨（图 3-42），先使用打磨机粗打磨，再细打磨，以除掉钢轨表面铁锈等杂质，并用丙酮或酒精擦拭打磨好的钢轨，消除油污，保证应变片与钢轨密贴可靠；通过 502 胶将应变花分别贴在钢轨中和轴、轨底上表面（图 3-43），与钢轨纵向成 ±45°角，分别组成剪应力全桥并接入动态采集仪和笔记本电脑。由于测试无法直接得到轮轨力，只能得到应变片的应变大小（图 3-44），因此测试开始前同样采用反力架分段通过千斤顶对钢轨加压，对钢轨横向力、垂向力进行现场标定（图 3-45），确定应变与轮轨力的关系。

图 3-42 钢轨打磨除锈

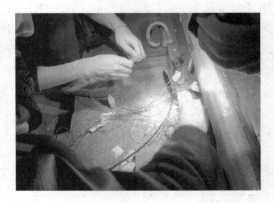
图 3-43 黏贴应变片

图 3-44 轮轨力应变片

图 3-45 轮轨力标定

因为在测试过程中需要对钢轨进行打磨,所以要做好相应的防护措施,并保证用电的安全。

3.6.3 位移传感器测试轨道变形

采用位移传感器测试钢轨垂向、横向位移和道床的动态位移。位移传感器由弹片和位移架组成,弹片是将电阻应变片黏贴在等强度梁上,组成半桥或全桥电路,用防水胶密封制成。弹片与位移架之间用螺栓牢固连接。

测试时首先将位移传感器设置于钢轨侧方或底部(图 3-46),使用 AB 胶将位移架固定在钢轨外侧的道床板表面;通过位移传感器中弹片的位移来测量钢轨的位移。

由于测试无法直接得到钢轨位移,只能得到应变片的应变大小,因此安装好仪器后还需运用塞尺现场对位移进行标定(图 3-47),确定位移与应变的关系。在位移计和玻璃片的安装过程中要确保不超过钢轨表面,以保证地铁运营的安全。

图 3-46 位移传感器

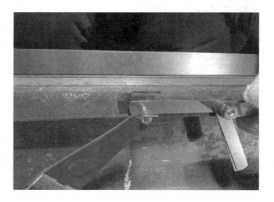

图 3-47 塞尺标定

3.6.4 结构振动加速度测试

结构振动加速度测试采用压电式加速度传感器、恒流源、动态数据采集分析仪以及配套计算机和信号通信电缆等仪器设备进行测试。将压电式加速度传感器通过玻璃片和铁座固定在被测体上；通过同轴电缆接入恒流源进行信号滤波和放大，连接在动态采集仪和笔记本电脑进行振动加速度测试。

每个部件上的加速度传感器必须安装在统一的、有代表性的位置上，安装表面要求光洁（图3-51）。钢轨加速度传感器布置在轨腰和轨底连接圆弧处（图3-48）；轨枕/道床加速度传感器放置在轨枕/道床平台上（图3-49）；隧道壁振动加速度传感器布置在距离轨面1.5m的隧道壁上（图3-50）。

图3-48　钢轨加速度传感器

图3-49　道床加速度传感器

图3-50　隧道壁加速度传感器

图3-51　整体图

3.6.5　管线布设

现场测试过程中，会有大量连接设备和仪器的管线，要对其进行布设和加固。对于位于轨道板表面和隧道壁旁的管线，为避免线缆被巡道人员踩坏或绊到，影响列车运行安全，用尼龙扎带将线缆绑扎在一起，再利用布基胶带将其紧紧固定在轨道面和隧道壁表面，保证不影响列车的正常运行（图3-52、图3-53）。

3.6.6　采集仪器箱

根据布点方案，需要对不同测点的传感器进行集中控制，将数据采集设备固定于安全通道另一侧的管道上（图3-54），通过细铁丝和布基胶带将数据采集设备及数据线绑扎固定在原有的线缆架上，确保在不影响限界要求前提下稳固安全，保证地铁列车运行安全，测试不受影响。

图 3-52　固定线缆

图 3-53　整体效果图

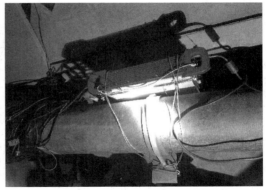

图 3-54　数据采集仪安装

3.6.7　采集数据分析分析

对列车经过时地铁隧道内轨道结构的动力响应数据进行处理，从测试所得大量数据中选择地铁早、中、晚动力响应数据进行分析，轮轨力、钢轨位移、钢轨、道床、隧道壁的加速度测试结果如下：

（1）轮轨相互作用分析

由图 3-55 可知，内轨钢轨横向、垂向力分别为 11.35kN、92.45kN，可计算出脱轨系数为 0.1228。同理可对外轨横向、垂向力进行分析，外轨钢轨横向、垂向力分别为 10.56kN、75.55kN，可计算出脱轨系数为 0.1398，轮重减载率为 0.2012。根据《机车车辆动力学性能评定及试验鉴定规范》GB/T 5599—2019 可知，脱轨系数 1.0 为容许限度，轮重减载率最大限度为 0.6，因此测试结果满足规范规定的容许限度。

由于测试车辆为 B 型车，轴距 2.2m，转向架中心距为 12.6m，根据轮轨垂向力峰值的时间间隔可计算出列车通过测试断面的速度为 86.89km/h。

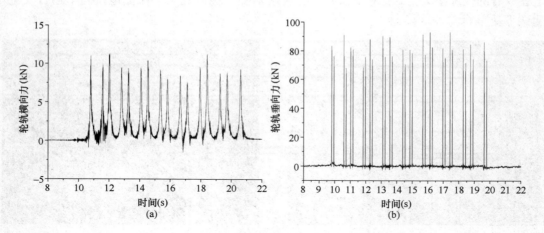

图 3-55 内轨轮轨力时程曲线
(a) 轮轨横向力时程曲线；(b) 轮轨垂向力时程曲线

(2) 钢轨位移

由图 3-56 可知，钢轨横向、垂向位移分别为 0.73mm、1.38mm。根据《城市轨道交通工程动态验收技术规范》DB11/T 1714—2020，钢轨横向位移限值为 1.5mm，钢轨垂向位移限值为 1.5mm，测试结果满足规范的限值要求。

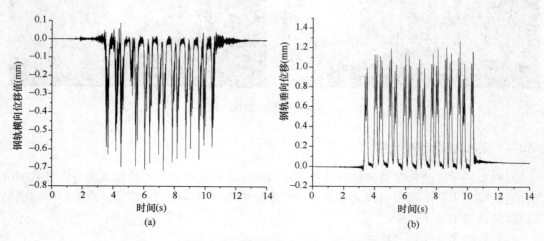

图 3-56 内轨钢轨位移时程曲线
(a) 钢轨横向位移时程曲线；(b) 钢轨垂向位移时程曲线

(3) 钢轨、道床、隧道壁振动特性分析

如图 3-57 所示，钢轨、道床、隧道壁的振动加速度峰值分别为：483.76m/s^2、18.03m/s^2、3.20m/s^2，可见在时域上加速度按钢轨、道床、隧道壁顺序呈递减趋势。结果表明由列车车轮作用在钢轨上引起的振动，传到道床上再传到隧道壁上，在这一过程中，加速度幅值在减小，尤其是由钢轨传到道床上的加速度幅值急剧减小。

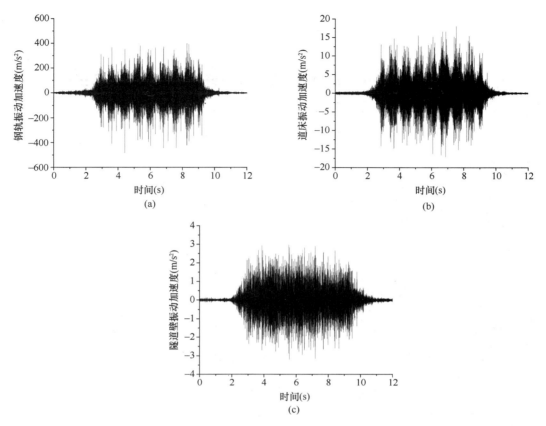

图 3-57 钢轨、道床、隧道壁振动加速度对比图
（a）钢轨振动加速度对比；（b）道床振动加速度对比；（c）隧道壁振动加速度对比

思 考 题

3-1 简述轨道动力测试系统及各部分功能。

3-2 简述轮轨力地面测试与车载测试的优缺点。

3-3 如何对铁路行车安全性进行评价？

3-4 为何要进行轨道结构动态变形测量？

3-5 道岔动力测试项目主要有哪些内容？在普通单开道岔示意图中注明。

3-6 简述剪力法测试轮轨力的过程。

3-7 在进行轨道动力现场试验时，有哪些注意事项？

第 4 章　轨道状态检测方法与评估

本章知识点、重点、难点

 知识点

(1) 轨道状态检测的内容、检测的方法及原理；
(2) 轨道检查仪的组成、测量流程与方法；
(3) 两种普速铁路轨道检查车的组成、检测项目与测量原理；
(4) 国内外高速综合检测列车的发展概况与组成功能介绍；
(5) 常见钢轨伤损形式及成因，超声波钢轨探伤原理与设备；
(6) 高速铁路工务综合巡检系统。

 重点

(1) 轨道动静态几何形位检测项目、检测方法与原理；
(2) 轨道检查仪的组成与测量流程与方法；
(3) 两种普速铁路轨道检查车的组成与检测项目；
(4) 我国高速综合检测列车的发展概况与组成功能；
(5) 常见钢轨伤损形式及成因，超声波钢轨探伤的多种设备。

 难点

(1) 两种轨道几何参数检测方法的原理；
(2) 普速铁路轨道检查车的测量原理；
(3) 综合检测列车检测系统；
(4) 超声波钢轨探伤基本原理。

我国高铁快速发展，保证运营安全是前提。各项车载和人工检测技术为铁路、列车以及旅客的安全提供了重要的保障。在列车运行途中，对沿线的轨道结构状态实时检测得到的数据能够帮助运营人员及时处置各种安全隐患，以便在最大程度上保障高速铁路轨道系统的安全运行状态。

本章阐述了轨道状态检测方法和评估技术，介绍了轨道几何形位检测方法，并对轨道检查仪、轨道检查车、综合检测列车、钢轨探伤技术和工务综合巡检系统进行了详细介绍。

4.1 检测内容及方法

轨道几何形位分为静态与动态两种。静态几何形位是轨道不行车时的状态，采用道尺和小型轨道检查车等进行测量。静态几何形位反映的是轨道固有的中、短波不平顺状态，但不能反映暗坑吊板和弹性不均匀等形成的不平顺，往往只能部分反映道床路基不均匀残余变形积累形成的不平顺。动态几何形位是行车条件下的状态，采用轨道检查车和综合检测列车等进行测量。动态几何形位是各种因素的综合表达，对工务部门线路检查作业的指导实际上是模糊的，仍需在病害发生位置进行现场静态复核，明确造成不平顺的原因才能指导维修作业。一般情况下，同一地段的静态和动态几何形位往往有较大的差异，轨道状态越差，差异就越大。直线与曲线轨道共有的基本几何形位要素包括：轨距、水平、前后高低、方向和轨底坡。曲线轨道除了以上几种几何形位，还包括轨距加宽、外轨超高和缓和曲线。

4.1.1 检测内容

线路检查应坚持"动态检查为主，动、静态检查相结合，结构检查与几何尺寸检查并重"的原则。

（1）静态检测项目

工务段应积极采用轨道测量仪、轨道检查仪、扣件系统检查仪等检测设备对线路设备进行周期性检查，并作好详细记录和分析，掌握线路设备状态及变化规律。由工务段检查监控车间（或线路车间）对工务段线路设备进行月度周期性检查，线路车间（或线路工区）参加月度周期性检查，并执行监控车间检查内容以外的检查工作。

检查周期：正线轨道几何尺寸检查，无砟轨道每年不少于 1 遍、有砟轨道每半年不少于 1 遍。无砟道床静态检查为每半年不少于 1 遍，重点地段应加强检查；高温季节，应加强对 CRTS Ⅱ 型板式无砟道床、路基地段双块式无砟道床等连续铺设的无砟轨道的检查。道岔每月检查 1 遍。对无缝线路、道岔钢轨纵向位移的检查，每 6 个月不少于 1 次，一般春、秋季各 1 次，在进行影响无缝线路稳定的作业后，应及时进行观测；桥上无缝道岔、调节器、长大坡道制动地段、隧道口等地段钢轨纵向位移每季观测 1 次。对需进行应力放散和调整的区段应分析原因，及时处理。有砟轨道结构及联接零件巡检每月不少于 1 次，无砟轨道结构及联接零件巡检每季度不少于 1 次，调节器、道岔的结构及联接零件巡检每周不少于 1 次。动车组走行线、动车径路上站线和动车段（所、场）线路，轨道结构和几何状态每月检查不少于 1 次。曲线及岔后连接曲线正矢检查每季检查不少于 1 次。

1）轨道几何尺寸

轨道几何尺寸静态检测包括线路和道岔的几何尺寸检测，其项目一般包括高低、轨向、轨距、轨距变化率、水平（含超高、缓和曲线超高顺坡量）、扭曲、曲线正矢、导曲线支距、查照间距、护背距离等，如图 4-1 所示。

2）钢轨平直度

钢轨平直度是指钢轨顶面或内侧作用边单位长度上的最大矢度，单位为"mm/m"或"mm/1.5m"等。

3）钢轨廓形

钢轨廓形是指钢轨横截面的形状，一般特指轨头顶面和内侧作用边形状。钢轨实际廓形与标准钢轨廓形对比，可以发现钢轨轨头等部位的磨耗情况以及车轮的匹配程度。

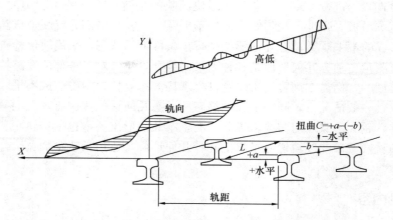

图 4-1 高低、轨向、轨距、水平和扭曲示意图

4）扣件系统

扣件用来连接钢轨和轨枕（轨道板），起到固定钢轨、提供弹性、保证轨道稳定可靠的作用。扣件日常检测一般包括扣件安装状态、部件缺损、预埋套管、弹条紧固状态、弹条扣压状态、钢轨与绝缘块、轨距挡板间隙、铁垫板锚固螺栓扭矩、弹性垫板刚度等。

5）轨枕

轨枕起到支承钢轨，保持钢轨位置，将钢轨传递来的压力转换给道床的作用。轨枕在使用中常发生裂纹、掉块及挡肩破损等病害，影响线路质量。轨枕状态检查内容一般包括沿轨枕纵向裂纹、横裂或斜裂接近环状裂纹、轨枕挡肩处水平裂纹及挡肩损坏、钢筋外露、空吊枕等。

6）有砟道床

有砟道床通常由具有一定粒径、级配和强度的硬质碎石堆集而成，主要起到支撑轨枕，将轨枕上部的压力均匀地传递给路基面，固定轨枕位置，阻止轨枕纵向或横向移动，减少路基变形及缓和机车车辆轮对对钢轨冲击的作用。有砟道床随着列车荷载反复作用，会出现永久变形、道砟粉化及脏污、道床翻浆及道床板结等现象。道床状态检查内容一般包括道床尺寸、道床脏污和板结程度等。

7）无砟道床

无砟道床为整体混凝土结构。不同类型的无砟道床，有不同的检测内容。双块式无砟道床检查内容包括双块式轨枕、道床板、支承层、底座板裂缝及掉块等。道岔区轨枕埋入式无砟道床检查内容包括岔枕道床板、底座板、支承层裂缝及掉块、底座伸缩缝离缝等。道岔区板式无砟道床检查内容包括道岔板、底座找平层、侧向挡块裂缝及掉块、水泥乳化沥青砂浆充填层、挤塑板离缝等。

（2）动态检测项目

动态检查应以综合检测列车和探伤车检测结果为主要依据，以巡检设备、车载式线路检查仪和添乘检查作为动态检查的辅助手段。积极采用基于动态检测数据的轨道变形分析系统对动态检测数据进行分析，以便及时发现无砟轨道上拱、路基不均匀沉降、线路冻胀、线路平面变化等情况。发现问题时，应结合现场静态复核，全面分析原因，合理确定维修作业方案。对超过临时补修偏差管理值的位置应及时处理。

动态检测周期：综合检测列车原则上每半月检查 1 遍，高温、高寒时期可加密；动车组应安装车载式线路检查仪，每天对线路检查不少于 1 遍；工务段应使用便携式线路检查仪添乘检查线路，每月不少于 2 遍；采用巡检设备检查线路设备状态，每月不少于 1 遍。

1）常规内容

常规检测包括复合不平顺、曲率、速度、里程、左右高低、左右轨向、水平、三角坑、曲线超高、轨距、车体垂向和横向加速度。其中，复合不平顺是指同一断面上轨向与水平值的逆相位加权和；曲率为曲线半径的倒数，实际测量时用单位距离内轨道的转角表示；速度为单位时间走过的距离；里程为按线路里程标核对的实测距离；车体横向和垂向加速度测量要求加速度传感器安装在车体底板上，与转向架心盘位于同一断面，距车体纵向中心线 1m。车体横平和垂向加速度测量是发现轨道偏差，辅助评价轨道平顺性，以及监测轮轨作用的重要手段。

2）轨检车的检测内容

除常规检测内容以外，轨检车可以对钢轨廓形、波磨、断面磨耗等进行检测。其中，钢轨廓形是指钢轨的外部形状，对钢轨廓形的实时检测，能够有效反映钢轨轮廓及磨耗量；波磨按波长分为短波（波纹型磨耗）和长波（波浪型磨耗）两种，波纹型磨耗为波长约 50～100mm，波幅 0.1～0.4mm 的周期性不平顺。波浪型磨耗为波长 100mm 以上，3000mm 以下，波幅 2mm 以内的周期性不平顺；断面磨耗包括垂直磨耗（标准钢轨断面宽度内侧 1/3 处实际钢轨垂向磨耗）、侧面磨耗（标准钢轨顶面以下 16mm 处实际钢轨垂向磨耗）、总磨耗（垂直磨耗＋1/2 侧面磨耗）。

4.1.2 检测方法与原理

（1）静态检测方法

1）道尺

道尺（轨距尺，图 4-2）是检测铁路轨道轨距、水平、超高的主要测量工具。早期使用木质道尺，由于道尺本身变形量较大，量测精度低且使用寿命短，现已淘汰。目前测量轨距的道尺以铝镁合金制作，其使用寿命长，精度高。

图 4-2 道尺

近几年开始使用的数字（电子）道尺（Digital Track Gauge，DTG）是智能化的、基于计算机的轨道几何形位静态测量工具，具有测量精度高（水平测量精度±0.5mm、轨距测量精度±0.2mm）、速度快、自动化程度高、显示清晰直观、检定方便快捷、节省维修费用等特点。数字道尺主要由两端测头、两端测座、尺体、端度测量装置、超高测量装置、绝缘保护套、手把紧固螺钉等组成，可用于包括道岔在内的铁路线路轨距、道岔参数、水平和超高的测量。

2）钢轨平直度测量仪

钢轨的平直度通常是指垂直于钢轨基准线的平面内的不平顺度。钢轨的不平顺对噪声、振动、安全和轮轨冲击荷载均有很大影响，直接影响列车的运行速度、安全性和舒适性。钢轨平直度测量仪（图4-3）是目前使用的较为精确的静态测量钢轨平顺性及波磨检测设备。钢轨平直度检测仪工作时，仪器固定于一侧钢轨的顶面，步进电机带动测量元件（激光传感器）移动。激光传感器的检测原理主要是利用激光三角反射，由传感器探头发射出的激光，通过特殊的透镜被汇聚成一个直径极小的激光束，此光束被测量表面反射到一个分辨率极高的CCD探测器上，通过CCD所感应到光束位置的不同，可精确测量被测物体位置的变化。

图4-3　钢轨平直度测量仪

3）轨道检查仪

轨道检查仪（图4-4）是用于测量轨道静态几何状态的小型推车。目前国外生产的比较有代表的轨道检查仪为安博格轨道检查仪，国内的主要代表为日月明轨道检查仪。

轨道检查仪可以测量轨道的几何尺寸及三维绝对坐标，自动测量轨距、水平（三角坑）、高低和轨道360°横断面。与用轨距尺检查几何尺寸相比较，轨道检查仪具有速度快、易于统计查询等优点。

图4-4　轨道检查仪

(2) 轨道几何参数检测

目前轨道几何参数检测主要有弦测法和惯性基准法。

"弦测法"利用车体及三个轮对，建立测量的"基准线"，进行轨道高低和方向测量。其基本原理如图 4-5 所示。

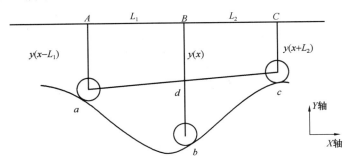

图 4-5 弦测法基本原理

利用钢轨顶面 a、c 两测点的连线作为测量弦，以中间测点 b 到该弦的正矢 db 作为轨道不平顺的测量值，假设钢轨顶面不平顺为幅值 C、波长为 λ 的正弦波，则：

$$Y(x) = C\sin 2\pi/\lambda x \tag{4-1}$$

在实际检测中利用 AC 弦，弦长为 L，且 $L = L_1 + L_2$，只要分别测出 a、b、c 三点到该弦的距离 Aa、Bb、Cc 即可得到 db。

设 $db = z(x)$，$Aa = y(x - L_1)$，$Bb = y(x)$，$Cc = y(x + L_2)$。

当 $L_1 = L_2 = 0.5L$ 时，为等弦弦测法，通过计算，等弦弦测法传递函数的幅值响应为：

$$|H(x)| = 1 - \cos\frac{\pi}{\lambda}L = \begin{cases} 2 & \lambda = \dfrac{L}{2n-1} \\ 0 & \lambda = \dfrac{L}{2n} \\ 1 & \lambda = \dfrac{2L}{2n-1} \end{cases} \tag{4-2}$$

式中，n 为正整数。

当 L_1 与 L_2 不等时，为不等弦弦测法，此时弦测法的传递函数在 $0\sim2$ 之间变化，有些不平顺被放大，有些被缩小甚至忽略，导致无法真实反映钢轨顶面不平顺的状态。

惯性基准法从原理上实现了传递函数在某一可测波长范围内为 1。检测装置较简单，因此实用性很强。惯性基准法测量波磨可以直接利用轴向加速度二次积分计算轮轴相对惯性空间的位移，如图 4-6 所示。

但是，由于惯性基准法是建立在物体加速度测量上，而加速度又与速度的平方成比例，因此低速下产生惯性基准的加速度很小，即使传感器能检测到，也无法从淹没在其中的干扰信号中提取出有效信号，造成惯性基准法低速下误差较大，或不适用于低速更适用于高速测量的特点。因此，采用惯性基准法的高低、方向测量，对车速下限有限制，停车时不能进行测量，这是惯性基准法的一个显著缺点。

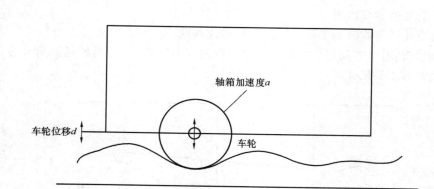

图 4-6　惯性基准法基本原理

弦测法和惯性基准法各有优缺点。弦测法不受速度影响,对于小型低速检测车和人工检测设备,都有很广的适应性。但是弦测法的缺点也很明显,不管其如何改进,弦测法实现时都要进行簧下多点位移测量,其测量传感器必然很多,可靠性相对降低,同时标定及维修工作也较繁琐。在重视检测方法原理上先进性的同时,也不能忽视实现时的可靠性,整个系统的可靠性,与组成系统的元部件的可靠性和结构的合理性有很大关系。如果弦测法和惯性基准法采用元部件的可靠性相同,显然后者系统可靠性要大于前者,因为惯性基准法实现起来更简单。

(3) 钢轨廓形检测

钢轨廓形检测主要有接触式和非接触式两种方法。

接触式钢轨廓形测量是通过机械接触的方式来测量钢轨的廓形。接触式钢轨廓形测量传感器通过 USB 插口与便携式计算机相连,应用专用的测量分析软件,快速、精确记录钢轨轨头外形数据。分析软件具有钢轨轨头外形的裁剪、显示、斜率计算、一阶和二阶导数计算、轨头垂磨和侧磨计算、与其他钢轨轨头外形进行比较等多种分析功能。

非接触式测量方法的前端测量传感器与接触式测量方法不同,采用激光扫描轨头的方式采集钢轨廓形数据,后续数据处理方法与接触式基本相同。

(4) 钢轨磨耗

钢轨侧面磨耗及垂直磨耗可以采用磨耗仪进行检测,其精度为 0.1mm,垂直磨耗测量位置在钢轨顶面宽 1/3 处,侧面磨耗测量位置在钢轨踏面下 16mm 处。

同时,可以利用钢轨轮廓全断面检测的方法检测钢轨的垂直和侧面磨耗。采用激光摄像技术进行钢轨全断面动态测量,钢轨廓形测量原理如图 4-7 所示。

针对单股钢轨,需要使用至少 2 组激光摄像式传感器,每组传感器由一台摄像机和一台线结构光源组成。测量时,线结

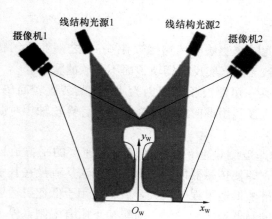

图 4-7　钢轨廓形测量原理

构光源投射的结构光平面与钢轨相交,在钢轨表面形成一条包含钢轨轮廓的激光线条曲线。旁侧摄像机与结构光平面成一定角度拍摄钢轨激光轮廓图像,基于激光三角测量方式,实时获取钢轨廓形。

实际测量中,得到的钢轨图像需要经过匹配才能正确反映钢轨的廓形和状态。钢轨轮廓匹配对比如图 4-8 所示。

(5)轨道动态检测

轨道动态检测设备主要有轨检车和高速综合检测列车。轨检车按检测系统类型划分为:GJ-3 型、GJ-4 型、GJ-4G 型、GJ-5 型、GJ-6 型。高速综合检测列车主要对高速铁路线路状态、接触网、列控系统等进行综合、等速检测。

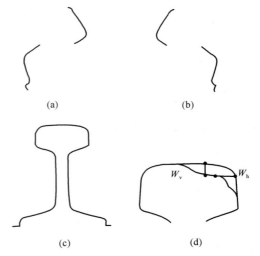

图 4-8 钢轨轮廓匹配对比图
(a)外侧钢轨原始廓形;(b)内侧钢轨原始廓形;
(c)与标准钢轨廓形匹配后效果;(d)钢轨磨耗计算

4.2 轨道检查仪

4.2.1 轨道检查仪的组成

轨道检查仪是一种基于光纤陀螺精密测角轨迹测量原理的轨道几何状态检查仪器,采用适应野外作业的笔记本电脑作为整个系统的数据处理中心,实现在线数据及波形显示,轨号标记功能(精确轨枕定位),并可进行全项目的在线超限报警。轨道检查仪是目前轨道几何静态检测的主要方法。对比人工检查,轨道检查仪具有以下几方面的优点:

第一,检查的内容全面,包括轨距、水平、三角坑、轨距变化率、左右轨向、左右高低和里程;

第二,利用轨道检查仪能够消除人为因素的影响,保证检查的结果更加准确、检查的数据具有较强的连续性和系统性;

第三,利用轨道检查仪能够有效地提高工作效率,在进行线路检查的过程中,平均每个小时能够检查 3~5km 的线路设备,有效地降低了线路检查人员的劳动强度,改善了作业条件;

第四,轨道检查仪的检测数据易于保存,便于携带,在日后数据对比分析时,无论何时何地只要有电脑和相应的应用程序,即可方便处理,随时对线路质量和线路病害的变化情况进行分析;

第五,轨道检查仪操作班组人员作业范围小,提高了现场的可控性和安全性,很大程度消除了安全隐患,确保了作业人员的人身安全;

第六,轨道检查仪数据容易传递。检查数据处理完毕后,当日即可反馈给线路养护工区,线路养护工区可结合次日"天窗"或申请临时"天窗",安排复查整治。

轨道检查仪是测量铁路轨道静态内部几何参数、静态测量特定点外部几何参数的铁路移动专用计量器具，包括 H 型、T 型、S 型、L 型等型号。H 型：具有左右轨双侧平顺性测量功能；T 型：只具有左轨或右轨单侧平顺性测量功能；S 型：仅包含轨距、超高功能；L 型：长激光弦轨道平顺性测量仪。包含外部参数测量功能的轨检仪，在基本型号后附加 W，如 HW 型，是指同时具有左右轨双侧平顺性和外部参数测量功能的轨道检查仪。

轨道检查仪作为一种机电一体化产品，整个测量系统主要由机械结构、下位机数据硬件采集以及上位机数据处理软件三部分组成。机械结构是整个系统能够正常工作的架构，安装着各类传感器及数据采集模块，数据处理的上位机笔记本，以及保证整个硬件电路能够正常工作的电源模块，下位机数据采集电路实现对各参数的实时在线测量及上传，上位机软件负责数据的在线处理，包括图表显示、超限报警及报表打印等。

（1）机械结构

机械结构作为整个系统的测量支撑平台，主要由 4 部分组成（图 4-9）。整个机械系统可重复拆装，方便搬运重要零部件，并不影响系统的加工精度及尺寸，因此整个系统重复拆装后测量精度仍然非常高。

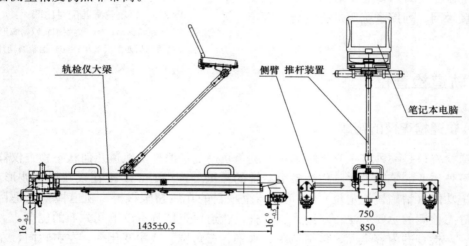

图 4-9 机械结构总图（单位：mm）

轨检仪大梁的一端通过安装在其内部的伸缩轴与走行轮连接，伸缩轴在大梁内部的另外一梁主体是整个机械结构的重要组成部分，大梁的一端与侧臂通过两个定位螺栓连接，大梁另一端连接轨距传感器。在测量过程中整个伸缩轴通过弹簧将走行轮压紧在轨道内侧，保证机械系统在轨道上的正确姿态，实现各个参数的准确测量，同时倾角传感器也固定在大梁的中间位置，大梁中间还固定了整个测量系统的下位机硬件以及推杆装置和军用笔记本电脑。

侧臂也是整个机械系统的重要组成部分，侧臂的两端分别安装走行轮组件及里程轮组件，里程轮组件通过安装在其内部的接近开关实现里程数据的准确测量，同时侧臂的中间位置安装了测量轨向及高低的陀螺箱，陀螺仪小板安装在陀螺箱内，实现轨向及高低数据采集，侧臂与大梁通过专用的接口实现数据对接及命令控制。

推杆装置的主要功能是在测量过程中方便人工推行，同时推杆装置与大梁主体的连接是可旋转的，方便推行方向及角度的选择，其高度也是可调整的，方便不同身高的人推行小车，在推杆装置上设计了专门放置笔记本电脑的夹具平台。

(2) 下位机数据硬件采集

整个下位机是以 STC12C5A60S2 单片机为核心的实时在线数据采集系统,如图 4-10 所示。下位机数据采集系统包括轨距传感器、倾角传感器,实现对信号的采集,由于输出信号是模拟信号,对其进行模数转换后输送给主机 MCU,里程测量则是通过接近开关来实现测量的,其信号为数字信号,直接通过数字信号处理模块后传送给主机 MCU。高低及轨向陀螺仪则是通过从机的形式实现数据采集处理,通过从机 MCU 输送给主机 MCU,主机 MCU 将各个传感器采集的数据根据内部指定的协议,通过 RS232 与上位机进行通信,完成上位机的后期数据处理。

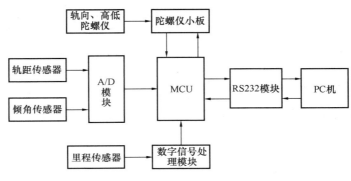

图 4-10　硬件电路结构

(3) 上位机数据处理软件

轨道检查仪的上位机数据实时处理系统采用了 C++作为开发语言,是在 Borland 公司所研发的 C++Builder5.0 构建的软件开发平台下设计的。上位机软件具备多种功能,能够实现对各个传感器的标定功能,主要是利用上下位机的通信,发送相应的命令给下位机,实现标定功能,而且能够保存标定数据,操作简单方便。同时还能够实现各个传感器的检定功能,检定的作用主要是判断轨道检查仪测量的准确度。上位机软件还能够对各参数测量的超限范围进行设置,针对不同的测量轨道进行不同的超限设置,也能够对各个参数测量中的滤波因子进行设置,包括水平滤波因子、轨距滤波因子等,还能够实现在线分析数据及输出波形报表等功能。

实时动态测量时,软件窗口如图 4-11 所示,中间主要的窗口能够实现各个参数的在线波形显示,通过波形很容易发现轨道病害程度及位置,右侧窗口能够显示当前里程数以及其他各参数的详细数值。菜单栏是对软件的各项设置及使用。整个软件界面包含的信息量大,操作直观、方便,使用简单。

通常轨道检测的现场环境比较恶劣,经常会遇到雨淋、强电磁干扰及电池续航能力等各方面的问题。轨道检查车的电脑特殊的材质能够有效抗冲击及防水,同时自带的电池能够使用 8 个小时以上,满足轨道检查仪的使用环境要求。

4.2.2　轨道检查仪的测量方法

目前,我国铁路工务检测中常用的轨道检查仪主要有:日月明轨道检查仪、安博格轨检小车、瑞邦轨检仪、天宝 GEDO 小车等。使用较多的是日月明轨道检查仪。下面以日

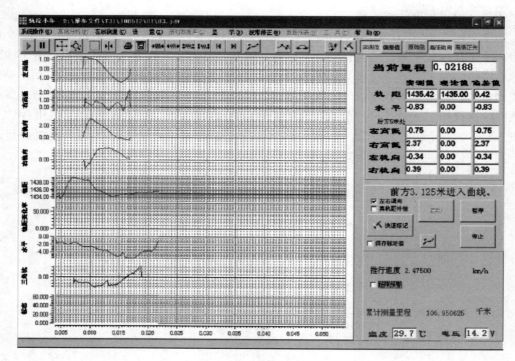

图 4-11　上位机软件

月明 GJY-T-EBJ-3 型轨道检查仪为例介绍轨道检查仪的测量方法。

，GJY-T-EBJ-3 型轨道检查仪（图 4-12）是一种基于 350km/h 速度的 0 级精度等级、高精度数字陀螺精密测角测量原理，能够检测轨道内部几何参数的仪器。系统可增加轨枕定位、长波测量、图上作业、道岔测量等功能模块，能够针对轨道不平顺直接规划调整量。

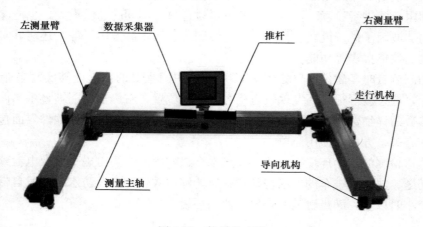

图 4-12　轨道检查仪

（1）初始化程序

在软件主界面下点击选定线别、推行方向、检查人员、检查日期；在推行起点输入起点轨枕号，核对起始里程并确认，软件初始操作界面如图 4-13 所示。以下几个名词对测试正确与否起关键作用，需了解并掌握。

图 4-13　初始操作界面

1) 起始里程：测量小车开始测量时的起始里程，后续测量数据对应的里程是以起始里程为初值加上小车推行的相对里程。如果起始里程不正确，将影响到对线路病害的定位。

2) 顺逆里程：指测量小车推行方向，如测量小车推行方向为线路里程增大方向，则称顺程。

3) 线路名称：线路名称与线路线设计参数数据库相连，选择正确的线路名称，将其对应的线路的设计参数导入测量项目中。

4) 左右调向：指小车在铁轨上的姿态，小车右侧臂放在右轨上时，称为不调向状态，反之为调向状态。站在两钢轨中间面向大里程方向，右手侧为右轨，左手侧为左轨。

（2）数据采集

根据提示，推行到测量的起始点，确保小车处于静止状态，点击启动按键后等待 20s，以 3~5km/h 的速率匀速推行小车（图 4-14）。

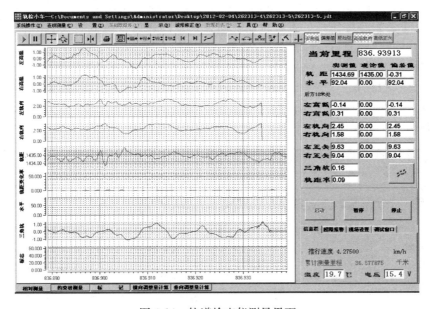

图 4-14　轨道检查仪测量界面

（3）测试停止

点击暂停按键，输入终点轨枕号并查询，确认轨枕间距，点击 OK 按键确认操作(图 4-15)。

点击暂停按键后再点击停止按键。弹出操作提示对话框，日常巡检条件下，点击"是(Y)"，直接停止测量。

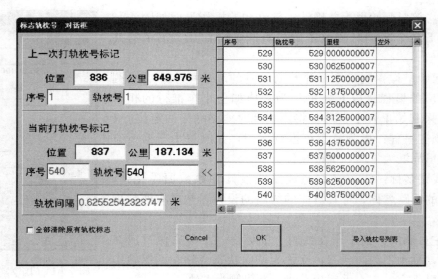

图 4-15 轨道检查仪测量界面

4.2.3 轨道检查仪的数据分析

（1）通过软件【相对测量】页面右上角工具栏上的【偏差值】/【实测值】【高低轨向】/【高低正矢】等按钮，可查看轨道不同弦长下的轨向、高低以及轨距、水平等基本几何状态，并确认已经打过轨枕标记且轨枕信息正确。

（2）单击多级下拉菜单【显示】→【自定义弦长显示】→【中点移动弦测长波】，选定波形需要显示的弦长。选择【横向调整计算】页面进行轨向、轨距、轨变精调图上作业；选择【垂向调整计算】页面进行高低、水平、扭曲精调图上作业。如图 4-16 所示为长波自动调整模式，在该模式下可以得到各里程调整量及调后预期线形。

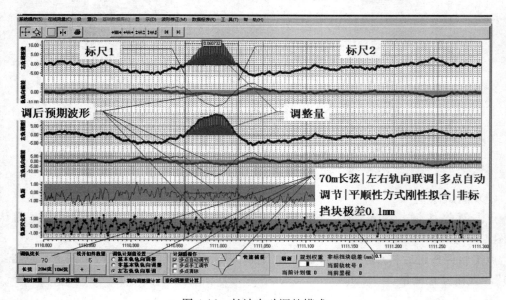

图 4-16 长波自动调整模式

4.3 普速铁路轨道检查车

我国普速铁路轨道几何状态动态检测的设备主要是轨道检查车(以下简称轨检车),可测量的参数包括轨距、曲率、水平(超高)、高低、方向(轨向)、扭曲(三角坑)、车体振动加速度、轴箱振动加速度、地面标志自动测量、速度及里程等,还可以从轮轨相互作用和行车平稳性等方面对轨道状态作出综合评价。

4.3.1 轨检车的组成及原理

轨检车由检测装置和数据处理系统两大部分组成。检测装置包括惯性基准轨道不平顺测量装置、光点轨距测量装置和多功能振动测量装置等。数据处理系统由模数转换器、计算机、打印机等组成。

轨距检测采用光电式轨距测量装置,应用光学、磁学和电学原理,通过不同的传感器把轨距几何量值的变化转换成电容、电感和电流或电压等电气参数的变化,实现动态条件下轨距的无接触测量,这种测量方法不仅适用于常速轨检车,在高速轨检车上也普遍适用。测量前后高低和左右水平时,采用惯性基准轨道不平顺测量装置。该装置应用质量-弹簧-阻尼系统构成惯性基准,对轨道不平顺和水平进行测量。车体和轴箱振动加速度检测采用多功能振动测量装置。

轨检车车载数据处理系统能对测试结果进行实时处理。由各检测装置测得的模拟信号通过模数转换器转化为数字信号,输入计算机进行分析和处理。处理结果被打印成图表,给出某段线路上各检测项目的平均值、标准值、各级超限峰值及最大超限值、累计超限罚分值等。同时,模拟信号还被记录在波形记录仪或模拟磁带机上,供进一步分析和处理使用。

在高速轨检车上,激光、数字滤波及图像处理技术得到广泛应用,以计算机为数据处理主体,对轨检信号进行模拟与数字混合处理,确保检测结果不受轨检车运行速度和运行方向的影响。国内轨道检测技术经过几十年的集成创新研究,已形成了国内轨道检测技术体系,根据检测系统类型轨道检测设备可分为 GJ-3 型、GJ-4 型、GJ-4G 型、GJ-5 型和 GJ-6 五种类型。5 种检测设备代表了我国不同时期的轨道检测技术发展水平。其中,GJ-4、GJ-5 型检测设备已成为我国既有线路轨道状态监控的主要手段,最高检测速度达到 200km/h,而 GJ-6 型轨检车则可实现高速检测。

4.3.2 GJ-5 型轨检车

GJ-5 型轨检车是基于激光摄像技术实现轨道几何状态检测的设备。GJ-5 型轨检车(图 4-17)的检测项目比较齐全,不仅可以检测轨道几何状态、列车运行舒适性,而且可以检测钢轨断面状态,测量钢轨垂直磨耗和侧面磨耗。该型轨检车已广泛应用在国内普速铁路日常检测中。

(1) GJ-5 型轨检车的主要技术

GJ-5 型轨检车的检测系统主要采用计算机局域网技术、计算机 VME 总线技术、激光摄像非接触测量技术、惯性技术、数字滤波技术和 GPS 里程同步定位技术等。该检测

图 4-17 GJ-5 轨检车外观

系统区别于 GJ-3、GJ-4 型检测系统最明显的特点是车下检测设备悬挂梁由轴箱转移到了构架，增强了检测梁的安全性能，从而实现了高速运行条件的安全检测功能。

(2) GJ-5 型轨检车测量原理

1) 轨距

如图 4-18 所示，轨距测量装置由原理和结构完全相同的左右两个子装置组成。它们各自测量左轨和右轨的轨距变化分量。由两个轨距分量之和可得到轨距值。左右轨距测量子装置均包括 5 个部分：光电传感器、轨距调制解调装置、模拟信号处理装置、轨距功放装置、伺服机械。光电传感器和伺服机械安装在车体下面的测量梁上。轨距调制解调装

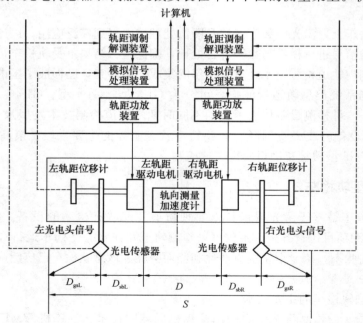

图 4-18 轨距测量原理图

置、模拟信号处理装置及轨距功放装置安装在车内。光电传感器位于轨顶面斜上方，与钢轨内侧面轨距点的水平距离为 D_{gsL}（D_{gsR}），与测量梁上伺服电机水平距离为 D_{sbL}（D_{sbR}）。左右电机间距为 D。光电传感器发出的光束以 α 角投射到左（右）轨面下 16mm 处，漫反射光被光电接收器接收。

当钢轨产生位移使轨距变化时，光电传感器感受其变化并输出相关电信号，经轨距调制解调装置处理后，成为与轨距变化呈线性比例的电压信号。再经信号处理器、功放、驱动电机，使光电传感器在伺服机械的推动下，跟踪钢轨位移。轨距按式（4-3）计算。

$$\begin{aligned}S &= S_L + D + S_R \\ &= D_{gsL} + D_{sbL} + D + D_{sbR} + D_{gsR}\end{aligned} \tag{4-3}$$

式中　S_L——左轨距分量；
　　　S_R——右轨距分量；
　　　D_{gsL}——左侧传感器至左轨头的距离；
　　　D_{sbL}——左侧传感器至电机的距离；
　　　D_{gsR}——右侧传感器至右轨头的距离；
　　　D_{sbR}——右侧传感器至电机的距离；
　　　D——两电机间的距离。

2）曲率

曲率为一定弦长的曲线轨道（如 30m）对应的圆心角 θ（°/30m）。圆心角度数越大，曲率越大，半径越小。反之，度数越小，曲率越小，半径越大。轨检车通过曲线时（直线也如此），测量车辆每通过 30m 后车体方向角的变化值，同时测量车体相对两转向架中心连线转角的变化值，即可计算出轨检车通过 30m 曲线后的相应圆心角 θ 的变化值。

测量曲率的传感器分布如图 4-19 所示。摇头速率陀螺 YAW 测量车体摇头角速率；位移计 DT_1 测量车体一位端的心盘处与一位转向架构架间的相对位移；位移计 DT_2、DT_3 测量车体二位端心盘前后两侧与二位转向架构架间的相对位移。

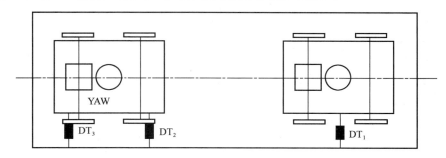

图 4-19　测量曲率的传感器分布

3）水平（超高）

水平为同一轨道断面两轨顶之高差。曲线上的水平称为超高。测量水平的传感器分布如图 4-20 所示。图中倾角计 INCL 和滚动陀螺 ROLL 用于测量车体的滚动角 θ_c。ROLL 测量 θ_c 中的高频成分 θ_{cH}，INCL 测量 θ_c 中的低频成分（包括车体静止时的倾角）θ_{cL}。θ_{cH} 与 θ_{cL} 之和为 θ_c。由于车体摇头会对 INCL 输出产生附加影响，YAW 为 INCL 提供补偿信号。

位移计 LPDT 和 RPDT 用于测量车体与轮轴间的相对夹角 θ_{ct}。由车体滚动角 θ_c 和车

体与轮轴夹角 θ_{ct}，计算出轨道倾角 θ_t，由 θ_t 和两轨中心线间距离（1500mm）计算出水平值。

4）高低

高低指钢轨顶面纵向起伏变化。高低采用惯性基准原理测量，得到高低变化的空间曲线，同时可换算成弦测值。测量高低用的传感器分布如图 4-21 所示。除了曲率和水平测量用到的传感器外，又增加了两个安装于车体底板上的垂直伺服加速度计 LACC 和 RACC，LACC 和 RACC 分别安装于位移计 LPDT 和

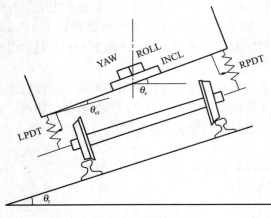

图 4-20 测量水平的传感器分布

RPDT 顶部的车体底板上。LACC 和 RACC 用于测量安装位的车体惯性位移。LPDT 和 RPDT 分别检测 LACC 和 RACC 安装位车体与左右轴箱的相对位移。对它们的测量值进行必要处理，可得到高低值。

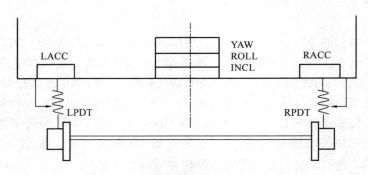

图 4-21 测量高低所用的传感器分布

惯性基准原理如图 4-22 所示。M 为车体质量，K、C 分别表示弹簧和阻尼。位移计 LPDT（RPDT）测量车体与轮轴的相对位移 W，加速度计 A 输出值 a 的二次积分为车体相对惯性基准的位移 Z。图中加速度计 A 即为前述 LACC（RACC）。轨道高低不平顺值 Y 的计算式为式（4-4）。

$$Y = Z - W - R \quad (4\text{-}4)$$

式中，R 为车轮半径。

因车轮半径 R 为常量，式（4-4）可写为：

$$Y = Z - W = \iint a \, dt \, dt - W \quad (4\text{-}5)$$

高低的测量结果输出为空间曲线，

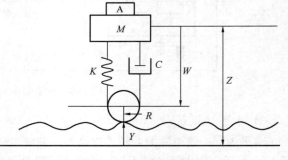

图 4-22 惯性基准原理

由空间曲线向 20m 弦测值的变换，是通过两个低通滤波器 $U(z)$ 与 $V(z)$ 相减来实现的，等价于一个合成滤波器的处理。合成滤波器 $W(z)$ 的系统函数为 $W(z) = U(z) - V(z)$。

5）方向（轨向）

方向指钢轨内侧面轨距点沿轨道纵向水平位置的变化。方向的测量采用惯性方法。方向测量包括两个部分，一部分是安装于轨距测量梁中央位置的伺服加速度计（ALGN），用于测量轨距测量梁中央位置的横向惯性位移；另一部分是左右轨距测量装置所测得的左右轨距分量 S_L 和 S_R。由横向惯性位移和左右轨距分量计算得到左右轨的轨向。方向测量传感器原理如图 4-23 所示。方向测量的计算式见式（4-6）。

左方向：$$Y_{LX} = Y(x) + \frac{D}{2} + S_L$$

右方向：$$Y_{RX} = Y(x) - \frac{D}{2} - S_R$$

(4-6)

式中　$Y(x)$——线路中心线的位置；

　　　D——两电机间的距离；

　　　S_L、S_R——左右轨距分量。

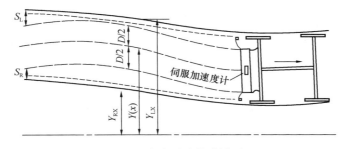

图 4-23　方向测量传感器原理

6）扭曲（三角坑）

扭曲反映了轨顶的平面性。如图 4-24 所示，若轨顶 abcd 四点不在一个平面上，c 点到 abd 三点组成平面的垂直距离 h 为扭曲。扭曲会使车辆产生三点支持一点悬空，当列车从圆曲线向缓和曲线运行时极易造成脱轨掉道。扭曲 h 计算式见式（4-7）。

$$h = (a-b) - (c-d) = \Delta h_1 - \Delta h_2$$

(4-7)

式中　Δh_1——轨道断面Ⅰ-Ⅰ的水平值；

　　　Δh_2——轨道断面Ⅱ-Ⅱ的水平值；

　　　h——基长 L（断面Ⅰ-Ⅰ与断面Ⅱ-Ⅱ之间距）时两轨道断面的水平差。

由前述可知，水平已由水平测量系统测出，所以只要按规定基长取两断面的水平差即可得扭曲值。

7）车体振动加速度和轴箱振动加速度

车体垂直及水平振动加速度是评价长波长轨道不平顺和旅客舒适度的重要指标，轴箱振动加速度是评价轮轨作用和噪声的重要指标。通过振动测量，改进轨道不平顺管理，提高乘车舒适性，减轻轮轨作用力，提高列车运行安全性。车体振动加速度测量采

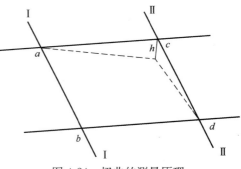

图 4-24　扭曲的测量原理

用石英挠性伺服加速度计,而轴箱振动加速度测量采用变电容式加速度计。

8)地面标志自动测量

轨检车安装于轨距吊梁中部的电涡流传感器可以检测到轨道上的道岔、道口、桥梁、轨距拉杆、公里标等设备含有的金属部件,根据检测返回信号的不同,区分设备类型,把它标在里程图上,可以方便准确定位。

9)速度及里程

轨检车轮对的转动驱动光电编码器同步转动。光电编码器每转 1 周,A 相和 B 相分别输出 1000 个脉冲,A 相输出与 B 相输出相位差 $90°$。根据轮周和每周 1000 个脉冲可计算出脉冲间距 $l = \pi D/n$,通过计算机计算可得距离 l,而通过脉冲距离和时基计算可得到速度。

4.3.3　GJ-6 型轨检车

(1) GJ-6 型轨检车系统组成

GJ-6 型轨检车系统主要由激光摄像组件、惯性测量组件、信号处理组件、数据处理组件、里程定位组件和机械悬挂装置六部分组成,如图 4-25 所示。轨道检测系统使用计算机集中处理全部检测项目数据,检测项目齐全,包括轨距、轨向、高低、水平、曲率、

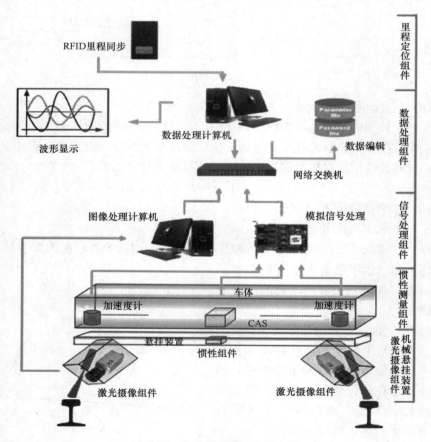

图 4-25　轨检车系统构成示意图

三角坑等轨道几何不平顺，以及车体水平和垂直振动加速度。此外，还可以显示道岔、道口及桥梁等具有显著特征的地面标志物，方便工务人员查找病害。

GJ-6 型轨检车系统将摄像组件、自动位置探测器和惯性组件安装在同一个检测梁内，这个检测梁安装在车辆的转向架上，如图 4-26 所示。检测梁属刚性结构，上述传感器都在同一刚体上，惯性传感器跟踪梁的空间运动，然后参照激光光学传感器所探测的钢轨位置数据，解算轨道集合参数。检测梁材质坚硬，确保所有传感器相互之间牢固固定，且每个传感器自身具备抗冲击能力。检测梁的设计充分考虑了在线路恶劣环境下如何保护所有的传感器和线缆的问题，为了维修方便，检测梁设计了可以方便打开的盖子，从梁到车体的布线通过柔性套管外加不锈钢护管保护。在安装及连接环节考虑安全余量，设计多级安全保护。

图 4-26　GJ-6 型轨道检测系统轨检梁及悬挂装置

(2) GJ-6 型轨检车创新点

1) 采用激光摄像检测技术。使用数字摄像机、数字信号传输、数字图像处理等数字技术手段，避免模拟图像传输和采集过程引起的干扰；图像采集和处理速度超过 450 帧/s，满足 400km/h 的检测需要，超过现有其他轨道检测系统的处理速度；通过改进算法、提高元器件性能等，使抗阳光干扰能力大大提高。

2) 轨道检测算法。开发了轨检梁安装在车体上的轨道检测数学模型；开发了轨检梁安装在构架上、部分传感器安装在车体上、部分传感器安装在轨检梁上的轨道检测数学模型。

3) 机械悬挂方式。根据不同类型的车辆的转向架结构，创新设计了多种组件悬挂方式，使得轨检系统可广泛安装于各种车辆，包括 CRH380A-001、CRH380B-002、CRH2-150C、CRH2-061C 等综合检测车，以及其他普通车辆。

4) 长波不平顺检测。轨道检测输出有两种形式：空间曲线输出和弦测输出。空间曲线有三种截止波长：高低不平顺的截止波长分别是 25m、70m、150m；轨向不平顺的截止波长分别是 25m、70m、200m。弦测输出可以选择 10m 弦、20m 弦等。

5) 传感器技术。使用光纤陀螺代替机械陀螺，使用光电位移计代替拉弦位移计，在高速综合检测车 CRH380A-001、CRH380B-002、CRH2-150C、CRH2-061C 上试验成功，彻底解决综合检测列车上位移计易损坏的问题。使用惯性组件代替分布式传感器，通过CAN总线方式采集数据，进一步提高了系统的精度和可靠性。

4.4 高速综合检测列车

高速综合检测列车以高速动车组为载体，加装了轨道检测、弓网检测、轮轨动力学检测、通信检测、信号检测等精密测量设备，集成了现代测量、时空定位同步、大容量数据交换、实时图像识别和数据综合处理等先进技术，在高速运行中可对轨道、接触网、通信、信号等基础设施状态进行等速检测，是提高铁路基础设施检测效率、指导现场养护维修、确保列车运营安全的重要技术装备。其在高速、复杂环境下的动态、实时、稳定、可靠及准确时空同步定位等要求都对动态综合检测技术的采样、算法、鲁棒性及分析处理能力提出了很高要求。

4.4.1 国外综合检测列车发展概况

高速综合检测列车是一个国家铁路科技实力的综合体现。目前，世界上只有少数高速铁路发达的国家有实力设计与制造高速综合检测列车。日本、意大利、法国、英国等为了满足高速列车开行需要，采用高速综合检测列车对基础设施进行综合检测。德国和美国普遍采用机车牵引方式，没有专门的高速综合检测列车，它们对基础设施的综合检测一般通过加挂综合检测车来实现。

（1）意大利

意大利的 MERMEC 公司主要致力于铁路维修、养护、基础设施检测行业，由该公司的路网公司（RFI）制造的"阿基米德号"（Archimede）高速综合检测车由双流制 E402B 系机车、4 辆拖车和 1 辆驾驶车组成。

"阿基米德号"综合检测列车（图 4-27），为减小机车受电弓对客车传感器造成的干扰，将驱动车布置在列车前方，机车位于列车后方。该车具有 2 套冗余同步系统，并可在列车上对各检测系统数据进行集中综合分析，实现统一的车-地数据交换。测速定位包括：4 个转速传感器、单点系统、多普勒测速雷达、数字标签及应答器、DGPS。该车配置的

图 4-27 "阿基米德号"综合检测列车

轨道几何集成检测系统结合惯性技术和三点弦测法，代表着世界领先水平和发展方向。列车数据与地面传输采用 Sont/Sdh 同步技术，光纤线路达 5km。意大利铁路基础设施管理局还建立了国家铁路基础设施诊断中心（CDN），并将基础设施检测控制的数据库直接与经济资源规划数据库（ERP）相连，通过 RAMSYS 软件进行管理和辅助决策。

意大利高速铁路使用"阿基米德号"综合检测列车已经形成了一整套检测和维修养护体制。综合检测列车各子系统有独立的存储数据库，在速度、时间、空间上保持同步，所有子系统的检测数据集成到车载中央数据库，由中央数据库将数据通过无线网络传输到地面的 RFI 数据处理中心进行综合分析、比较，从而制定科学的维修保养计划，指导养护维修。其轨道检测在较低速度时采用弦测法，在较高速度时采用惯性基准法，较好地发挥了两种测量原理的优势。

为更好发挥"阿基米德号"综合检测列车的作用，在轨道管理方面，意大利铁路基础设施检测中心与 MERMEC 公司共同开发与"阿基米德号"综合检测列车相关检测技术方面有关的项目。实现铁路基础设施现代化检测、科学管理、科学预测，从而满足铁路长期高速、安全、平稳、舒适的运输需要。

（2）日本

从 1975 年开始，日本铁路先后研制了 4 列"Doctor Yellow"综合检测列车（图 4-28a），分别配备东日本、东海和西日本公司，承担对所辖范围新干线的动态检查。2002 年，"East-i"综合检测列车（图 4-28b）交付使用，负责东日本公司所辖新干线和既有线的综合检测任务。这 2 种型号检测列车的定位都是通过转速传感器结合每千米一个的地面点进行定位修正。

"Doctor Yellow"（图 4-28a）和"East-i"（图 4-28b）列车上各检测单元独立工作，具有独立的车载数据记录单元。日本电气轨道综合检测列车 East-i 由 6 辆检测车组成。East-i 可在 1 次运行过程中实现对线路的综合检测功能，但各检测项目之间的检测数据并不综合到一个统一的中心，各检测单元有各自独立的数据显示、记录、转储和地面分析、处理、维护管理决策等系统，全系统仅有位置、时间和速度是统一的。对车载数据不进行分析处理，各检测单元通过非无线方式与地面完成数据交互，并依靠记录图像进行人工识别，可为维修保养提供指导。其缺点是数据管理平台通用性较差。

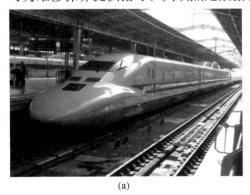

(a)　　　　　　　　　　　　　　　　(b)

图 4-28　综合检测车外形图

(a) Doctor Yellow；(b) East-i

列车头部安装了摄像装置，可以随时监视轨道及周边结构物的情况；其他检测装置包括对向列车检测装置、横向加速度检测器、转向架检测装置、激光陀螺仪、噪声计、接触导线间隔测定装置、冲击检测器、受电弓高度检测器、接触导线磨耗检测器等。

日本"East-i"综合检测列车具有如下功能：

① 实现高速检测（最高检测速度可达275km/h）；
② 可用于新干线、既有线检测；
③ 实现人工测定的自动化（接触网重叠、渡线等）；
④ 对应新型设备方式（数字式列车无线通信、未来数字式ATC）；
⑤ 数据处理的迅速化；
⑥ 减少车辆数量（对2编组实现1编组化）；
⑦ 可以对中波长、长波长检测。

(3) 法国

法国国营铁路公司（SNCF）在2003年将TGV路网型列车改造成为MGV基础设施高速检测列车，能够对接触网、通信信号、轨道参数等进行检测，如图4-29所示，设计运行速度约300km/h。MGV高速综合检测列车于2006年研制完成，名为"IRIS320"（图4-29），最高检测速度设计为320km/h，实现等速检测，对高速铁路线路每2周检查1次。

图4-29 "IRIS320"综合检测车

MGV的设计目标是在列车正常运行条件下检测各项基础设施参数。该车检测项目比较齐全，主要检测功能为：

① 轨道检测（安装在第1节车辆上）：轨道几何（采用激光检测）；车体加速度；轴箱加速度，车辆噪声；钢轨表面图像记录；线路环境数字图像采集；扣件、枕木、道砟检测。

② 接触网检测（安装在第2节车辆上）：受流检测（电弧、电压、电流以及弓网图像）；接触网动态参数（冲击与硬点，垂向加速度，接触网高度和拉出值）。

③ 信号检测（安装在第3节车辆上）：机车信号传输参数（TVM）（机车信号）；列车速度控制信标参数（KVB）（列控信息）；轨道上的点式应答。

④ 通信检测部分（安装在第 4 节车辆上）：车-地通信的无线覆盖；GSM 和 GSM-R 的无线覆盖。

⑤ 其他检测项目（安装在第 4 节车辆上）：列车定位，速度，气象条件，风速，道口。

(4) 英国

NMT 综合检测列车（图 4-30）车体采用 1977 年制造的 7 辆编组的一列内燃动力车组，于 2002 年开始，改造历经 4 年多。英国路网公司（Network Rail）所属的 NMT 综合检测列车承担着对高速和既有线的检测任务，最高运行速度为 200km/h，如图 4-30 所示。其测速定位系统包括：GPS+INS、S&C 检测、应答器检测、时间标签、手工同步、路况检测。

图 4-30 NMT 综合检测列车外形图

NMT 综合检测列车将轨道几何、接触网、车辆动态响应、视频监测、钢轨表面伤损、轨枕和扣件状态等检测系统安装到一列车上，通过建立定位系统、同步网络、数据网络和综合分析系统将所有参数进行同步检测和综合数据管理。2004 年，Network Rail 成立工程技术支持中心（ESC），通过开发运用 Vampire 软件工具和 Trackmaster、TrackSy 软件系统，建立仿真模型，对数据进行测量、分析，加以一体化保养，规划设备的综合利用，为基础设施养护、维修提供重要参考。

(5) 德国和美国

德国和美国高速铁路高中速混跑，客货共线，综合移动检测普遍采用在旅客列车加挂综合检测车来实现。两国虽然没有专门的高速综合检测列车，但两国都具有先进的综合检测技术。

德国 DB Systemtechnik 拥有 ICE 短编组检测列车（图 4-31a）、VT612 检测列车（图 4-31b）各 1 列，分别由 3 辆车编组组成。ICE 短编组检测列车最高运行速度 280km/h，主要检测轮轨作用力和弓网参数，如图 4-31（a）所示；VT612 检测列车为内燃动车组，最高速度 200km/h，主要检测轨道动态响应、轮轨力、车轮踏面等效锥度、钢轨断面等项目，如图 4-31（b）所示。工务管理信息系统有 SAP R3 和 IIS，SAP R3 主要完成设备静态管理、维修计划管理和维修投资经费的管理与控制；IIS 可以实现轨道几何状态和钢轨伤损状况信息数据的处理。

图 4-31 综合检测车外形图
(a) ICE；(b) VT612

美国 Ensco 公司研制了技术先进的 T10 型检测列车，采用惯性基准测量原理和非接触式测量方法，用于抽查各铁路公司的线路质量，检测速度可达 192km/h。Image Map 公司研制的 Lase rail 轨道测量系统，检测速度可达 300km/h，采用激光摄像、高速图像处理技术取代了光电伺服技术，体现了轨道检测技术的发展方向。Bentley 公司的 Optram 是一套具有检测数据分析、设备趋势预测、作业质量评价和可视化管理功能的集成平台。

（6）国外主要轨检车对比（表 4-1）

国外主要轨检车情况对比　　　　　　表 4-1

型号	研制及应用情况	最高检测速度（km/h）	检测项目	定位同步系统	车载数据综合处理
意大利阿基米德	2003 年交付使用。Ⅰ级线路每 2 周检测 1 次，Ⅱ级线路每月检测 1 次	220	信号、触网、GSM/GSM-R、轨道几何、轮轨作用力、车辆加速度、各种视频及环境监测	2 套冗余的同步系统；测速定位包含的融合信息：4 个转速传感器、单点系统、多普勒测速雷达、数字标签及应答器、DGPS	有冗余的整车数据和测速定位及同步网络，采用光纤连接，全车数据集中到第 5 节车上，进行综合分析和对地数据交换
日本 East-i	2002 年交付使用。应用于东日本新干线和既有线	275	信号系统、线路视频监测、接触网、轨道测量、定位系统、无线通信	利用转速传感器和每千米 1 个的地面点进行定位修正	各单元独立工作，独立与地面各部门进行数据交互，交互过程为非无线方式
法国 IRIS320	2006 年 4 月开始试运行	320	信号系统、线路视频监测、接触网、轨道、GSM/GSM-R、环境视频监测	全系统具有统一的测速定位及统一时钟信息系统装置，信息融合包括：转速传感器、应答器、惯性系统、线路特征数据	有冗余的整车数据和测速定位及同步网络，采用光纤连接，全车数据集中进行综合分析和对地数据交换
英国 NMT	2006 年交付使用。1 次/周，特殊情况 2 次/月	200	线路视频监测、接触网、轨道几何、车辆加速度、钢轨表面、扣件检测	2 套冗余的同步系统；测速定位包含的融合信息包括：4 个转速传感器、单点系统、惯性系统、DGPS、数字标签及应答器	将检测系统安装到一列车上，通过建立定位系统、同步网络和综合分析系统进行同步检测和综合数据管理

4.4.2 国内综合检测列车发展概况

我国既有线提速到 200~250km/h，客运专线大量建设，对铁路基础设施的动态检测提出了更高速度和精度的要求，需要高速的安全检测设备对运输设施进行必要的检测，以便及时发现安全隐患，指导养护和维修。

我国过去普遍采用的有 GJ-3 型、GJ-4 型和 GJ-5 型轨检车、接触网检查车，限界检查车等。但这些检查车辆均不具有多专业综合检查的能力，而且在检测速度和多系统空间时间的一致性上不能满足既有线提速 200~250km/h 区段和客运专线的要求。

我国于 2007 年 4 月 18 日实施铁路第六次大提速，同年 4 月 20 日，为保障既有提速干线的持续安全运营，铁道部决定开行综合检测列车，对全路开行动车组的京沪、京广等提速线路和其他开通的快速铁路进行周期性综合检测。CRH2-010A 过渡综合检测车每 10 天 1 个周期对京沪、京广、京哈、陇海、沪昆、广深和胶济线进行综合检测。0 号高速综合检测列车（图 4-32）于 2008 年 7 月上线试运行。CRH2-061C 过渡综合检测车于 2008 年 8 月具备综合检测能力。

图 4-32　0 号高速综合检测列车

伴随着我国高铁发展，中国铁道科学研究院与中国南车四方公司联手，于 2008 年相继成功开发出速度 350km/h 的 CRH2-061C、CRH2-068C 高速综合检测列车。其中 CRH2-061C 检测车于 2008 年 3 月 15 日投入京津城际高铁联调联试，CRH2-068C 检测车于 2008 年年底投入武广高铁联调联试。2010 年，中国铁道科学研究院再次与中国南车四方公司联手，开发出速度 350km/h 的 CRH2-150C 高速综合检测列车，用于京沪高铁联调联试。中国铁道科学研究院基础所是国家 863 计划重点项目最高试验时速 400km/h 高速检测列车研制的主要承担单位，经过 1 年多科研攻关，中国铁道科学研究院与中国南车四方公司联合研发的 CRH380A-001、与中国北车唐山轨道客车有限责任公司联合研发的 CRH380B-002 两列最高时速达 380~400km/h 的高速综合检测列车，分别于 2011 年 2 月和 5 月出厂，相继投入京沪高铁的联调联试与运行试验。该项目总体技术指标代表世界高速检测列车的最高水平。中国铁道科学研究院基础所科研团队攻坚克难，勇于创新，与中国南车四方公司、中国北车长客股份、中国北车唐山公司联合攻关，相继研制出 6 列高速综合检测列车。其中 3 列时速达 250～350km/h，2 列时速达 380～400km/h，标志着我国高速铁路检测技术与装备处于世界发展的最前沿。我国拥有的高速综合检测列车已从 2007 年的 1 列发展到 2021 年的 14 列。

4.4.3 高速综合检测列车介绍

高速综合检测列车是一种综合检测快速铁路和高速铁路质量是否达标的高速列车，是"体检列车"，是进行铁路基础设施综合检测的重要技术装备，为快铁和高铁运营安全评估和指导各铁路局的养护维修提供技术支撑。

（1）列车种类

截至 2021 年，我国全路一共有 14 组高速综合检测列车，俗称"黄医生"，下面对主要类型进行介绍。

第 1 组是 CRH2A-2010（图 4-33），是中国第一列高速综合检测列车，是在 CRH2A 型电力动车组的基础上加装检测设备改造而成。

第 2 组是 CRH5J-0501（图 4-34），是速度 250km/h 综合检测列车，正式名称为"0 号高速综合检测列车"，由中国铁道科学研究院基础设施检测研究所负责系统集成，由长春轨道客车股份有限公司负责动车组的设计制造。该检测列车于 2008 年 6 月 6 日交付使用。

图 4-33　CRH2A-2010

图 4-34　CRH5J-0501

第 5 组是 CRH2C-2150（图 4-35），是速度 350km/h 高速综合检测列车。列车为 8 节编组（6M2T），设计最高试验速度 402km/h。列车由中车青岛四方机车车辆股份有限公司研制，作为 CRH380A 的试验实体样车，采用全新 CRH380A 试验头型。

第 6 组是 CRH380AJ-0201（图 4-36）是速度 400km/h 高速综合检测列车。列车为 8 节编组（7M1T），设计最高试验速度 500km/h。列车由南车青岛四方机车车辆股份有限公司研制，全车的动力分配为 7 动 1 拖，装备了最先进的综合检测设备。

图 4-35　CRH2C-2150

图 4-36　CRH380AJ-0201

第 11 组是 CRH2J-0205（图 4-37）是一组黄色的 CRH2 系检测车。

第 12 组是 CRH380BJ-A-0504（图 4-38），是长客使用 CRH380B 头型的第一组高寒综合检测列车，负责东北冬季的检测任务。

图 4-37　CRH2J-0205

图 4-38　CRH380BJ-A-0504

（2）列车结构

综合检测列车由 5 动 3 拖、2 个动力单元编组而成，包括通信信号检测车、会议车、接触网检测车、数据综合处理车、轨道检测车、生活车、办公车和信号检测车各 1 辆。编组如图 4-39 所示。

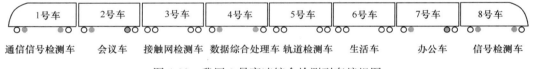

图 4-39　我国 0 号高速综合检测列车编组图

综合检测列车能够对线路轨道几何状态、轮轨作用力、牵引供电、通信信号、周边环境中影响列车运行安全的技术指标和相关信息进行实时检测，并具有时空同步定位、数据传输、存储、分析、显示、车地无线信息传输、车地无线电视电话会议等功能。

（3）检测系统

高速综合检测列车包括了轨道几何状态检测系统、弓网检测系统、轮轨动力学检测系统、通信检测系统和信号检测系统。

1）轨道几何状态检测系统

轨道几何状态检测系统主要是由里程校正和定位同步组件、数据处理组件、信号处理组件、惯性测量组件、激光摄像组件 5 部分组成。

采用激光摄像系统测量钢轨相对于检测梁的横向和纵向位移，采用加速度计、陀螺等多种传感器测量车体和检测梁的姿态变化。将需要检测的位移、速度、加速度等物理量转换为相应的电模拟信号，通过信号转接及监视单元输入信号处理单元。信号处理单元将信号放大和模拟滤波处理后再经过信号转接及监视单元输入到数据采集和处理计算机。计算机对输入模拟信号进行综合运算及补偿处理，合成得到所需轨道几何参数，并在显示器上实时显示轨道几何波形图。

2）弓网检测系统

弓网检测系统包括弓网动态作用检测系统、接触网几何参数检测系统、供电参数检测系统、接触网电器连接状态检测系统及对各检测子系统的集中控制与集成软件。弓网检测系统构成如图 4-40 所示。

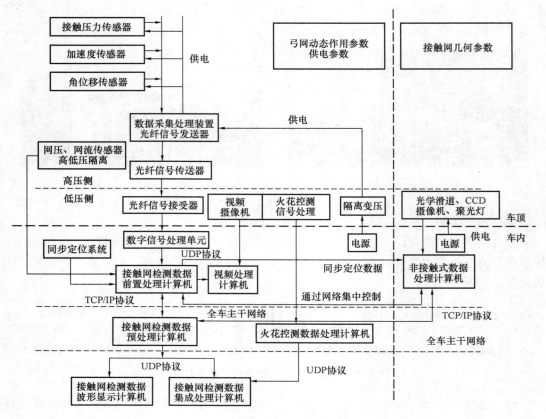

图 4-40 弓网检测系统组成

弓网动态作用参数检测系统采用先进的高压电磁干扰抑制技术、高压端设备供电技术、高低压信号隔离传输技术，实现了弓网接触压力、硬点、冲击、接触线动态高度等参数的实时检测。接触网几何参数检测系统基于多目机器视觉的三角测量原理，由多台高速线扫描摄像机进行测量，能对接触线高度、接触线高差、拉出值等几何参数进行精确测量。接触网电器连接状态检测系统基于高清可见光视频及红外视频融合技术，实现红外图像采集系统构建，可清晰完整地动态获取接触网部件红外图像；同时建立可见光图像与红外图像的有效融合模型，实现接触网部件（绝缘子、线夹、线索）等实时状态检测，系统可以及时发现线索温度过高等接触网零部件电气连接状态异常，完善接触网状态评判指标。

3）轮轨动力学检测系统

轮轨动力学检测系统由高精度连续测量测力轮对、轮轨力数据传输采集子系统、轮轨力数据综合分析子系统组成（图 4-41）。

① 高精度连续测量测力轮对：采用有限元仿真计算及实物测试相结合的方法分析轮对辐板应力分布，并完成轮轨力连续测量技术方案的设计、连续测量测力轮对的制作及标定。

② 轮轨力数据传输采集子系统：研制新型集流环装置，在轮对高速旋转条件下实现

第 4 章 轨道状态检测方法与评估

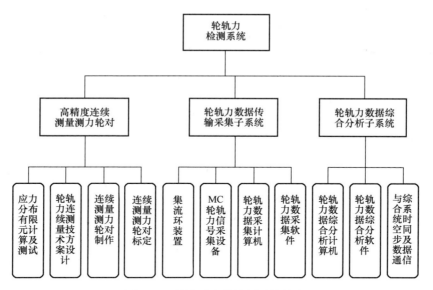

图 4-41 轮轨动力学检测系统构成

测力轮对信号的可靠传输；采用 IMC 信号采集设备和数据采集软件将测力轮对信号采集数据保存到数据采集计算机中。

③ 轮轨力数据综合分析子系统：将测力轮对的应变信号数据进行合成，计算轮轨间垂直方向力、水平方向力及轮轨接触点，并实时计算脱轨系数、轮重减载率和轮轴横向力等指标，与检测列车综合系统时空同步及数据通信。

4）通信检测系统

通信检测系统主要通过电磁环境监测、无线场强覆盖检测，利用 GSM-R 服务质量（QoS）检测系统和 GSM-R 应用功能检测系统来实现对 GSM-R 系统的全面检测（图 4-42）。该体系模

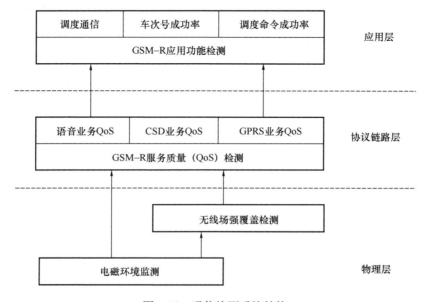

图 4-42 通信检测系统结构

型分为3个层次、4大功能，实现从物理层到协议链路层再到应用层，对GSM-R网络进行全方位、多层面测试，实现多项目同时检测、多数据源融合及联动分析等。系统对软硬件设计和实现方面采用了高度集成化的方式，并具有可扩展性、开放性、智能化分析和自动化检测等特点，实现了对高速铁路通信质量的全方位检测和分析。

5）信号检测系统

信号检测系统以信号机静态数据库、应答器位置表等多种列控设计数据为基础，通过多任务、多线程等处理方法，实现车载ATP、轨道电路、补偿电容、不平衡回流、应答器及Um监测等多种检测数据的综合分析（图4-43）。

信号检测系统主要实现车载ATP运行数据分析，Igsmr接口监测数据分析，Um无线环境监测数据分析，轨道电路频率参数与传输特性、应答器上行链路信号特性、应答器报文、补偿电容工作状态、牵引回流等检测、监测及综合智能分析处理功能，以满足指导高速铁路列控系统联调联试、日常检测、设备维修和安全运营需要，并满足《CTCS-3级列控系统总体技术规范》。

其主要设备包括驾驶室、信号检测系统、车辆动态响应检测系统、综合系统环境监视摄像机、综合系统网络设备等。

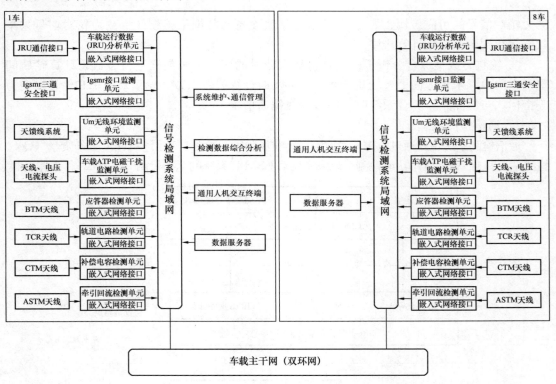

图4-43 信号检测系统结构

4.5 钢轨探伤技术

我国铁路运营正在向高速、重载的方向发展。超期服役的钢轨数量很大，线路上的钢轨在承担繁重的运输任务过程中，不免产生各种损伤。在现有提速重载的运输条件下，钢轨的损伤已越来越严重。若在故障发生之前就能找出并消除隐患，铁路出现事故的概率就会大大降低。因此，提前进行钢轨的探伤对于保证铁路的正常运行具有重大意义。

对于钢轨的核伤、裂缝、踏面伤损及焊缝伤损的移动检测主要采用超声波钢轨探伤仪及钢轨探伤车。此外，还有手持式轨道焊缝超声波探伤仪等。

4.5.1 常见钢轨伤损及成因

钢轨伤损是指钢轨在使用过程中发生的折断、裂纹及其他影响和限制钢轨使用性能的各种状态。常见钢轨伤损一般分为五类：钢轨核伤，钢轨接头部位伤损，钢轨的水平、垂直、斜向裂纹，钢轨轨底裂纹，钢轨焊缝缺陷。

（1）钢轨核伤

钢轨核伤（图4-44）实际上为轨头横截面裂纹，有黑核和白核两种，大多数发生在钢轨轨头内，是钢轨各类伤损中危害最大的。当核伤面积发展到轨头截面的20%~30%时将发生断轨。

钢轨核伤形成的主要原因是钢轨本身存在白点、气泡和非金属夹杂物或严重偏析等，在列车动荷载的重复作用下，微细疲劳源逐步扩展，使疲劳断面具有平坦光亮的表面，通常叫

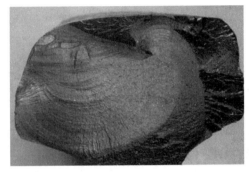

图4-44　钢轨核伤

白核。当白核发展至轨面时，疲劳斑痕受氧化逐渐发展成为黑核。核伤还包括接触疲劳、轨面剥离、鱼鳞伤损、钢轨擦伤、焊接不良等原因形成的核伤。

钢轨核伤的产生和发展不仅与材质有关，而且与钢轨所处的位置和车辆运行状况有关，尤其是受冲击力较大的处所，如曲线上股、轨头内侧、接头或焊缝部位、钢轨小腰和道岔基本轨等处最容易产生疲劳核伤，应注重这些部位的探伤。

（2）钢轨接头部位伤损

钢轨接头是线路上最薄弱的环节，车轮作用在钢轨接头上的最大惯性冲击力比其他部位大60%左右，钢轨接头的主要伤损是螺孔裂纹，其次是下颚裂纹、马鞍形磨耗等，下面主要介绍螺孔裂纹。

螺孔裂纹产生的主要原因是轨道结构不合理、接头冲击过大及养护状态不良等。按接头应力分布情况看，第一孔的荷载力处于最高值区域，裂纹的产生与受力成正比关系，因此，第一孔的裂纹比其他螺纹产生的比例更高，且第一孔上不同象限螺孔裂纹的发生率相差很大，第Ⅰ、Ⅲ象限螺孔裂纹发生率最高，探伤检查时应重视。

（3）钢轨水平、垂直、斜向裂纹

1）钢轨在制造过程中工艺不良，没有切除铸锭中带有的严重偏析、缩孔、夹杂物等，使之在轨头或轨腰中形成水平、垂直（纵向）或鼓包等裂纹。

2）在无缝长轨地段，长期受到大的偏心负载、水平推力及轨头挠曲应力的复合作用，在焊接接头下颚会产生下颚水平裂纹。

3）高硬度、耐磨的合金钢轨，含碳量较高的淬火钢轨因车轮碾压，在轨头表面形成

鱼鳞斜向裂纹。

（4）钢轨轨底裂纹

轨底横向裂纹多数发生在轨底三角区，呈"月牙形"扩展，且与轨底面垂直，焊缝轨底横向裂纹是钢轨探伤的难题之一，一是难发现，二是难判别。针对此伤损的检测，通常采用37°探头检测法。

（5）钢轨焊缝缺陷

目前国内长轨焊接方式有接触焊、铝热焊、气压焊三种，焊接设备、材料、气温和操作工艺等诸多因素都会影响焊接质量。

接触焊产生的钢轨缺陷以灰斑居多，主要原因是钢中硅在高温闪光中形成的氧化硅未被顶出；过烧和未焊透在气压焊中较多发生。此外还存在少量因材质夹渣、偏析而导致的缺陷和钢轨本身材质晶粒粗大引起的强度、塑性降低等缺陷，直接影响焊缝质量。

4.5.2 钢轨超声探伤基础知识

无损检测技术以不损害被检测对象的使用性能为前提，应用材料的多种物理和化学性能，对各种工程材料、零部件和结构件进行有效的检验和测试，借以评价它们的完整性、连续性、安全可靠性及某些物理性能。由于缺陷的位置不同，有内部的、表面的和近表面的；缺陷的形状和性质也不相同，有体积型的，也有平面状的；从被检测的状态来说，无损检测技术又可分为静态检测和运行中设备的在线实时检测等。任何一种无损检测方法都不可能给出所需要的全部信息，因此需要研究一种原理简单，且能适应钢轨内部情况的检测技术。目前我国钢轨的检测方法主要包括磁粉检测法、超声检测法和漏磁检测法等。本节对超声检测法进行介绍。

（1）超声波的定义和特性

1）超声波的定义

超声波属于声波的一种，是机械振动在弹性介质中传播而形成的声波，通常用振动频率 f 和人耳是否可闻频率来区分超声波与其他声波。金属材料的超声波探伤通常频率为 $0.5\sim10\mathrm{MHz}$。

2）超声波特性

超声波特性有以下几点：①方向特性：超声波频率高，波长短，有类似光的直线传播性质，方向性好，易于确定缺陷位置。超声波可以穿透厚达数米的金属部件，易在物质内部传播，具有很强的穿透性。②反射特性：超声波若在弹性介质中传播，遇到异质界面会产生反射、透射或折射，如在钢中传播遇到缺陷，缺陷尺寸等于或大于超声波波长时，超声波在缺陷处会产生反射，但如果缺陷尺寸小于1/2波长时，声波便绕射过去而不产生反射。③波型转换特性：超声波在两个声速不同的异质界面上会发生波型转换，使得利用各种波型包括纵波、横波、板波、表面波探伤成为可能。

（2）超声波探伤的优缺点

1）优点：可测厚度最大，一般可达数米，是所有无损探伤方法中可测厚度最大者。灵敏度高，当厚度为 $10^{-6}\mathrm{mm}$ 时，反射率为21%，当厚度为 $10^{-5}\mathrm{mm}$ 时，反射率可达94%，其检测灵敏度居所有无损检测之首。可检出各种取向的缺陷，能发现平行或垂直于工件内部、表面的各种取向缺陷。指向性好，能准确对缺陷定位，是其他探伤方法不可比拟的。检测速度快，费用低，小巧、轻便。

2) 缺点：探测结果易受人为因素的影响，因为一般对缺陷的发现和评价，仅凭仪器示波上显示的探伤图形而定，而图形中的回波信号高度、位置、数量等有限信息取决于探伤人员对仪器的掌握和对图形的判断，因此超声波探伤受主观因素影响较大。如果要取得正确的检测效果必须要求探头和被检工件有较好的耦合，且探测面平整，适用性不高。由于受工件形状、晶粒和组织不均匀性限制，形状复杂的工件超声波探伤困难。定量精度差，检测结果往往与实际缺陷有一定的误差。

（3）超声波波型

按照波在介质中传播方向的不同，可以将超声波分为不同类型。

1) 纵波（L波）

超声波在介质中传递时，把介质质点振动方向与波传播方向一致的波称为纵波。纵波能在固、液、气各种弹性介质中传播，且传播过程中会使传播介质质点之间产生压缩或膨胀（其中0°探头就是纵波探伤）。

2) 横波（S波）

介质质点振动方向与波的传播方向相互垂直的波称为横波。

横波与纵波不同之处在于横波只能在固体中传播，因为液体和气体没有剪切弹性，而仅固体具有剪切弹性，所以只有固体能传播横波。钢轨探伤中使用的37°和70°探头就是横波探伤。

3) 表面波（R波）

当质点振动所引起的传播只在固体介质表面进行时叫表面波。钢轨探伤不用表面波，在此不介绍。

（4）超声波反射定律

如图4-45所示当超声波以某一角度入射到两介质的分界面时，入射线、法线、折射线在同一平面上，入射角的正弦与反射角的正弦之比等于入射波和反射波的声速之比，即

$$\frac{\sin\alpha}{\sin\gamma} = \frac{c}{c_1} \text{ 或 } \frac{c}{\sin\alpha} = \frac{c_1}{\sin\gamma} \qquad (4-8)$$

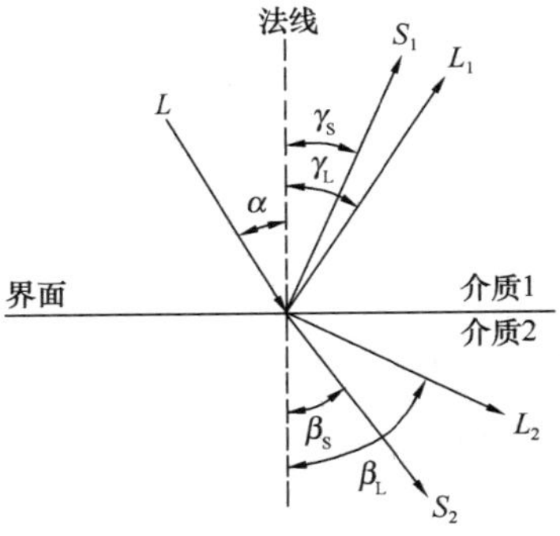

式（4-8）即为反射定律公式，其中 α 为入射角，γ 为反射角，c 为入射波声速，c_1 为反射波声速。

图4-45 入射时的反射和折射

因为入射纵波和反射纵波在同一介质中，且波形相同，所以 $c=c_1$，因此根据式（4-8），入射角等于纵波反射角（$\alpha=\gamma_L$）。对于入射纵波和反射横波来说，由于横波声速比纵波声速低，即 $c>c_1$，所以，入射角大于横波反射角（$\alpha>\gamma_S$）。

4.5.3 钢轨超声波探伤设备

（1）超声波探伤仪基本原理

1) 显示方式

超声波探伤仪是利用超声波反射或透射原理检查工作缺陷的电子仪器，它的作用是产生电振荡并加于探头晶片，激励晶片发射超声波；同时将探头接收回来的电信号进行放

大，通过一定的形式显示出来，从而得到被探工件内部有无缺陷及缺陷位置和大小等信息。

A 型显示如图 4-46 所示，仪器水平扫描基线 X 轴表示声波传播的时间和距离，以垂直扫描基线（Y 轴）偏转的幅度表示缺陷回波的大小。对于同一均匀介质来说，缺陷深度与传播时间成正比，大小与回波幅度成正比。

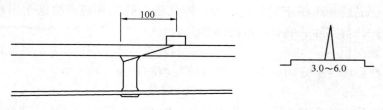

图 4-46　A 型显示（单位：mm）

B 型显示如图 4-47 所示，荧光屏上的横坐标代表探头移动的距离，纵坐标代表超声波传播时间。这种显示方式通过获得探头扫描方向缺陷的正投影图，直观了解探头移动下方工件横截面的缺陷分布和离探测面的深度。

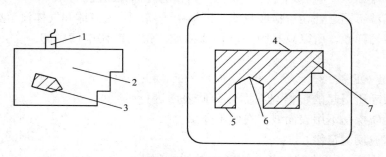

图 4-47　B 型显示
1—探头；2—试件；3—缺陷；4—表面反射；5—底面反射；6—缺陷反射；7—示波器

C 型显示将探头接收到的缺陷信号以亮点和暗点来绘制缺陷的水平投影图，通过不同色阶的黑白估算出缺陷的深度。由于钢轨结构呈工字形，C 型一般不用于钢轨探伤。

目前钢轨探伤最多应用 A 型显示，其次为 B 型显示。A 型显示具有检测灵敏度高、定位精确、定量方便等优点；B 型显示具有检测灵敏度高、图形直观等优点，可根据实际情况选择不同的显示。

2）基本工作原理

超声探伤仪一般由同步电路、发射电路、时标电路、接收放大电路、时基电路和探头等组成，其电路原理如图 4-48 所示。

由图 4-48 可以清晰地看出探伤仪的工作原理，同步电路是探伤仪的核心，由它产生具有周期性的同步脉冲信号，一路传输给时基电路，产生线性良好的锯齿波，再到示波管水平偏转板，在荧光屏上产生一条水平扫描基线（时基线）；同时同步电路另一条线路到发射电路，使其产生高频电脉冲到探头内的压电晶片上，激励晶片产生超声波脉冲。超声波透过耦合剂射入工件，如遇到工件界面或缺陷将产生反射回波，由探头接收转变为电脉冲，并输入高频放大器，经检波电路再由视频放大电路进一步放大后加到示波管的垂直偏

第 4 章 轨道状态检测方法与评估

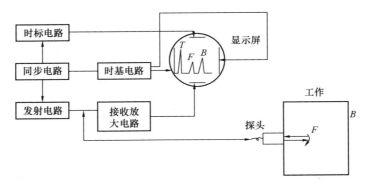

图 4-48 超声波探伤仪电路原理图

转板上。这时光点不仅在水平线上按时间作线性移动,而且受垂直偏转板上的电压影响作垂直运动,从而在扫描线的相应位置上显示缺陷的深度和大小,这就是超声波探伤仪的基本工作原理。

(2) 超声波钢轨探伤仪

目前国内开发的钢轨探伤仪均以超声波探伤为主,针对钢轨的形状结构及铁路探伤流动性大的特点,主要采用手推式。按电子技术分类:钢轨探伤仪从电子技术实现的角度可分为模拟式和数字式。按显示方式分类:钢轨探伤仪可分为 A 型显示、B 型显示和 C 型显示。

钢轨探伤仪分类:现阶段使用的钢轨探伤仪主要有 GT-2B 型、JGT-10 型和 GCT-8C 型等。虽然仪器结构大同小异,但各厂家开发的仪器性能和使用方法不尽相同。

本节以 GT-2B 型钢轨探伤仪为例,介绍探伤仪的结构组成和使用方法。

一台完整的钢轨探伤仪,一般由仪器主机和手推小车两大部分组成,通过电源电缆及探头接线将仪器和小车连为一体。探伤仪器整体结构如图 4-49 所示。

1) 仪器主机

因为钢轨呈工字形,又属野外流动作业,探伤仪一般设计成多探头同时探伤,多通道即相应通道数量电路的组合,与单通道探伤仪类似,但比其更为复杂。

2) 仪器电源

一般采用直流电池组供电,电压为 10.5～14.5V,基准电压 12V。数字探伤仪一般采用锂电池组供电。

3) 连接电缆及探头

探伤仪采用的探头角度一般有折射角 70°、37°、

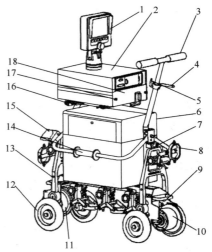

图 4-49 钢轨探伤仪整体结构
1—显示屏;2—仪器主机;3—推行把手;4—把手锁钉;5—挂钩;6—工具箱、水箱;7—翻板锁扣;8—探头架;9—下提手;10—编码轮;11—轨行轮;12—陆行轮;13—翻板架;14—提手;15—刷架;16—主机架;17—电池螺钉;18—锂离子电池组

0°三种,探头通过探头线连接到主机。

4) 探头架

探头架用于安装探头,设置在手推小车底部,便于与轨面接触,探头架数量随仪器型号不同而不同。探伤仪共设5套,车架下方3套,前后各1套,每个探头架都有机械双稳机构,在不需要探伤时,用手将探头架抬起即自动固定,使探头不与轨道接触,减少磨损;探伤时用手扶住探头下压放在钢轨上,探头对钢轨有一定下压弹力,使探头紧贴轨道。

5) 走行系统

走行系统由推行把手、轨行轮(图4-50)、陆行轮等组成,手把可随需要进行上下右调节。

6) 翻板架

为使多组探头同时工作,手推车底架采用翻板架(图4-51)。

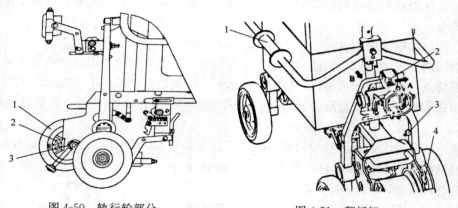

图4-50　轨行轮部分
1—轨行轮;2—蝶形螺母;
3—固定螺母

图4-51　翻板架
1—提手;2—锁扣拔销;3—翻板调节钉;
4—滑键

7) 给水系统

给水系统由水箱、水管、水路调节阀门等组成,水箱与仪器工具箱及电池箱为一个整体,一般由防锈铁板制成,工具箱及电池箱位于上部,水箱位于下部,并留有加水口和水量指示器。水阀装置如图4-52所示。

(3) 超声波钢轨焊缝探伤仪

目前使用的焊缝探伤仪主要有CTS-9003型、CTS-1003型、CTS-1008型、CTS-2003型、HT-10型等。本书以CTS-1008型焊缝探伤仪为例进行介绍,CTS-1008型焊缝探伤仪是新一代便携式A型脉冲反射式探伤仪,采用数字电路方式设计。

其主要功能特点如下:①最高采样率高达640MHz,测试分辨率0.1mm,最小范围2mm。②工作频率0.5~20MHz,灵敏度余量高达63dB,低频有更佳的信噪比。③高亮度、高分辨率液晶显示屏,能读出最佳读测结果。④体积小、重量轻,锂电池供电,可连续工作6h以上。⑤二维增量型编码器接口,实现精确的位置检测成像。⑥多软件功能,覆盖检测的各方面;人性化菜单设计。⑦自动测量指标功能及波峰自动搜索功能。

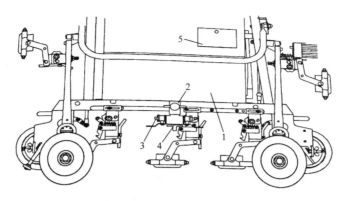

图 4-52 水阀装置

1—水箱；2—总水阀；3—探头水阀；4—水塞；5—进水口

(4) 大型钢轨探伤车

钢轨探伤车（图 4-53）是装在轨道上检测钢轨伤损设备的专用车辆或专用列车。探伤车作业速度快、适应性强，但灵活性差，探伤后需要人工复查。

按钢轨探伤车检测原理可分为电磁钢轨探伤车和超声波钢轨探伤车两类。

电磁钢轨探伤车是根据非接触通磁法检测钢轨伤损的，其最佳检测速度为 30～70km/h（最高可达 100km/h）。这种车辆不能检测钢轨腰部和钢轨接头附近的钢轨

图 4-53 大型钢轨探伤车

伤损。检测核伤的最佳灵敏度仅为轨头断面积的 20%～25%，所以已逐步被超声波钢轨探伤车所代替。

大型钢轨探伤车在国外应用已有四五十年历史，早已替代人工探伤设备，成为检测在役钢轨伤损的主要手段。由于超声波检测钢轨疲劳裂纹和其他内部缺陷具有灵敏度高、检测速度快、定位准确、经济性好等优点，目前国内外探伤车都采用超声波探伤技术，能够探测钢轨的轨头和轨腰范围内（包括接头附近）的疲劳缺陷和焊接缺陷，有的还能检测擦伤、轨头压溃和波浪形磨耗，以及轨底锈蚀和月牙掉块。这种车辆装有自动记录设备，能把钢轨伤损信号、里程信号和线路特征信号（桥梁、隧道、接头、轨枕类别等）等记录在同一纸带或胶片上。根据记录可分析确定伤损的大小和在钢轨内的位置，也可确定伤损所在的线路里程。此外，根据连续两次的记录还可确定钢轨伤损的发展速度和发展规律。超声波钢轨探伤车常用的检测行车速度为 30～50km/h，检测核伤的最佳灵敏度约 50mm^2，检测轨腰裂纹的最佳灵敏度相当于直径为 3mm 的钻孔。

大型钢轨探伤车与普通探伤仪的区别是装载在车辆（探伤车）上，而不像小型探伤仪或手持探伤仪需要手推或者手持。放在车辆上的探伤设备可以快速检查整条线路，最高检测速度可达 80km/h。另外一个重要区别就是，大型钢轨探伤车的检测精度（伤损检出率）和识别率要低于小型探伤仪器。但总体速度快，可以通测，这是普通探伤仪器无法比

拟的。

下面对 GTC-80 型钢轨探伤车进行介绍。GTC-80 型钢轨探伤车（图 4-54）是为适应高速铁路检测需要而研制的新一代探伤车，在配备钢轨超声检测系统的基础上，还可配备轨道巡检系统，最高检测速度 80km/h。

GTC-80 型钢轨探伤车采用 SYS-1900 型检测系统及转向架安装模式。其基本原理为利用多组不同角度的超声波入射钢轨后的反射回波来检测钢轨内部是否存在伤损。系统使用了先进的计算机技术，伤损检测、识别功能非常强，适用于多通道与高速检测。超声检测系统包括超声电子系统和探轮支持机构两大部分。超声检测系统中，每股钢轨上配备 2 个 9 英寸 A 型探轮和 1 个 9 英寸 B 型探轮。超声探轮组件是超声发射接收的基本单元，安装在探轮支持机构上，主要完成超声检测过程中的电能和声能转化。探轮承载装置采用基于转向架安装方式的机械支持机构，可在不降低检测速度的情况下安全通过道岔并对道岔进行探伤检测。探轮支持机构安装在检测车二位端转向架轴箱上。

图 4-54 GTC-80 型钢轨探伤车

（5）超声波钢轨探伤探头

超声波钢轨探伤探头是发射或接收超声能量的电声转换器件，又称换能器。其工作原理是把那些具有电能和声能互相转换特性的材料如石英等加工成需要的形状，成为压电晶片。把晶片的两面作为两电极，在两电极之间施加高频交变电压，晶片就会跟随高频电压而振动，并在其周围的介质中激起超声波。晶片对于声能和电能之间的转换作用称为晶片压电效应。探头正是利用晶片压电效应这一特性发射或接收超声波能量的。

超声波探头种类根据波形的不同可以分为纵波探头（直探头）、横波探头（斜探头）、表面波探头等；根据晶片片数不同可以分为单晶、双晶、多晶探头等。根据耦合方式可以分为接触式探头和液浸探头；根据探头角度一般有折射角 70°、37°、0°三种。

下面主要介绍直探头和斜探头的结构。

1）直探头

直探头可发射和接受纵波，一般由压电晶片、阻尼块、保护膜和外壳组成，其主要结构如图 4-55 所示。

压电晶片：压电晶片是超声波探头的核心，其材料是压电材料，常用的材料有压电单晶和压电陶瓷两种，压电单晶材料常用的为石英，压电陶瓷常用的是钛酸钡等。其本身大多不导电，而是通过在其两面镀导电材料成为两级，并在电极上引出接线，压电晶片振动频率取决于晶片厚度和超声波在晶片材料中的声速。

保护膜：其作用是保护晶片不与工件直接接触以免磨损。常用的保护膜有硬性和软性两类，硬性适用于工件表面光洁度高且平整的情况，而软性则适用于表面光洁度不好或有一定曲率的表面。

阻尼块：其作用是提高晶片发射效率，吸收晶片背面的振动干扰。

2) 斜探头

斜探头（图4-56）可发射和接受横波，一般由压电晶片、阻尼块、外壳和保护膜组成，如图4-56所示。

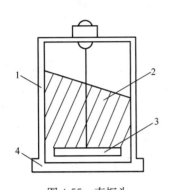

图4-55 直探头
1—外壳；2—阻尼块；3—压电晶片；4—保护膜

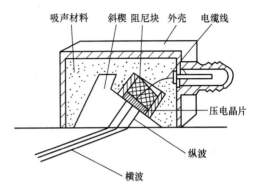

图4-56 斜探头

斜探头和直探头的主要区别在于斜楔块，斜楔块一般由有机玻璃组成，其作用是将纵波以一定角度入射到钢中转换成横波，斜楔块的另一个作用是吸收反射波，减少杂波干扰。

根据探头角度的不同分别介绍以下三种探伤。

1) 70°探头探伤

70°探头采用超声横波在钢轨轨头内进行反射式探伤，用以发现轨头内核伤和钢轨焊接接头头部的夹杂、气孔和裂纹等。70°探头的位置与前进方向成20°左右的偏角，利用一次波和二次波同时探测。

一次波是指从探头直接发射的超声波在钢轨中尚未被轨颚反射之前，由缺陷反射回来的波。二次波是指超声波经轨颚反射后继续前进，在尚未被轨顶反射之前，由伤损或断面反射回来的波。

70°探头的伤损波一般的显示规律如下：伤损波显示在一、二次交替范围，表明轨头下颚有伤，但在焊缝部位，应注意区分焊筋轮廓波，如图4-57所示。伤损波显示在二次波范围，表明轨头内（外）侧上角或近表面有伤，应注意区分表层剥离掉块和鱼鳞伤损，如图4-58所示。伤损波既有一次波又有二次波，表明轨头内有较大核伤，如图4-59所示。

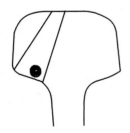 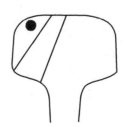 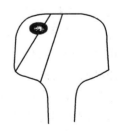

图4-57 轨头下颚伤损　　图4-58 轨头内(外)侧上角伤损　　图4-59 轨头内大核伤

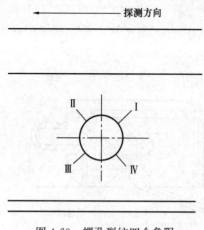

图 4-60 螺孔裂纹四个象限

2) 37°探头的探伤

37°探头发射的超声波在轨头至轨底间作反射式探伤，主要探测钢轨螺孔裂纹，同时探测轨腰裂纹和特殊部位水平以及轨底横向裂纹。

为区分螺孔伤损的定位，将螺孔划为四个象限，如图 4-60 所示，按其探测方向，即前 37°探头能发现第Ⅱ、Ⅳ象限的斜裂及第Ⅰ、Ⅳ象限的水平裂纹，后 37°探头能发现第Ⅰ、Ⅲ象限的斜裂及第Ⅱ、Ⅲ象限的水平裂纹。

3) 0°探头探伤

0°探头（即直探头）采用穿透兼有反射的方法进行探伤，主要用来检查螺孔裂纹、轨头至轨底间的水平裂纹、斜裂纹和纵向裂纹等。0°探头进行穿透探伤时，由发射晶片发射的纵波从轨头经轨腰至轨底，被轨底界面反射后，由另一晶片接收，往返声程为 2 倍轨高。同时还可作为反射式探伤使用，当声波遇到缺陷时，示波屏上还将显示出伤损回波，如水平裂纹等。

4.6 高速铁路工务综合巡检系统

传统的轨道巡检作业主要是依靠巡道工沿轨道步行进行人工视觉检查来完成。随着我国高速铁路运营里程的不断增加以及高原铁路的开通运营，传统的人工巡道方式已不能适应工务巡检要求，高速铁路工务综合巡检系统应运而生。

高速铁路工务综合巡检系统主要由四大系统构成：①定位同步系统；②轨道状态巡检系统；③钢轨轮廓及磨耗检测系统；④线路限界检测系统。系统结构如图 4-61 所示。

4.6.1 轨道状态巡检系统

对现场轨道设备状态的检查一直是工务重点工作，其包括定期检查，周一（四）手检和巡道工巡查等。随着科学技术的进步和高速铁路的发展，对轨道巡查有了更高的要求和条件，中国铁道科学研究院研发了工务轨道综合巡检系统，作为高效智能检查手段之一。

（1）系统组成

轨道状态巡检系统主要由视觉子系统、图像采集存储子系统和图像处理子系统组成。图像存储方式（存储图像的大文件设计）是图像采集系统和图像处理系统相互联系的关键环节，图像识别算法是图像处理子系统的技术核心。

轨道状态巡检系统主要由图像采集模块、数据分析模块和数据管理模块三大部分组成。其中数据采集模块主要承担轨道可视图像的采集工作，数据分析模块和数据管理模块共同完成检测数据的处理。

1) 图像采集模块

图像采集模块的主要功能是在高速运动状态下采集到尽可能真实、清晰、完整地反

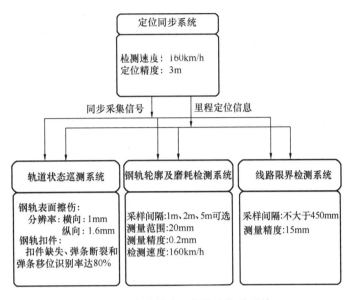

图 4-61 高速铁路工务综合巡检系统

映轨道中钢轨、扣件等关键部件外观特征的高清数字图像。为此，选用数据传输速度快、扫描频率高、适用于运动扫描成像的线阵相机作为成像设备。本模块硬件配置采用 6 台线阵 CCD 相机，相机相对钢轨的视角及成像视场如图 4-62 所示。每组线阵相机配置了辅助照明光源，保证成像视场的光照强度和均匀度，确保获得高质量的图像。

利用线阵相机每次扫描只产生单行线像元信号的特性，设计使用脉冲编码器及与钢轨探伤车轮轴联动的控制机构，按固定间距触发线阵相机，控制线阵相机在运动过程中进行等间距触发采样，并将得到的线像元连续拼接为二维可视图像。在 160km/h 检测速度下可达到 1.6mm 的采样间隔，其采集得到的轨道图像如图 4-63 所示。

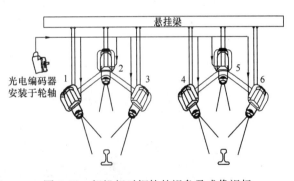

图 4-62 相机相对钢轨的视角及成像视场

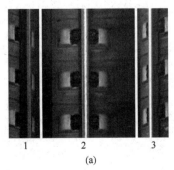
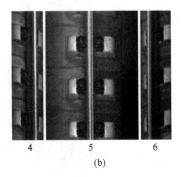

图 4-63 系统采集的轨道图像示例
（a）左轨；（b）右轨

2) 数据分析模块

图像采集完成后，依靠人工浏览海量图像数据查找病害是极为繁重的工作，因此需设计数据分析子系统对部分典型设备异常进行识别。数据分析模块的工作流程可分为图像分割、特征描述、模式检测3个环节。图像分割的主要功能是将轨道图像分割为钢轨、扣件、道床3个大区域。分割完成后，根据不同的检测需求，通过特征描述将检测目标从图像灰度空间转换到更易于辨识出异常样本的特征空间，最终通过模式检测基于离线机器学习获得的模式分类器完成对检测目标状态的判别。系统目前可对钢轨表面擦伤、扣件异常两类问题进行软件自动识别。从提取钢轨到特征变换，再到提取出完整的擦伤轮廓并测算得到擦伤的尺寸，整个过程由软件自动完成，系统的智能化程度基本满足现场应用需求。

3) 数据管理模块

为实现系统的工程化应用，针对图像数据及轨道病害特征的数据管理，建立了具有检索、查询、电子报表等功能的数据管理模块。数据管理模块功能结构如图4-64所示。数据检索功能主要针对指定图像的查找，通过散列表实现了按索引、按里程的数据快速检索。信息查询功能主要针对已检出的轨道病害信息的查找，该功能可通过设置采集时间、钢轨股道、病害类型、病害状态、里程范围、工务管段字段对病害信息进行组合查询。

在信息的报表输出功能设计上，可输出图文报表及相关病害信息的统计报表。数据管理模块应用软件界面如图4-65所示。从检查结果的对比分析来看，每次检查都会发现一些

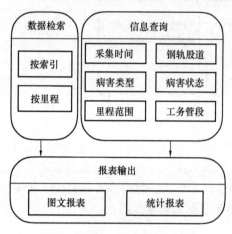

图4-64 数据管理模块功能结构

图4-65 数据管理模块应用软件示意图

在检测周期间隔内新产生的轨道病害，较为常见的是扣件弹条移位、扣件断裂、道床异物、轨枕掉块等。车载轨道巡检系统的检出效率和效果均远远高于人工步行巡道。通过现场检测、复核，系统对钢轨表面擦伤、扣件外观异常及道床裂纹等病害的检出率在80%以上。总之，车载轨道巡检系统无论从检测效率还是从检查质量上看，均优于传统人工步行巡道检查，在高速铁路工务设备养护维修中发挥重要作用。

4.6.2 钢轨轮廓及磨耗检测系统

钢轨轮廓及磨耗检测系统采用激光摄像技术，等间距对钢轨轮廓面图像进行采集，再通过图像处理、模式识别等技术，得到轨廓图像，图像一般是钢轨垂直、侧面磨耗的情况，进行数据处理，生成磨耗波形图、磨耗报表等。钢轨轮廓及磨耗检测系统的工作流程如图4-66所示。钢轨轮廓及磨耗检测系统的检测速度为160km/h，检测精度为0.2mm。采集到的钢轨廓形数据如图4-67所示。

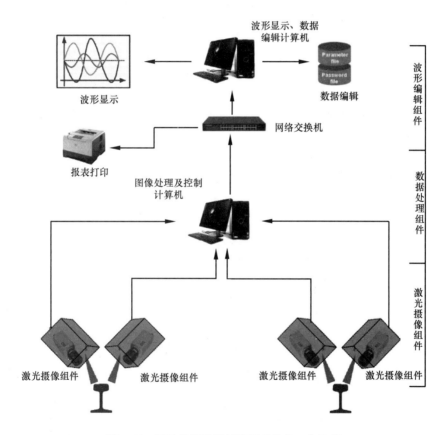

图4-66 钢轨轮廓及磨耗检测系统的工作流程

4.6.3 线路限界检测系统

线路限界检测系统由测量子系统、前端数据采集子系统和后端数据分析子系统组成。系统架构如图4-68所示。

线路限界检测系统工作流程见图4-69。首先进行数据采集，形成点云数据文件，进

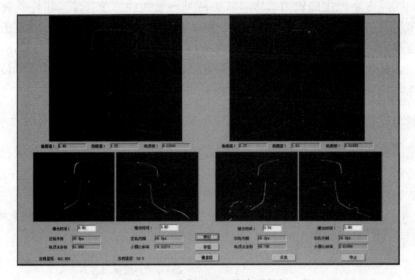

图 4-67　采集到的钢轨廓形数据

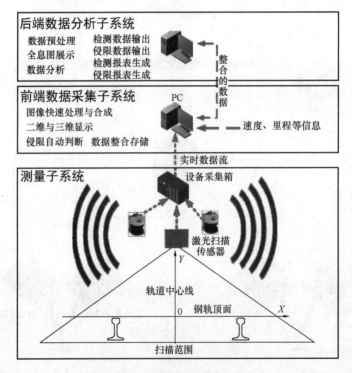

图 4-68　线路限界检测系统结构

入数据分析与展示环节,包括图像合成(侵限分析、综合最小建筑界限分析、断面分析)和全息图展示;形成数据库文件,进入数据管理环节,包括人工确认、数据删除与修改、数据合并、图文报表生成。限界检测结果见图 4-70。

线路限界检测系统的主要技术指标包括:测量精度为 15mm(反射率≥10%);测量范围为全断面、线路中心线两侧 30000mm,钢轨顶面上方 30000mm 范围,应用环境为

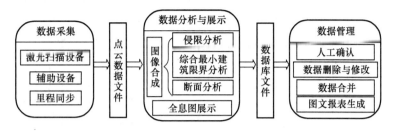

图 4-69　线路限界检测系统工作流程

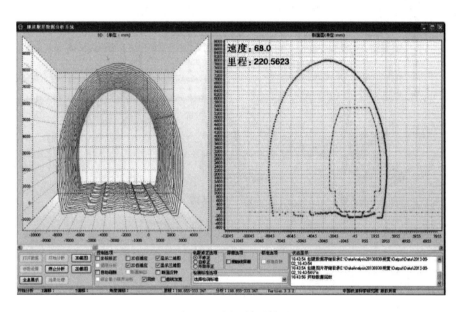

图 4-70　限界检测结果

−30～+50℃。

4.6.4　定位同步系统

定位同步系统的作用是为全车各检测系统提供同步采集信号和精确里程信息，确保全车巡检数据在空间上同步，定位准确，最后形成全车的定位同步系统，其主要技术指标为速度 160km/h 下定位误差不大于 3m。

(1) 工作过程

定位同步系统的工作流程如图 4-71 所示。定位同步系统将电子射频标签、高精度光电编码器、GPS 等多种定位信息源有机结合，利用数据融合技术，实现速度和里程信息的同步采集、传输和控制。

(2) 硬件组成

定位同步系统的硬件组成有：GPS 天线、射频标签、射频阅读器、速度编码器、里程同步校准服务器、时间同步服务器、交换机，如图 4-72 所示。

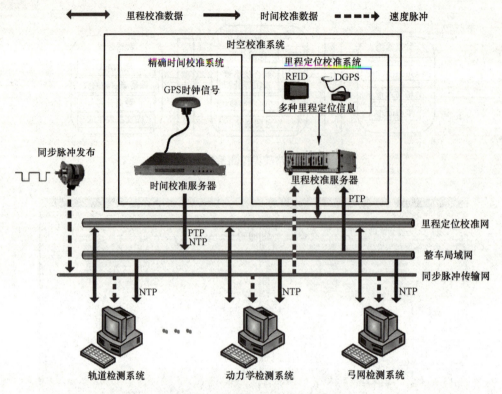

图 4-71　定位同步系统的工作流程

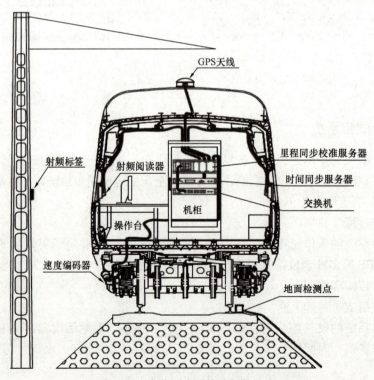

图 4-72　定位同步系统的硬件组成

思 考 题

4-1 轨道状态检测主要包含哪些内容？各项目的检测方法是什么？

4-2 轨道检查仪包含哪些组成部分？其检测的项目和流程是什么？

4-3 简述轨检车的组成及测量原理。我国普速铁路轨检车包含哪些类型？各自的特点是什么？

4-4 简述我国高速铁路综合检测列车的发展；我国高速铁路综合检测列车的结构组成、系统组成和检测的项目有哪些？

4-5 简述常见的钢轨伤损类型及成因。超声波钢轨探伤的设备有哪些？其是如何工作的？这种设备的优缺点是什么？

4-6 高速铁路工务综合巡检系统包含哪些子系统？各子系统的工作流程是什么？

第 5 章 路基关键参数及变形测试

本章知识点、重点、难点

(1) 路基测试包含的内容；
(2) 铁路路基变形测试技术；
(3) 路基常见病害及整治方法和效果评估；
(4) 常见的既有路基检测技术；
(5) 铁路天然地基及基底检测技术；
(6) 铁路复合地基的检测评估。

(1) 路基填筑与压实质量；
(2) 路基压实质量检测技术；
(3) 天然地基及基底的几种检测试验方法原理及适用范围；
(4) CFG 桩和 PHC 复合地基桩身强度、完整性等指标的检测试验。

(1) 铁路路基变形自动化监测系统；
(2) 常见既有路基检测技术原理；
(3) 天然地基及基底的几种检测试验方法原理及适用范围；
(4) CFG 桩和 PHC 复合地基桩身强度、完整性等指标的检测试验。

路基作为铁路轨道基础，其强度、刚度、稳定性和沉降变形等都应满足安全性和舒适性要求，并且在长期动荷载作用下应具有耐久性和抵御各种自然因素作用的能力。路基现场常规测试主要包括路基物理指标检测，包括密实系数 K、地基承载力、地基系数 K_{30}、二次静态变形模量 E_{v2} 和动态变形模量 E_{vd} 试验等指标，地基处理桩基检测内容有桩身完整性和承载力试验，土工合成材料性能试验有物理指标、力学指标和水力学指标等。

本章系统阐述了铁路路基测试的主要内容及关键技术，介绍了常见路基病害及其治理效果评估，并探讨了层状体系的天然地基、基底以及桩-网结构、桩-板结构等复合地基的检测与评估技术，其研究成果将为铁路路基测试提供技术参考。

5.1 路基测试内容

以路堤为例，图 5-1 为无砟轨道路基结构和荷载图。路基地段无砟轨道下部结构分别为基床表层、基床底层、路基本体和地基等，这种结构刚度的布置形式与动荷载随深度的衰减趋势基本一致。这样一方面可使轮轨相互作用产生的高应力通过刚度很大的混凝土道床板迅速向下扩散，防止轨道结构产生过大的附加变形；另一方面，不同高度路基材料性质和质量要求与动荷载衰减相匹配，从而达到经济合理的设计目的。同时系统自上而下的刚度梯度递减也有利于路基吸收动能以降低轨道表面的振动，降低线路运行产生的噪声。

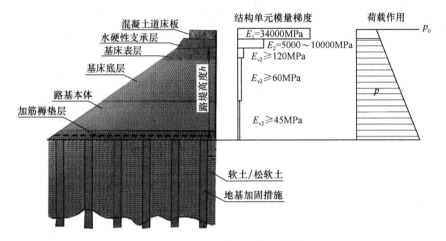

图 5-1　无砟轨道路基结构和荷载图

路基结构承受的作用主要分为两大类：荷载作用和气候、环境作用。荷载作用包括路基结构物自重（静载）和列车荷载（动载）。气候、环境作用主要有雨水、季节性冰冻、地表水、地下水、层间水和毛细水等，这些作用力可在施工及运营阶段，以不同方式和程度对路基结构物的承载力、沉降变形和使用状态等产生影响。

为保证路基处于良好状态，需选用优良填料并高质量填筑。路基试验检测就是要用定量的方法评定各种材料和构筑物的质量，充分利用当地原材料，同时推广新材料、新技术、新工艺，为路基建设提供技术支撑。我国从 2004 年起持续开展了在土质路基上铺设无砟轨道的试验研究，并取得了整体技术的较大进步，主要表现在：针对复杂多样的地质环境，研究了无砟轨道铁路路基基床动力特性，实现了路基沉降变形的有效控制以及路基与桥隧等构筑物刚度的平顺过渡，满足了无砟轨道铁路对基础变形和基础纵向刚度变化的严格要求。

高速铁路路基工程质量将直接影响轨道的平顺性，应对施工过程中及竣工后的路基进行测试，检验路基是否具备承受列车动荷载作用的强度，以及保证列车安全、舒适运行的合理刚度。结合国内外无砟轨道系统试验研究的相关成果及关键技术，高速铁路路基工程测试的内容主要包括：路基沉降变形、基床结构长期动力稳定性、路基填筑与压实质量、路基过渡段纵向刚度匹配、路基防水排水等。通过这些测试方法，高速铁路的施工与运营质量将得到有力保证。

(1) 路基沉降变形

路基沉降变形包括静载作用下的工后沉降以及在列车长期动荷载作用下的附加沉降。常规的无砟轨道扣件垂向可调范围为 30mm，扣除施工误差后，沉降变形的可调高程为 20mm。将其中的 15mm 作为控制路基和地基工后沉降变形的允许值，剩余 5mm 预留给交通荷载引起的附加沉降。此外，路基后续沉降变形控制还涉及上部结构的应力和强度安全性。路基不均匀沉降使线路竖向偏离设计高程，降低了轨道的几何平顺性和行车舒适性，甚至会出现较大的附加动力荷载，可能导致轨道发生结构性开裂，对系统的动力稳定性和安全性产生不利影响。

由于岩土材料的复杂性以及路基工程施工工艺的局限性，路基工后沉降难以准确计算，必须进行路基沉降监测，依据沿线观测结果，选择合适的预测方法对路基沉降变形进行评估和预测。路基沉降变形观测内容为路基面、基底的沉降和路堤本身的压缩变形。路基与桥梁、涵洞、隧道之间的过渡段，以路基面沉降和不均匀沉降观测为主。施工阶段以及调整期的路基沉降变形实测可连续设置观测桩，或在过渡段沿线路斜向对角线布置剖面沉降管并在管口设置沉降观测桩等。然而，仅依靠这一阶段的实测资料评价路基的长期沉降变形稳定性是不够的，还需要在运营阶段进行路基全寿命周期的沉降变形及其他各个环节的监测与评估。

为有效控制高速铁路路基工后沉降，对地基处理范围、处理深度和处理方案都提出了更高的要求。除特殊岩土外，无砟轨道对一般土质地基，甚至岩石风化层地基也需进行必要处理。有砟轨道高速铁路路基地基处理基本上以水泥土桩系列为主，无砟轨道则主要采用刚性桩。通过近十年的研究试验和应用实践，我国先后研发了桩网、桩筏、桩板等新型结构，在高速铁路地基处理与工后沉降控制技术方面已处于世界领先水平。

（2）基床结构长期动力稳定性

基床表层作为路基结构最重要的部分，长期直接承受列车的动力作用，并受水文气候条件影响，保持其长期动力稳定性显得尤为重要。基床动力学特性可用路基面支承刚度来表示，其含义为：使路基顶面产生单位下沉量时所施加于路基顶面单位面积上的荷载。其大小受路基横断面几何状态、路基填料性能和地基土质参数的影响。路基刚度过大或过小，都会影响行车安全及乘车舒适度等。

从理论来讲，路基面支承刚度可以通过路基面平板荷载试验获得，但目前尚缺乏统一的检测装备和相应的控制标准。相关的研究主要是通过试验及理论分析，探索基床竖直方向、水平方向的刚度与路基填筑压实检测控制指标 K、K_{30}、E_{v2} 等的对应关系。通过路基填筑压实检测控制指标，间接实现对路基面支承刚度的控制。

同时还需要对路基基床动力学相关指标进行测量与评估。土体中存在着一个临界动应力，当外界应力大于这个值，土的塑性应变就会累积、发展，直到土体破坏。临界动应力与土的种类、含水量、密实度、围压以及荷载作用的频率等有关。因此，必须通过测试路基的动应力、动剪应变、加速度、累积变形等动力学特性，获取基床动力学特性的数据资料，并分析基床动应力的传递规律、基床累积变形增长的规律等，评价无砟轨道结构动力性能和适应性、基床动力学累积变形特性及结构的合理性。

（3）路基填筑与压实质量

世界各国对高速铁路路基工程的填料、压实质量均提出了明确要求。目前对用于填料的岩土分类尚无统一体系，一般以填料的剪切强度、可压实性、压缩性、对气候环境的敏感性等为依据，将填料分为 A、B、C、D、E 共五组。对压实质量的检验标准，世界各国都采用了物性指标（压实系数 K）和力学指标（地基系数 K_{30}、动态变形模量 E_{vd}、一次静态变形模量 E_{v1}、二次静态变形模量 E_{v2}、无侧限抗压强度 q_u 等）的双指标控制。通过近十年来的研究试验和工程实践，我国对路基填筑各种质量检测方法进行了优化，检测方法、频度已趋于合理和适用，标准化作业也达到世界领先水平。

1) 压实系数 K

压实系数 K 又称为压实度，是指现场得到的干密度 ρ_d 与击实试验得到的试样最大密度 $\rho_{d\,max}$ 之比，压实度是路基路面施工质量检测的关键指标之一，表征现场压实后的密度状况，压实度越高，密度越大，材料整体性能越好。其计算公式见式（5-1）。

$$K = \frac{\rho_d}{\rho_{d\,max}} \tag{5-1}$$

式中　K——压实系数；

ρ_d——土体干密度（g/cm³）；

$\rho_{d\,max}$——击实试验得到的土样最大干密度（g/cm³）。

2) 地基系数 K_{30}

地基系数 K_{30} 是指用直径为 30cm 的荷载板进行试验时，单位面积压力与荷载板相应沉降量之比（MPa/cm），计算时选用的沉降量为 0.125cm。作为一种抗力指标，地基系数能够直观地表征路基刚度及承载能力，物理意义明确，针对性强。其计算公式如下：

$$K_{30} = \frac{\sigma_{0.125}}{S_{0.125}} \tag{5-2}$$

式中　K_{30}——地基系数（MPa/cm）；

$\sigma_{0.125}$——在 σ-S 曲线中下沉量 0.125cm 时对应的荷载强度（MPa）；

$S_{0.125}$——荷载板沉降量（cm）。

3) 动态变形模量 E_{vd}

动态变形模量 E_{vd} 一般用于路基基床的压实质量控制，反映路基抵抗动荷载的能力。将落锤由一定高度自由落下，通过阻尼装置、承载板对路基面产生动荷载，在动荷载作用下，路基面产生沉陷，这种沉陷变形反映了路基土的抗力性能。从理论上讲，路基碾压越密实，承载力越高，沉陷值越小，路基的动态变形模量 E_{vd} 值越高；反之路基的 E_{vd} 值越低。其计算方法如下：

$$E_{vd} = \frac{1.5r\sigma}{S} \tag{5-3}$$

式中　E_{vd}——动态变形模量（MPa）；

r——荷载板半径（mm），标准圆形刚性荷载板的半径为 150mm；

σ——荷载板下的最大动应力（MPa），通过在刚性基础上，由最大冲击力 7.07kN，冲击时间为 18ms 时标定得到，标准条件下 σ 为 0.1MPa；

S——荷载板下沉量（mm）。

4) 静态变形模量 E_{v1}、E_{v2}

静态变形模量 E_{v1}、E_{v2} 是反映荷载作用下土体抵抗变形能力的刚度参数。静态变形模量 E_{v2} 试验是通过圆形承载板和加载装置对地面进行第一次加载和卸载后，再进行第二次加载，用测得的承载板下应力 σ 和与之相对应的承载板中心沉降量 s，来计算静态变形模量 E_{v2}、E_{v1} 及 E_{v2}/E_{v1} 的试验方法。

5) 无侧限抗压强度 q_u

无侧限抗压强度 q_u 是指试样在无侧向压力情况下，抵抗轴向压力的极限强度，一般用于路基改良填料的压实质量控制。无侧限抗压强度可由无侧限压缩试验求得。试验时，试样在无侧向限制（即周围压力为零）情况下逐渐施加轴向压力，破裂时常在试样侧面可见清晰的破裂面痕迹，这时的压力即为无侧限抗压强度。

表 5-1～表 5-3 分别为现行《铁路路基设计规范》TB 10001—2016 对基床表层、基床底层和基床下路堤填料的压实标准。

基床表层填料的压实标准　　　　　表 5-1

铁路等级及设计速度		填料	压实标准			
			压实系数 K	地基系数 K_{30} (MPa/m)	7d饱和无侧限抗压强度 (kPa)	动态变形模量 E_{vd} (MPa)
客货共线铁路及城际铁路	200km/h	级配碎石	≥0.97	≥190	—	—
	160km/h	级配碎石	≥0.95	≥150	—	—
		A1、A2组 砾石类、碎石类	≥0.95	≥150	—	—
		A1、A2组 砾石类、碎石类	≥0.95	≥150	—	—
	120km/h	B1、B2组 砾石类、碎石类	≥0.95	≥150	—	—
		B1、B2组 砂类土（粉细砂除外）	≥0.95	≥110	—	—
		化学改良土	≥0.95	—	≥500 (700)	—
	无砟轨道	级配碎石	≥0.97	≥190	—	≥55
高速铁路		级配碎石	≥0.97	≥190	—	≥55
重载铁路		级配碎石	≥0.97	≥190	—	≥55
		A1组 砾石类	≥0.97	≥190	—	≥55

注：括号内数值为严寒地区化学改良土考虑冻融循环作用所需强度值。

基床底层填料的压实标准　　　　　表 5-2

铁路等级及设计速度		填料	压实标准			
			压实系数 K	地基系数 K_{30} (MPa/m)	7d饱和无侧限抗压强度 (kPa)	动态变形模量 E_{vd} (MPa)
客货共线铁路及城际铁路	200km/h	A、B组 粗砾土、碎石类	≥0.95	≥150	—	—
		A、B组 砂类土（粉细砂除外）	≥0.95	≥130	—	—
		化学改良土	≥0.95	—	≥350 (550)	—

续表

铁路等级及设计速度		填料	压实标准			
			压实系数 K	地基系数 K_{30} (MPa/m)	7d饱和无侧限抗压强度 (kPa)	动态变形模量 E_{vd} (MPa)
客货共线铁路及城际铁路	160km/h	A、B组	砾石类、碎石类	≥0.93	≥130	—	—
			砂类土（粉细砂除外）	≥0.93	≥100	—	—
		化学改良土	≥0.93	—	≥350 (550)	—
	120km/h	A、B、C1、C2组	砾石类、碎石类	≥0.93	≥130	—	—
			砂类土、细粒土	≥0.93	≥100	—	—
		化学改良土	≥0.93	—	≥350 (550)	—
	无砟轨道	A、B组	粗砾土、碎石类	≥0.95	≥150	—	≥40
			砂类土（粉细砂除外）细粒土	≥0.95	≥130	—	≥40
		化学改良土	≥0.95	—	≥350 (550)	—
高速铁路/重载铁路		A、B组	粗砾土、碎石类	≥0.95	≥150	—	≥40
			砂类土（粉细砂除外）细粒土	≥0.95	≥130	—	≥40
		化学改良土	≥0.95	—	≥350 (550)	—

注：括号内数值为严寒地区化学改良土考虑冻融循环作用所需强度值。

基床下路堤填料的压实标准　　　　表 5-3

铁路等级及设计速度		填料	压实标准		
			压实系数 K	地基系数 K_{30} (MPa/m)	7d饱和无侧限抗压强度 (kPa)
客货共线铁路、城际铁路有砟轨道	200km/h	细粒土	≥0.90	≥90	—
		砂类土、细砾土	≥0.90	≥110	—
		碎石类及粗砾土	≥0.90	≥130	—
		化学改良土	≥0.90	—	≥250
		细粒土、砂类土	≥0.90	≥80	—
		砾石类、碎石土	≥0.90	≥110	—
		块石类	≥0.90	≥130	—
		化学改良土	≥0.90	—	≥200

续表

铁路等级及设计速度	填料	压实标准		
		压实系数 K	地基系数 K_{30} (MPa/m)	7d饱和无侧限抗压强度 (kPa)
高速铁路及无砟轨道客货共线铁路、城际铁路	砂类土及细砾土	≥0.92	≥110	—
	碎石类及粗砾土	≥0.92	≥130	—
	化学改良土	≥0.92	—	≥250
重载铁路	细粒土、砂类土	≥0.92	≥90	—
	细砾土	≥0.92	≥110	—
	碎石类及粗砾土	≥0.92	≥130	—
	化学改良土	≥0.92	—	≥250

（4）路基过渡段纵向刚度匹配

列车高速运行时，线路纵向轨道的刚度突变将引起列车振动加剧，不仅影响行车舒适性，严重时将影响轨道结构的寿命。无砟轨道铁路路基面支承刚度与路基基床多层系统各层材料性能有关，通过对路基多层系统竖向刚度组合优化及测试，可以使路基与其他构筑物间线下基础纵向刚度匹配。

（5）路基防水排水

路基工程由岩土材料构成并建造于露天环境，易受地表水和地下水影响。地表水渗入路基土体，会降低土的抗剪强度，在列车动荷载作用下引起基床变形、翻浆冒泥；地表水的流动可造成路基边坡面和坡脚冲刷；气温降低时，地面水成为寒冷地区产生冻害的一个重要因素。为了保证路基工程的动力特性和承载性能稳定，必须采取可靠的防水排水措施。

对影响路基稳定的地下水，应予以截断、疏干、降低水位，并引排到路基范围以外，防止漫流、聚积和下渗。路基施工中应核对全线排水系统，全线的沟渠、管道、桥涵应构成完整的防水排水体系。路基施工中，具备条件的地段应按设计先做好防水排水工程以及施工场地附近的临时防水排水设施，然后再做主体工程。不具备条件的地段应先做好临时防水排水设施，正式防水排水工程可与路基同步施工，并随路基施工逐步成形。在路基施工期，不得任意破坏地表植被或堵塞水的通路，各类防水排水设施应及时维修和清理，保持排水畅通、有效。泄水孔的位置、布置形式、孔径尺寸及泄水孔背反滤层的材料、设置应符合设计要求，且排水畅通。砌体及反滤层（或垫层）的材料、设置应符合设计要求。

5.2 路基测试技术

5.2.1 铁路路基变形测试技术

由于无砟轨道结构刚度较大，路基面动应力分布较均匀且动应力幅值较小。因此，在保证无砟轨道路基强度的同时还需要严格控制无砟轨道铺设后线下构筑物可能发生的不均匀沉降。不均匀沉降将会加剧轨道板开裂、翻浆冒泥等。为解决设计阶段路基沉降变形计算精度不足问题，必须进行变形动态监测，并对实测数据进行系统评估，使其达到预定的沉降控制要求。路基变形测试包括路基表层位移、深层沉降、水平位移以及裂缝大小等。根据监测手段不同，路基沉降观测可分为两种：一是常规沉降观测，即通过埋设观测桩、沉降板等装置，利用高精度的水准测量设备、位移测量设备监测路基沉降；二是自动化监测系统，即利用现代高科技电子设备，准确实时地监控路基沉降变形。

（1）常规沉降观测

常规沉降观测可采用在路基面或线路中心处设置观测桩，在地基表面或基床底层的顶面设置剖面沉降管，或采用沉降板、分层沉降仪、水平测斜仪等仪器进行沉降观测。

1）观测桩

路基面沉降观测桩是在路基填筑到基床底层顶部或基床表层中部后安装到位的，它只包含了这个时间点以后路基系统发生的沉降变形，因此，对工后沉降的分析预测一般是以观测桩的结果为基础。将木桩和钢钎钉入土中，用水准仪抄平，即可测量地表面的沉降量，每一观测断面观测桩设置如图5-2所示。此方法只能测定建筑物表面的沉降值，无法测试土体内部某位置的沉降，并对填土施工有干扰。路基上无砟轨道铺设完成后，一般需保留部分原设观测桩，以进一步监测路基工后沉降发展。这时，可在原路基沉降观测点断面的上、下行轨道路肩侧水硬性支承层台面上距支承层边缘200mm处各设一个新的沉降观测点，如图5-3所示。

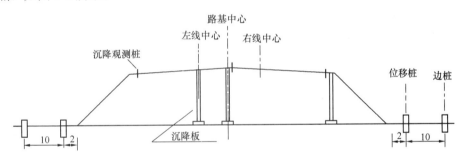

图5-2 路基沉降观测点设置横断面图（单位：m）

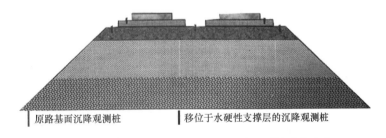

图5-3 无砟轨道铺设后原路基面沉降观测桩移位方案

2）沉降板

底部钢管用互成120°的撑脚三角板焊接在沉降板中心处，节管用管箍连接，节管顶部用护管帽盖住。观测时，每节管的顶面有上、下管顶高程，下节管顶面高程用于计算第一次沉降量，上节管顶高程作为下次计算沉降量的数据。

(2) 自动化监测系统

1) 自动化系统的设计原则

高速铁路无砟轨道施工，要求对路基的工后沉降实现零沉降，同时由于高速铁路线路较长，穿过不同的地质条件，需布设大量的监测点来采集数据并进行整理、分析。因此，有必要建立路基沉降的网络自动化监测系统，以实现对路基的沉降控制。在设计时需要注意以下设计原则：

① 对于不同地质条件和不同路基形式（如一般路基、高路基、桥路过渡段、堤堑过渡段、路隧过渡段等）的沉降监测方案，应根据其特点进行设计。

② 监测元件必须采用高灵敏度、高精度、高稳定性智能传感器，以适应网络自动化监测。

③ 监测元件和监测系统应经久耐用，适应长期监测，确保监测工作的连续性和安全性，以满足工后沉降监测要求。

④ 监测元件和监测系统的安装与埋设最好不干扰路基工程施工。

2) 自动化监测系统设备布置

常规沉降观测方法实施简便，但测量工作量巨大，容易受环境影响，且沉降设备的埋设对路基施工影响较大。因此，有必要建立路基沉降自动化监测系统，例如在客运专线采用光纤编码型路基沉降监测系统、JMZX-256 网络自动化远程测量系统等，实现大面积路基沉降的实时、远程、自动监控。

以 JMZX-256 网络自动化沉降监测系统为例，该系统主要由上位机、采集模块（MCU）、电源控制模块、手机无线收发模块、系统软件及相关配件组成，可配接各种钢弦传感器、电感调频类传感器、温度传感器、标准电压信号等。密封箱通常嵌入路基边坡坡脚内，也可布置在路基边坡坡脚外。一般先砌筑一个内部尺寸为 1.5m×1.2m×1.1m 的带锁水泥箱，并做防水处理，再将密封箱安装在水泥箱内。监测元件导线集中在水泥箱后接入采集模块。网络自动化沉降监测系统如图 5-4 所示。

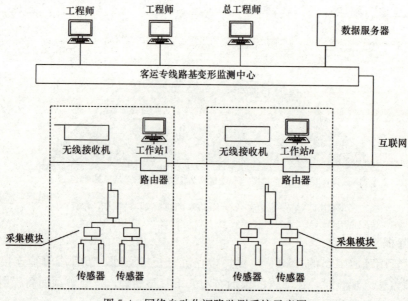

图 5-4　网络自动化沉降监测系统示意图

3) 对路基本体进行变形监测

根据沉降特点分为一般路基、高路基、过渡段路基三种模式进行沉降监测设计。

① 一般路基的沉降监测

无砟轨道路基一般选用优良的填料且填筑质量较高,所以路堤本身的压缩变形较小且大部分在填筑后已完成变形,监测元件采用电感类智能型传感器——单点沉降计。单点沉降计主要由沉降板、位移传感器、测杆、锚头等组成。

单点沉降计布置在路基中心处,以持力层作为不动点,将锚头锚固在持力层上,通过加长测杆连接精密磁通调频智能位移传感器,将沉降盘安装在路基原位并与位移传感器的另一端连接,精密测量在路堤荷载作用下路基沉降变形,如图5-5所示。单点沉降计采用振频弦频率检测仪或自动采集系统进行测量时,精度可达到测量值的1%,灵敏度不低于0.02mm。

② 高路基的沉降监测

高路基的沉降通常需使用2~3个监测元件分层监测其沉降量。监测元件采用单点沉降计,并布置在路基中心处,分多次钻孔埋设安装,依次在路基填筑至分层高度后,钻孔埋设安装相应测杆长度的单点沉降计,并将测试导线引入密封箱连接自动采集模块。高路基沉降监测元件布置示意如图5-6所示。

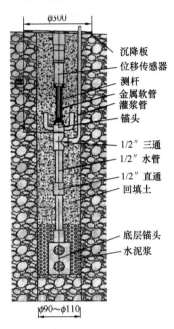

图 5-5 电感式单点沉降计安装图(单位:mm)

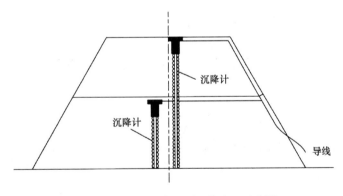

图 5-6 高路基沉降监测元件布置示意图

③ 过渡段路基的沉降监测

过渡段路基的沉降根据过渡段路基的长度及与相邻监测断面的距离不同,分为两种监测方式:

第一种是在路基中心埋设单点沉降计,直接测量路基本体的压缩沉降。第二种是用电感类智能型传感器——静力水准仪,测量与相邻监测断面的沉降差,即在完成路基填筑后将静力水准仪的一个精密液位计布置在过渡段路基的监测点,另一个精密液位计布置在相邻监测断面的沉降监测处，两个精密液位计之间用连通管连接，测试导线引入密封箱连接自动采集模块，沉降差监测元件布置示意见图 5-7。

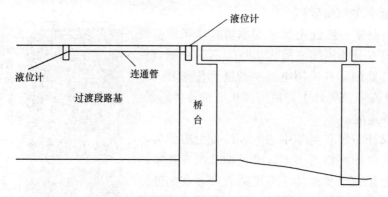

图 5-7 过渡段与相邻监测断面沉降差监测元件布置示意图

(3) 弯沉检测技术

在荷载作用下，路基会发生弯沉现象，有些可以恢复，有些会产生无法恢复的塑性变形。弯沉检测技术多用于铁路路基的检测和施工控制。

路基弯沉一般可分为以下几类：

1) 回弹弯沉：即路基或路面在规定荷载作用下产生垂直变形，卸载后能恢复的那一部分变形。

2) 残余弯沉：即路基或路面在规定荷载作用下产生的卸载后不能恢复的那一部分变形。

3) 总弯沉：即路基或路面在规定荷载作用下产生的总垂直变形（回弹弯沉＋残余弯沉）。

4) 容许弯沉：即路面设计使用期末、不利季节、标准轴载作用下双轮轮隙中间容许出现的最大回弹弯沉值。

5) 设计弯沉：即路面交工验收时、不利季节、在标准轴载作用下，标准轴载双轮轮隙中间的最大弯沉值。

由于不同类型的弯沉对车辆运行和养护维修造成影响，一般路基层都要做弯沉试验，以便判断路面弯沉值是否符合设计值。目前，在无损检测设备的研究热潮下，对弯沉盆的反算问题，国外研究者主要从反算算法和力学分析模型这两方面进行分析与研究。

5.2.2 路基动力特性测试技术

(1) 列车荷载下路基的应力路径

列车荷载对路基的动应力为一种主应力轴连续旋转和主应力差连续变化的重复作用荷载。国内外学者早已注意到列车荷载受主应力轴旋转影响，但由于试验仪器的限制，近些年才陆续开展主应力轴旋转对不同种类土体累积变形的相关研究。在现有的室内试验中，多采用循环三轴试验和空心圆柱试验模拟循环应力。在传统的单向循环三轴试验中，由于只能独立控制竖向和径向的应力状态，无法施加剪应力和模拟主应力轴连续旋转，因此会低估土体在动荷载作用下的实际变形。而空心圆柱仪（HCA）可以施加独立控制的动态

内围压 p_i 和外围压 p_o、轴力 W、扭矩 M_T。但由于空心圆柱仪试验系统的使用尚不普遍，目前国内外一般仍采用循环三轴试验。

（2）路基动力附加变形

为了测试列车动荷载下路基的弹塑性变形以及动应力的传递扩散，在路基本体内分别埋设了动应力传感器、动位移计、加速度计、塑性变形观测点等测试元件，测点布设见图 5-8。基床动应力传感器采用电阻应变式土压力盒，通过动态应变仪与测试系统相连，由计算机自动采集数据。弹性变形和加速度采用测振仪测试，累计塑性变形通过 S1 精密水准仪测量，并通过弯沉仪进行校核。

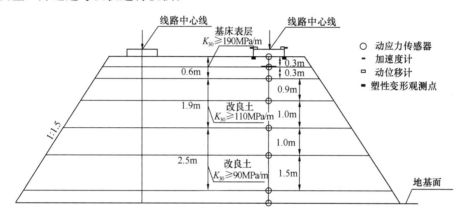

图 5-8　路基动力测试测点分布图

高速铁路运营后，个别工点出现了翻浆冒泥或冻胀等病害，这除了与轨道结构路基面排水有关，还与基床的结构设计、材料技术条件以及压实质量检验指标等有关，需针对病害特征、机理进行深入研究。由于我国南北温度和降水差异巨大，因此开展针对不同区域适应性的基床技术条件研究十分必要。

5.2.3　路基工程质量检测技术

高速铁路路基施工检测是指在地基处理和路基填筑过程中进行的各种质量控制的检查方法，用以判定路基是否具有足够的强度和刚度以抵抗列车动荷载。

（1）地基施工质量检测

地基施工质量的检测方法有钻孔取芯试验、低应变反射波法、复合地基静载试验等。除此以外，动力触探试验、静力触探试验（CPT）、标准贯入试验（SPT）等原位测试方法，同样可以用来检测地基施工质量。

1）钻孔取芯试验

钻孔取芯试验是检测混凝土灌注桩、复合地基桩体成桩质量的一种有效手段，不受场地条件的限制，适用于检测桩长、桩身材料强度、灌注桩桩底沉渣厚度，鉴别桩端岩土性状，判定或验证桩身完整性类别。

2）低应变反射波法

低应变反射波法采用瞬态激振方式，通过实测桩顶加速度或速度信号的时域、频域特征，采用一维弹性波动理论分析判定桩身存在的缺陷位置及其影响程度。实心桩的激振点位置应选择在桩中心,测量传感器安装位置宜为距中心 2/3 半径处,激振点处混凝土应密实,不得有破损,激振时激振点与混凝土接触面应点接触,如图 5-9 所示。空心桩的激振点与测量传感器安装位置宜在同一水平面上,且与桩中心连线形成的夹角宜为 90°,激振点与测量传感器安装位置宜为桩壁厚的 1/2 处,见图 5-10。

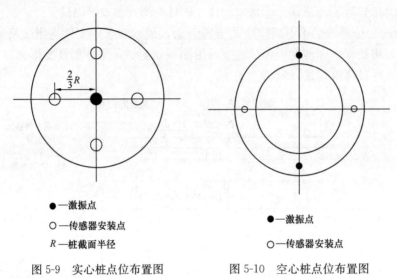

图 5-9 实心桩点位布置图　　图 5-10 空心桩点位布置图

3) 复合地基静载试验

复合地基静载试验是模拟地基处理桩和桩间土实际受力状态的一种试验方法,是在一定面积的刚性承压板上加荷测定地基处理桩和地基土的共同变形,以确定复合地基的临塑荷载、极限荷载和变形参数。该试验主要适用于冲击碾压法、挤密砂桩法、搅拌桩法、CFG 桩法等形成的复合地基。

(2) 路基压实质量检测

路基压实质量检测分类如图 5-11 所示。

该检测方法通常采用全站仪、电子水准仪、水准仪、水准尺等仪器设备检测压实路面的平整度。压实质量检验一般采用 K_{30} 测试仪(或静态变形模量 E_{v2} 仪)、动态变形模量 E_{vd} 测试仪(图 5-12)。为满足无砟轨道平顺性的要求,实现路基填筑压实的有效控制,系统对路基在运营时沿线路纵向的刚度均匀性提出了较高的要求。传统点式检测试验结果只能反映路基面局部的质量特性,无法反映其整体特征。所以,发展和应用与路基填筑碾压同步进行的动力连续检测技术具有十分重要的意义。动力连续检测技术是通过与填筑压实机械连接的传感器获取路基填筑土压实程度的信息,并将压实信息反馈给填筑压实机操作人员,指导填筑压实作业。采用填筑压实智能控制技术,可实现路基填筑连续均匀压实,避免出现局部漏压和不均匀压实的情况。

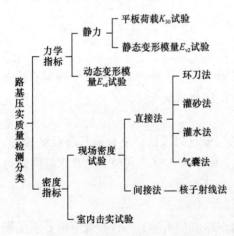

图 5-11 路基压实质量检测分类

CBR 检测技术广泛应用于国外铁路路基承载力的检测。CBR 试验全称为加州承载比（California Bearing Ratio）试验，是由美国加利福尼亚州公路局最早提出的一种确定路基相对承载力的试验。CBR 值是指试料贯入量达 2.5mm 或 5mm 时，单位压力对标准碎石压入相同贯入量时标准荷载强度（7MPa 或 10.5MPa）的比值，用百分数表示。国外常采用 CBR 值作为路面材料和路基土的设计参数。

CBR 试验设备有室内试验与室外试验两种。室内用 CBR 试验装置，试件按路基施工的含水率及压实度要求在试桶内制备，在浸水过程中及压入试验时，在试件顶面施加环形砝码，其质量应根据预计的路面结构重力来确定。

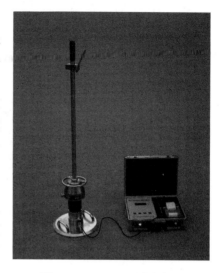

图 5-12 DBM-2 型动态变形模量 E_{vd} 测试仪

(3) 路基支挡结构检测

路基支挡结构检测包括各种挡土墙质量检测、土钉检测、预应力锚索检测、预应力锚索抗拔力试验、钢筋腐蚀及混凝土材料劣化检测，其主要的检测方法包括拉拔试验、钻芯法等工程性检测和无损检测。无损检测方法有雷达波反射法、弹性波、声波法、低应变法、声波透射法等。

5.3 路基常见病害及治理效果评估

近些年来我国高等级铁路建设迅猛发展，路基作为铁路设计和施工中很重要的一部分，其病害的防护与处理也越来越被人们重视。

铁路线路常年暴露在自然环境中，受自然环境影响大，加之机车车辆本身的动力作用，轨道的几何尺寸及状况不断发生变化，路基、道床也在不断变形变化中，加上对其重视及整治的力度不够，导致铁路路基病害众多。铁路路基病害按表现形式分为很多种，常见的有翻浆冒泥、路基下沉、挤出变形、边坡溜坍与滑坡、边坡冲刷、陷穴、水浸路基、冻害、崩塌落石等。

5.3.1 路基常见病害

(1) 翻浆冒泥

翻浆冒泥分为土质基床翻浆、风化石质基床翻浆和裂隙泉眼翻浆。工程实践中已有的检测方法有：人工挖探、常规电探以及用高密度电阻率成像技术勘探等。翻浆冒泥如图 5-13 所示。

(2) 路基下沉

路基下沉的主要原因是路基的强度不足或填筑密度不够，其表现形式有路基下沉、道砟袋和道砟囊。填方路基的下沉导致断面尺寸有所改变的现象，叫路堤沉陷。局部下沉也会形成陷槽使得线路不平顺，下沉可分为基底下沉、堤体下沉和基床下沉，如图 5-14 所示。路基下沉的检测主要体现在路基沉降量，一般采用全站仪对定点进行检测得到路基

图 5-13　路基翻浆冒泥　　　　　　图 5-14　路基下沉

沉降量。

（3）挤出变形

挤出变形的表现形式有侧沟被挤、路肩隆起，边缘外膨和路肩外挤。这些主要是因为土体强度不够而产生的塑性流动或剪切破坏。由于基床体内的土经常会处于软塑状态，且基床内的影响深度较大，在列车荷载作用下，基床易发生外挤变形或剪切破坏，其中路肩外挤发生的主要原因是基床强度不足。

（4）边坡溜坍与滑坡

边坡溜坍是指存在振动、人文活动等外界条件或受地表水下渗、地下水的影响，黏土质边坡表层土体含水饱和失去稳定而形成边坡浅层溜滑或坍塌的现象，见图 5-15。边坡溜坍分为路堑边坡溜坍和路堤边坡溜坍。滑坡是指影响路基稳定的土（岩）体滑动。路基滑坡分为边坡的深层滑动、路基滑移及山体滑坡。

图 5-15　路基边坡溜坍

（5）边坡冲刷

边坡冲刷是指较高大的土质路堑、路堤边坡、岸坡或严重风化的软质岩石边坡受到水流的冲蚀、冲刷作用而形成冲沟或冲坑的现象。边坡冲刷分为两类：边坡淘刷和边坡冲沟。

(6) 陷穴

陷穴是指路基下部及其附近存在洞穴，其坍塌可引发基床和道床突然沉落，使轨道悬空，导致正常行车中断。如岩溶塌陷、黄土塌陷、矿区采空、古墓、蚁穴以及由大气降水、过量抽取地下水诱发的路基突然塌陷、沉落。

(7) 水浸路基

水浸路基是指在滨河、河滩、海滩和水库（塘）地区的铁路路基，因一侧或两侧边坡常年或季节性被水浸润、受到水位变化（浮力、渗透动水压力）的影响和水流及波浪的冲击作用而威胁路堤稳定的现象。

(8) 冻害

冻害一般发生在寒冷地区，如路基土为透水性较差的细粒土，当含水量较高或路基面积水时，在冻结过程中，土中水分子重新分布和聚集形成冰块，引起不均匀的冻胀现象。线路冻害会造成线路不平顺，影响行车平稳性及安全。

(9) 崩塌落石

山区铁路边坡陡峻，地质构造复杂，岩体受节理切割等诸多因素的影响，导致坡面岩体破碎。破碎岩体在风化、雨水、振动和植物根劈等外应力作用下产生悬空、剥落，形成崩塌落石，在自重的作用下，危岩发生倾倒、崩落、翻滚和跳跃等，进而危及行车安全。

5.3.2 路基病害防治措施

(1) 翻浆冒泥的防治措施

翻浆冒泥应视不同情况，分别采取的不同整治方法。

1) 清筛道床：将道床中的脏土筛净，保持道床的清洁，做好道床排水工作，使排水顺畅；当已出现道床塌陷现象时，可设置道床横向盲沟，将水排出；

2) 加设砂垫层：当路基面土质不良，排水不好，强度不够时，可铺上一层不小于20cm厚的砂或粗砂垫层；

3) 当路基土质差，排水不好，或有岩石裂缝翻浆，则可在路基面上铺设一层10cm厚的沥青黏土做成封闭层，以防止地表水下渗造成基床表层的软化，减弱动荷载对基床土的挤压与抽吸作用，阻隔翻浆体上冒污染道床；

4) 对于容易发生下沉外挤或陷槽病害的软弱基床，可采用换填法来提高基床表层强度。换填料可为级配良好的碎石土或中粗砂，也可为在原基床土中掺入改良填料工程性质的材料后形成的改性土；

5) 采用化学加固土壤或水泥压浆等方法提高土壤的强度。软土地基常采用挤密桩法进行加固。

(2) 路基下沉的防治措施

一是排水。其适用于由于排水不良而引起的基床病害，如路堑和站场。排水措施可以采取疏通或修建防渗侧沟、天沟、排水沟等地表排水系统；修建堵截、导引、降低地下水位的盲沟、截水沟、侧沟、下渗沟等排除地下水或降低地下水位系统，以消除或减小地表水和地下水对路基基床的侵害，使基床土经常保持疏干状态。二是提高基床表层强度。其适用于基床表层土承载力不足导致的基床病害，如裂土病害。防治措施一般为换填渗料土（二合土或三合土）及换砂。换填深度应以满足承载力要求为原则。三是使基面应力降低或均匀分布。四是土工膜（板）封闭层或无纺土工纤维渗滤层，这是近年广泛应用的防治基床病害的新工艺，它有隔离地表水、过滤基面水和均布基面应力等多种效果，常与换砂、砂垫层配合使用。两种常见路基病害防治措施比较见表 5-4。

两种常见路基病害防治措施比较　　　　　　　　　　表 5-4

防治方法	优势	劣势
换填法	操作简单、消耗材料少、造价较小	对行车干扰较大
挤密桩法	对行车干扰相对较小、操作较简便	造价略高

对于路基沉降引起的轨道板标高变化，当轨道结构沉降变形超出扣件调整范围，影响线路平顺性时，一般采用机械抬升与注浆填充相结合的防治方案，见图 5-16。该技术具体是将顶升设备安放于支撑层两侧下部，采用顶升设备按计算好的抬升量将支承层、CA 砂浆层和轨道板结构整体抬升，然后将注浆材料注入抬升后的支承层底部空隙内，从而达到保持路基基床表层高程、维持轨道标高的目的。顶升设备抬升过程中，采用轨道板标高测量装置实时监测轨道结构高程，以控制上部轨道结构精确抬升，使其轨道高程恢复到规定标高。同时将具有速凝性能的注浆材料注入被抬升后的支承层底部空隙内，尽可能在天窗点时间内恢复通车。

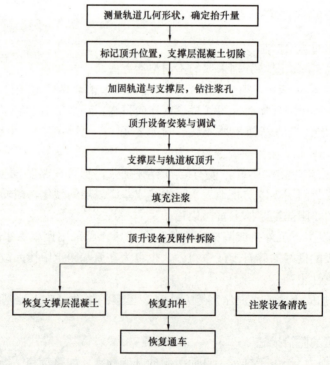

图 5-16　机械抬升＋注浆填充施工工艺流程图

（3）边坡溜坍的防治措施

路堑边坡：①修建明洞；②修筑护坡及挡、护墙；③修筑拦泥墙；④完善截、排水沟；⑤修建土钉墙等。

路堤边坡：①设置骨架护坡；②支撑渗沟；③修筑干砌片石防护等。

(4) 边坡冲刷的防治措施

重点防护地段为凹岸、软岸以及当冲之处。

1) 直接防护：草皮防护、砌石防护、抛石及石笼防护、浸水挡土墙。

特点：少干扰甚至不干扰原来水流的性质，对防护地段上下游及其对岸的影响甚微。

2) 间接防护：挑水坝、顺坝与潜坝、防水林带。

特点：会不同程度地侵占河床、扰乱原有水流并加剧对设备当冲部位的冲刷和淘刷。

各种边坡冲刷防护措施的适用性见表5-5。

边坡冲刷防治措施适用性　　　　　　　表5-5

防治方法		适用性
直接防护	草皮防护	适用于河道较平直宽广、水流方向与线路方向（护坡方向）近乎平行、边坡不受各种洪水主流冲刷且边坡土质适宜于草皮生长的周期性浸水地段路堤边坡的防护，容许流速为1.2~1.8m/s、容许波浪高不大于0.4m，在有流冰的情况下不宜采用
	砌石防护	适用于允许流速2~8m/s的路堤边坡，分为干砌片石护坡和浆砌片石护坡
	抛石防护	适用于水流方向较平顺、无严重局部冲刷、河床承载力较强的河段浸水路基边坡及岸坡的冲刷防护和基础淘刷防护，容许流速为3m/s
	石笼防护	适用于受洪水冲刷但无滚石的河段和大石料缺少地区，容许流速4~5m/s、容许波浪高1.5~1.8m
	浸水挡土墙	适用于常年浸水路段，尤其是峡谷急流和水流冲刷严重河段的路基防护，容许流速5~8m/s、容许波浪高2m以上
间接防护	挑水坝	适用于防护地段很长、河道宽阔而弯曲、需要且可能适当压缩断面约束水流以及希望将主流挑引到远处的地段，山区河谷地段不宜设置
	顺坝	适用于防护地段较短、河床较窄不宜设置挑水坝的场合
	潜坝	一般与顺坝或直接防护建筑物配合使用
	防水林带	有浅滩、容许流速1.2~1.8m/s地段的河岸与路基防护地段

(5) 滑坡的防治措施

防治滑坡的原则：一是预防。对有可能新生滑坡的地段或有可能复活的古滑坡地段，应采取必要的工程防治措施，防止产生新的滑坡或古滑坡的复活。二是治早。滑坡的产生与发展是有一个过程的，早期整治能达到事半功倍的效果。三是一次根治与分期整治相结合。滑坡一般应一次性根治，不留后患。

(6) 冻害的防治措施

1) 修筑具有抗冻防渗能力的地表排水设施，可防治地表水引起的冻胀；修建渗沟、暗沟、截水沟等，截断、疏导地下水或降低地下水位，以防治因地下水补给而引起的冻胀。

2) 在基床表层铺设保温层，改善基床温度环境，减小表层下基床土的冻结深度，甚至使其不冻结。

3) 采用一些保温材料对路基进行保温，保温材料一般用炉渣，其导热系数小，成本低廉；也可用石棉、泡沫聚苯乙烯板等保温材料。国外经验表明，用泥炭或冷压泥炭砖作保温材料，效果良好，使用寿命长。湿度大的泥炭在水分冻结时，会释放大量潜热，能防止泥炭进一步冻结。

当冻害已经发生时，首先应认真进行调查，了解冻胀发生部位、形状、高度、起落及其发展过程,清楚冻胀土层的性质、结构及水文地质条件,以便分析冻胀产生的原因和变化规律,然后提出相应的整治措施。比如挖除冻害地段的基床土,将其换填成无冻胀或冻胀很小的碎石、河沙、砂类土等。换土深度应在冻结层之下,换土宽度应包括路肩在内的整断面更换。

(7) 崩塌落石的防治措施

1) 拦截,适用于小规模、小块体的崩塌落石。拦截构造有落石平台、落石坑、落石沟、拦石墙、钢轨栅栏及柔性拦石网等。

2) 遮栏,应用于规模较大的崩塌落石,遮栏建筑有各类明洞和棚洞。修建明洞、棚洞,既可遮挡崩塌落石,又可对边坡下部起稳定和支撑作用。

3) 支挡加固,适用于不宜或难于消除的大危岩或不稳定的大孤石。支挡建筑有支顶墙、支护墙、明洞式支墙、支柱、支撑等。

4) 护坡、护墙,适用于易风化剥落的边坡。边坡陡者用护墙,边坡缓者用护坡。

5) 改线绕避,上述措施不能奏效时,应考虑改线绕避。

5.3.3 常见的既有路基检测技术

针对既有路基的特殊性和场地所限,常用两种方式分析路基的状态检测。一类为无损检测,如探地雷达和瞬态瑞雷波等探测技术;还有一类为 K_{30} 和轻型动力触探技术。有关 K_{30} 见前面所述,有关动力触探见后面章节,本节主要阐述无损检测技术。

(1) 探地雷达法

探地雷达是一种对地下或结构物内部不可见的目标体或分界面进行定位或判别的电磁波探测技术。其工作原理是通过发射天线向地下发射高频电磁波,通过接收天线接收反射回地面的电磁波,电磁波在地下介质中传播时遇到存在电性差异的界面时发生反射,根据接收到电磁波的波形、振幅强度和时间的变化特征推断地下介质的空间位置、结构、形态和埋藏深度。探地雷达法的工作原理如图 5-17 所示。它的实际应用范围很广,比如:地基和道路下空洞及裂缝等建筑质量探测、工程地质勘测、地下埋设物探查等。当轨道和路基结构完好时,在雷达图像上基床表层顶反射面信号较强且同相轴连续;当路基有注浆空洞、脱空、不密实等病害时,雷达图像上有明显的绕射波;当路基中有溶槽时,在雷达图像上表现为病害区反射强烈,与周围差异明显,同相轴连续、层次分明;路基结构的含水区域在雷达图像上表现为发射信号较强,频率较低且连续性较强。

铁路车载探地雷达是将探地雷达设备安装在列车上,用于桥梁、铁路路基、隧道衬砌质量的快速检测。车载探地雷达于 20 世纪 90 年代末开始用于铁路路基的病害检测。铁路车载探地雷达系统与地质勘探用探地雷达系统相比具有以下特点:①在铁路车辆界限内采用空气耦合式天线,天线要离开地面 50cm 的距离;②多通道全断面测试,一般通道数为 3 个以上,通道之间相互没有影响;③扫描速度高,每个通道的扫描频率为 200~976scan/s,以保证有较高的测试速度。

铁路车载探地雷达系统受到车辆界限的限制,最大的宽度只有 3.1m,小于道床顶面宽度,大于轨枕的长度。在 3.1m 宽的范围内,两钢轨和固定部分将占用 0.8m,实际可用的空间约 2.3m。根据测试深度的要求,雷达的天线中心频率为 300~500MHz。收发天线尺寸约 30~64cm,3 对天线将占用约 1.2m 空间。既有线路基病害发生的部位主要在轨

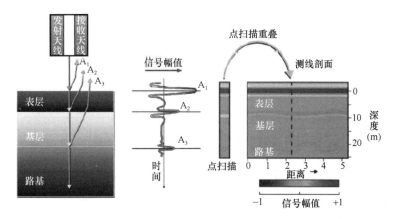

图 5-17 探地雷达法工作原理

枕的端头和线路中心。因此，在横断面至少有 3 个数据通道，便于横向比较。目前铁路车载探地雷达所用的天线主要是空气耦合式宽带天线。其可分为两类：一类是 1~2.5GHz 的高频 TEM 喇叭天线，测试对象是石砟厚度、石砟的污染状况和路基面的起伏以及含水情况，属于浅表层检测，分辨率高；另一类是空气耦合蝴蝶结式宽带天线，天线中心频率 300~500MHz，测试对象是路基结构，可探测 3~5m 深。以上说明，车载探地雷达检测铁路路基的范围仅局限在沿着线路 3m 宽，最大深度约 5m 范围内。所以车载探地雷达检测铁路路基的病害有翻浆冒泥、道砟陷槽、路基下沉、路基内的空洞、冻融线的变化、石砟污染和板结、路基局部积水等。

（2）瞬态瑞雷波探测技术

瑞雷波速度与剪切波速度及岩、土力学参数有着密切的关系，可以广泛应用于工程地质勘探中。利用瑞雷波速度可以对土体进行分层、研究土的工程物理性质，并可以为抗振设计提供参数。

瞬态瑞雷波探测技术的工作原理是在弹性介质中，弹性波在到达速度或密度不同的介质交界面时会产生反射、折射现象，同时产生界面波。沿表层传播的波称为面波，面波又分为两种类型。其中，质点沿波的传播方向在垂直平面内振动，其振动轨迹为逆时针方向振动的椭圆，且振幅随深度呈指数函数急剧衰减，传播速度略小于横波，这种面波称为瑞雷波。在沿地表传播时，瑞雷波的穿透深度相当于它的波长。当采用不同振动频率的振源产生不同波长的瑞雷波时，可以得到不同穿透深度的瑞雷波的速度值。当基床以下存在软弱层时，就会影响瑞雷波的传播速度，这会反映在测得的频散曲线上。运用这种技术，可以对路基结构内的空洞、局部积水等病害进行检测。

5.4 铁路天然地基及基底检测技术

5.4.1 天然地基及基底

地基指的是承受上部结构荷载影响的那一部分土体。基础下面承受铁路结构全部荷载的土体或岩体称为地基。天然地基是自然状态下即可满足承担基础全部荷载要求，不需要人为加固的天然土层。天然地基土分为四大类：岩石、碎石土、砂土、黏性土。

5.4.2 相关标准、规范和规程

《岩土工程勘察规范》GB 50021—2001（2009 年版）
《建筑地基基础设计规范》GB 50007—2011
《湿陷性黄土地区建筑标准》GB 50025—2018
《建筑地基基础工程施工质量验收标准》GB 50202—2018
《土工试验方法标准》GB/T 50123—2019
《建筑地基处理技术规范》JGJ 79—2012
《建筑工程地质勘探与取样技术规程》JGJ/T 87—2012
《铁路工程地质原位测试规程》TB 10018—2018
《铁路工程地基处理技术规程》TB 10106—2010
《铁路工程土工试验规程》TB 10102—2010

5.4.3 地基及基底检测简介

天然地基的检测内容有很多，不同地质条件、不同阶段会有不同的检测内容，应用不同的检测方法。地基的检测主要有承载力检测和变形监测两部分，前期承载力检测主要是为了判断天然地基是否能够满足后期的施工建设要求，后期主要监测地基的变形，获取地基在长期重复荷载作用下的沉降变化。地基检测主要分为新建铁路线和既有铁路线检测两个方面。新建铁路线检测的内容主要包括：地下溶洞、冲空、岩溶、陷穴等隐蔽的地下灾害，土体岩石相关指标的检测；既有铁路线检测主要包括地基的变形监测，由地基变形引起的病害的检测。地基的检测方法可以分为三类：①钻探、坑探、槽探或地球物理勘探等方法；②原状土室内物理力学性能试验；③原位试验。

（1）钻探、坑探、槽探或地球物理勘探等方法

钻探、坑探、槽探也称勘探工程，均是直接勘探手段，能可靠地了解地下地质情况。物理勘探简称物探，它是通过研究和观测各种地球物理场的变化来探测地层岩性、地质构造等地质条件。物探的优点在于能经济而迅速地探测较大范围，且通过不同方向获得三维的多个剖面资料。

（2）原状土室内物理力学性能试验

在设计建筑物规模较小，或大型建筑物的早期设计阶段，且易于取得岩、土体试样的情况下，往往采用实验室试验。但室内试验试样小，缺乏代表性，且难以保持天然结构，常常用在工程初期，在重要工程的设计和施工阶段都会采取原位试验。

（3）原位试验

原位试验能有效地保证土样的天然结构，更符合实际情况，为地基检测的主要试验方法。

5.4.4 天然地基及基底检测

天然地基及基底检测方法包括：平板荷载试验、静力触探、圆锥动力触探、标准贯入、十字板剪切、旁压试验及扁铲侧胀试验等，见表 5-6。

天然地基检测要求　　　　　　　　　　　　表 5-6

地基类型	检测要求	抽检数量	说明
天然土地基、处理土地基	标准贯入试验、静力触探试验、十字板剪切试验、圆锥动力触探试验	每 200m² 不应少于 1 个孔,且总数不得少于 10 孔,每个独立柱基不得少于 1 个孔,基槽每 20 延米不得少于 1 孔	—
	平板载荷试验	每 500m² 不应少于 1 个点,且总数不得少于 3 孔,对于复杂场地或重要建筑地基应增加抽检数量	当需要检测的项目有多个单位工程时,检测点数还应覆盖到不同的单位工程
天然岩石地基	钻芯法检测	单位工程不少于 6 个孔	首选钻芯法检测,当岩石芯样无法制作成芯样试件时,应进行岩基载荷试验。对强风化岩、全风化岩宜采用平板载荷试验
	基岩载荷试验	每 500m² 不应少于 1 个点,且总数不得少于 3 孔	

(1) 平板载荷试验

1) 目的和范围

平板载荷试验,是通过一定面积的承压板向地基土施加逐级荷载,观测地基土在各级荷载作用下的沉降量,利用荷载-沉降曲线（P-S 曲线）分析确定地基土的承载力。同时还能确定地基土的变形模量和地基系数等。

平板载荷试验适用于各类土、软质岩和风化岩体。承压板应置于基础底面标高处,若其设计标高未能事先确定,应将承压板置于自然地面下 0.5m 处。平板载荷试验对地基土的影响深度一般为承压板直径或边长的 2 倍。

2) 试验设备

① 反力装置

a. 地锚法:以若干个地锚作为反力装置;

b. 堆载法:以铁块、混凝土块、土袋放置在压重平台上作为反力。

② 加载装置:油泵、千斤顶（或带压力表千斤顶）、力传感器等,见图 5-18。

图 5-18　加载装置

③ 观测装置:基准桩、基准梁、百分表或位移传感器及记录处理仪。

④ 承压板:圆形、方形,如图 5-19 所示。

a. 地基土的承压板面积为 0.25～0.5m²;

b. 人工垫层地基的承压板尺寸应能反映地基下卧层土的应力情况;

c. 复合地基的承压板面积为 1 根桩承担的处理面积。

3) 浅层平板载荷试验要点

① 适用于确定浅部地基土层的承压板下应力主要影响范围内的承载力。承压板面积

图 5-19 平板荷载试验

不应小于 $0.25m^2$，对于软土不应小于 $0.5m^2$。

② 试验基坑宽度不应小于承压板宽度或直径的 3 倍。应保持试验土层的原状结构和天然湿度。宜在拟试压表面用粗砂或中砂层找平，其厚度不超过 20mm。

③ 加荷分级不应少于 8 级，最大加载量不应小于设计要求的 2 倍。

④ 每级加载后，按间隔 10 分钟、10 分钟、10 分钟、15 分钟、15 分钟，以后为每隔半小时测读一次沉降量，当在连续 2 小时内，每小时的沉降量小于 0.1mm 时，则认为已趋于稳定，可施加下级荷载，如图 5-20 所示。

图 5-20 浅层平板载荷试验

⑤ 当出现下列情况时，即可终止加载：

a. 承压板周围的土明显地侧向挤出；

b. 沉降 S 急骤增大，荷载-沉降（P-S）曲线出现陡降段；

c. 在某一级荷载作用下，24 小时沉降速率不能达稳定；

d. 沉降量与承压板宽度或直径之比大于或等于 0.06。

当满足上述前三种情况之一时，其对应的前级荷载为极限荷载。

⑥ 承载力特征值的确定应符合下列规定：

a. 当 P-S 曲线上有比例界限时，取该比例界限所对应的荷载值；

b. 当极限荷载小于对应比例界限的荷载值的 2 倍时，取极限荷载的一半；

c. 当不能按上述二者要求确定时，当承压板面积为 $0.25\sim0.50m^2$，可取 $S/b=0.01\sim0.015$（b 为承压板宽度或直径）所对应的荷载，但其值不应大于最大加载量的一半。

⑦ 同一土层参加统计的试验点不应少于 3 点，当试验实测值的极差不超过其平均值的 30% 时，取此平均值作为该土层的地基承载力特征值 f_{ak}。

4) 深层平板载荷试验要点

所谓深层平板载荷试验，就是将承压板置于地基土中一定深度外的原位试验。其要点如下：

① 深层平板载荷试验可适用于确定深部地基土层及大直径桩桩端土层在承压板下应力主要影响范围内的承载力；

② 深层平板载荷试验的承压板采用直径为 0.8m（$0.5m^2$）的刚性板，紧靠承压板周围外层的土层高度应不少于 80cm；

③ 加荷等级可按预估极限承载力的 1/15～1/10 分级施加；

④ 每级加载后，按间隔 10 分钟、10 分钟、10 分钟、15 分钟、15 分钟，以后为每隔半小时测读一次沉降量，当在连续 2 小时内，每小时的沉降量小于 0.1mm 时，则认为已趋稳定，可加下级荷载；

⑤ 当出现下列情况下之一时，可终止加载：

a. 沉降 S 急骤增大，荷载-沉降（P-S）曲线上有判定极限承载力的陡降段，且沉降量超过 $0.04d$（d 为承压板直径）；

b. 在某一级荷载作用下，24 小时沉降速率不能达稳定；

c. 本级沉降量大于前级沉降量的 5 倍；

d. 当持力层土层坚硬，沉降量很小时，最大加载量不小于设计要求 2 倍。

⑥ 承载力特征值的确定应符合下列规定：

a. 当 P-S 曲线上有比例界限时，取该比例界限所对应的荷载值；

b. 满足第⑤条的前三条终止加载条件之一时，其对应的前一级荷载定为极限荷载。当该值小于对应比例界限的荷载值的 2 倍时，取极限荷载值的一半；

c. 不能满足上述二款要求确定时，可取 $S/d=0.01$～0.015 所对应的荷载，但其值不应大于最大加载量的一半。

⑦ 同一土层参加统计的试验点不应少于 3 点，当试验实测值的极差不超过其平均值的 30% 时，取此平均值作为该土层的地基承载力特征值 f_{ak}。

(2) 静力触探

静力触探是指通过压力装置向试验土层内压入触探杆，利用量测系统，对土的贯入阻力进行测定，从而获取土的容许承载力、变形模量等基本物理力学特性。因土的类型不同、软硬程度不同，触探杆探头所受阻力也存有一定区别，此类大小不一的贯入阻力通过传感器电信号可输入到记录仪表内并进行记录。通过贯入阻力和土的工程地质特征之间的定性关系或统计相关关系，来获取工程地质勘察信息，例如浅基承载力等。静力触探试验具有操作简便、工作效率高、检测速度快、精度高等优势。

1) 原理：静力触探是采用静力仪，通过液压千斤顶或其他机械传动方法，把带有圆锥形探头的钻杆以一定的速度压入土层中，通过电子测量仪器将探头内的力传感器接收到的贯入阻力记录下来。根据贯入阻力通过各土层的变化，了解地层工程性质。

2) 适用范围：本方法适用于软土、黏性土、粉土、砂土及含少量碎石的土层。静力触探可根据工程需要采用单桥探头、双桥探头或带孔隙水压力量测的单、双桥探头，可测定比贯入阻力（p_s）、锥尖阻力（q_c）、侧壁摩阻力（f_s）和贯入时的孔隙水压力（u）。

3) 主要设备：静力触探试验的主要设备包括：探头及探杆、贯入系统、试验采集、记录处理设备，如图 5-21 所示。

图 5-21 静力触探仪

4）静力触探成果分析内容：

① 绘制各种贯入曲线：单桥和双桥探头应绘制 p_s-z 曲线、q_c-z 曲线、f_s-z 曲线、R_f-z 曲线；孔压探头应绘制 u_i-z 曲线、q_t-z 曲线、f_t-z 曲线、B_q-z 曲线和孔压消散曲线（u_t-lg$t$ 曲线）。

其中 R_f——摩阻比；

u_i——孔压探头贯入土中量测的孔隙水压力（即初始孔压）；

q_t——真锥头阻力（经孔压修正）；

f_t——真侧壁摩阻力（经孔压修正）；

B_q——静探孔压系数，$B_q = (u_i - u_o)/(q_t - \sigma_{vo})$；

u_o——试验深度处静水压力；

σ_{vo}——试验深度总上覆压力；

u_t——孔压消散过程时刻 t 的孔隙水压力。

② 根据贯入曲线的线性特征，结合相邻钻孔资料和地区经验，划分土层和判定土类；计算各土层静力触探有关试验数据的平均值，或对数据进行统计分析，提供静力触探的空间变化规律。

5）根据静触探资料，利用地区经验，可进行力学分层，估算土的塑性状态或密实度、强度、压缩性、地基承载力、沉桩阻力，进行液化判别等。根据孔压消散曲线可估算土的固结系数和渗透系数。

（3）圆锥动力触探

1）原理

圆锥动力触探是通过把锤提升到一定高度，令其自由下落冲击探杆上的锤垫，使探头贯入土中。其贯入阻力是通过贯入一定深度的锤击数 N 来衡量。

2）适用范围

圆锥动力触探适用于强风化、全风化的硬质岩石，各种软质岩石及各类土（表 5-7）。

圆锥动力触探类型   表 5-7

类型		轻型	重型	超重型
落锤	锤的质量（kg）	10±0.2	63.5±0.5	120±1
	落距（cm）	50±2	76±2	100±2
探头	直径（mm）	40	74	74
	锥角（°）	60	60	60
探杆直径（mm）		25	42	50～60
贯入指标	深度（cm）	30	10	10
	锤击数	N_{10}	$N_{63.5}$	N_{120}

3）试验技术要求

① 采用自动落锤装置；

② 触探杆最大偏斜度不大于2%，锤击贯入应连续进行；同时防止锤击偏心、探杆倾斜和侧向晃动，保持探杆垂直度；锤击速率宜为每分钟15～30击；

③ 每贯入1m，宜将探杆转动一圈半；当贯入深度超过10m，每贯入20cm，宜转动探杆一次；

④ 对于轻型动力触探，当 $N_{10}>100$ 或贯入15cm的锤击数超过50时，可停止试验；对重型动力触探，当连续3次超过 $N_{63.5}>50$ 时，可停止试验或改用超重型动力触探，如图 5-22 所示。

4）试验成果分析内容

① 当采用重型、超重型圆锥动力触探确定碎石土密度时，其锤击数 $N_{63.5}$、N_{120} 按《岩土工程勘察规范》GB 50021—2001（2009年版）附录 B 进行修正；

② 单孔连续圆锥动力触探试验应绘制锤击数与贯入深度关系曲线；

③ 计算单孔分层的贯入指标平均值，应剔除临界深度内的数值、超前和滞后影响范围内的异常值；

④ 根据各孔分层的贯入指标平均值，用厚度加权平均法计算场地分层贯入指标平均值和变异系数。

5）地基评价内容

根据圆锥动力触探试验指标和地区经验，可进行力学分层，评定土的物理性质（状态、密实度）、土的强度、变形参数、地基承载力、单桩承载力，查明土洞、滑动面、软硬土层界面，检测地基处理效果等。应用试验成果时是否修正或如何修正，应根据建立的统计关系的具体情况确定。

图 5-22 动力触探现场图

(4) 标准贯入试验

标准贯入试验原来被归入动力触探试验一类，见图 5-23。实际上，它在设备规格上与前述重型圆锥动力触探试验具有很多相同之处，仅仅是圆锥形探头换成了由两个半圆筒组成的对开式管状贯入器。此外与重型圆锥动力触探试验不同的一点在于，规定将贯入器贯入土中所需要的锤击数（又称为标贯击数）作为分析判断的依据。标准贯入试验具有圆锥动力触探试验的所有优点，另外它还可以采取扰动的土样，进行颗粒分析，因而对于土层的分层及定名更为准确可靠。

1) 试验原理

采用标准贯入器打入土中一定距离（30cm）所需落锤次数（标贯击数）来表示土阻力大小。

2) 试验设备

标准贯入试验系统主要组成为：
①贯入器；②穿心落锤；③穿心导向触探杆，见图 5-24。

图 5-23 标准贯入试验现场设备

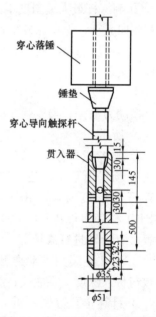

图 5-24 穿心导向触探杆构造图
（单位：mm）

3) 标准贯入试验技术要求

① 采用回转钻进，钻进过程中要防止孔底涌土。当孔壁不稳定时，可采用泥浆或套管护壁，钻至试验标高 15cm 以上时应停止钻进，清除孔底残土后再进行贯入试验。

② 应采用自动脱钩的自由落锤装置并保证落锤平稳下落，减小导向杆与锤间的摩阻力，避免锤击偏心和侧向晃动，保持贯入器、探杆、导向杆连接后的垂直度，锤击速率应小于每分钟 30 击。

③ 探杆最大相对弯曲度应小于 1/1000。

④ 正式试验前，应预先将贯入器打入土中 15cm，然后开始记录每打入 10cm 的锤击数，将累计打入 30cm 的锤击数为标准贯入试验锤击数 N。当锤击数已达到 50 击，而贯入深度未达到 30cm 时，可记录 50 击的实际贯入度，并按下式换算成相当于 30cm 贯入度

的标准贯入试验锤击数 N，并终止试验。

$$N = 30 \times \frac{50}{\Delta S} \qquad (5\text{-}4)$$

式中，ΔS 为 50 击时的实际贯入深度。

⑤ 标准贯入试验可在钻孔全深度范围内等间距进行，也可仅在砂土、粉土等需要试验的土层中等间距进行，间距一般为 1.0~1.2m。

⑥ 由于标准贯入试验锤击数 N 值的离散性往往较大，故在利用其解决工程问题时应持慎重态度，仅依据单孔标贯试验资料提供设计参数是不可信的，如要提供定量的设计参数，应有当地经验，否则只能提供定性的结果，供初步评定用。

(5) 十字板剪切试验

1) 十字剪切试验的应用

① 测定原位应力条件下软黏土的不排水抗剪强度；

② 评定软黏土的灵敏度；

③ 计算地基的承载力；

④ 判断软黏土的固结历史。

2) 适用范围

该试验在沿海软土地区广泛使用，适用于灵敏度 $S_t \leqslant 10$、固结系数 $c_v \leqslant 100$（m^2/a）的均质饱和软黏土。

3) 试验原理

在钻孔中某深度的软黏土中插入规定形状和尺寸的十字板头，施加扭转力矩，将土体剪切破坏，测定土体抵抗扭损的最大力矩，根据力矩平衡条件，通过换算得到土体不排水抗剪强度 C_u 值（假定 $\varphi=0$），试验原理模型如图 5-25 所示。

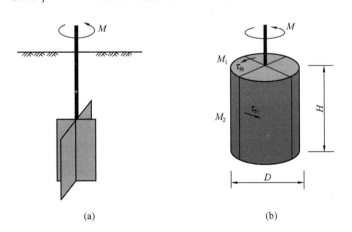

图 5-25 试验原理模型
(a) 试验过程；(b) 试验分析

4) 试验设备

十字板剪切试验所需仪器设备包括：压入主机、十字板头（图 5-26）、轴杆、测力装置、扭力装置等。目前使用的十字板剪切仪主要有机械式十字板剪切仪、开口钢环测力装置、电测式十字板剪切仪（图 5-27），采用电阻应变式量测装置。

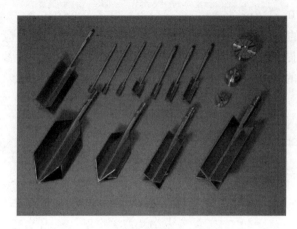

图 5-26　各种规格十字板头

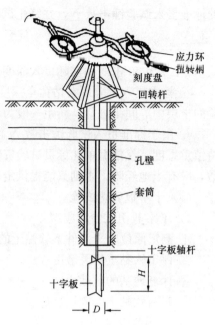

图 5-27　十字板剪切仪示意

5）试验方法和步骤

用普通十字板剪切仪在现场测定软黏性土的不排水抗剪强度和残余强度等的基本方法和要求如下：

① 先钻探开孔，下直径为 127mm 套管至预定试验深度以上 75cm；再用提土器逐段清孔至套管底部以上 15cm 处，并在套管内灌水，以防止软土在孔底涌起及尽可能保持试验土层的天然结构和应力状态；

② 将十字板头、离合器、轴杆、试验钻杆及导杆等逐节接好，插入孔内至十字板与孔底接触；各杆件要直，各接头必须拧紧，以减少不必要的扭力损耗；

③ 用手摇套在导杆上向右转动，使十字板离合齿咬合；再将十字板徐徐压入土中至预定试验深度，并静置 2～3min；

④ 装好底座和加力、测力装置，以约 1°/10s 速度旋转转盘，每转 1°，测记钢环变形读数一次，直至读数不再增大或开始减小时，即表示土体已被剪损；此时，施加于钢环的作用力（以钢环变形值乘以钢环变形系数算得）就是把原状土剪损的总作用力 p_f 值；

⑤ 拔下连接导杆与测力装置的特制键，套上摇把，按顺时针方向连续转动导杆、轴杆和十字板头 6 圈，使土完全扰动，再按步骤④以同样的剪切速度进行试验，可得重塑土的总作用力 p'_f 值；

⑥ 拔下控制轴杆与十字板头连接的特制键，将十字板轴杆向上提 3～5cm，使连接轴杆与十字板头的离合器处于离开状态，然后仍按步骤④可测得轴杆与土间的摩擦力和仪器机械阻力值 f。

试验深度处原状土不排水抗剪强度为：

$$c_u = k(p_f - f) \tag{5-5}$$

重型土不排水抗剪强度（或称残余强度）为：

$$c'_u = k(p'_f - f) \tag{5-6}$$

土的灵敏度 S_t 为：

$$S_t = \frac{c_u}{c'_u} \tag{5-7}$$

⑦ 完成上述基本试验步骤后，拔出十字板，继续钻进至下一试验深度。

5.5 铁路复合地基的检测与评估

列车高速行进时对轮下线路的稳定和平顺有着相当严格的要求，轨道结构的路基地段多采用复合地基。因此，对铁路复合地基的检测与评估至关重要。

5.5.1 铁路复合地基简介

复合地基是指天然地基在地基处理过程中部分土体得到增强，或被置换，或在天然地基中设置加筋材料，加固区是由基体（天然地基土体或被改良的天然地基土体）和增强体两部分组成的人工地基。在荷载作用下，基体和增强体共同承担荷载的作用。根据复合地基荷载传递机理将复合地基分成竖向增强体复合地基和水平向增强体复合地基两类，又把竖向增强体复合地基分成散体材料桩复合地基、柔性桩复合地基和刚性桩复合地基三种。在我国武广、郑西、京津、京沪等无砟轨道客运专线建设中采用的 CFG 桩、钢筋混凝土桩网结构和钢筋混凝土桩板结构等复合地基均属于刚性桩复合地基（图 5-28）。

图 5-28 CFG 桩复合地基

5.5.2 CFG 桩复合地基检测

本节以铁路建设中常见的 CFG 桩复合地基为例，简述该类复合地基的检测方法。首先，检测 CFG 桩身强度和完整性；其次，检测单桩极限承载力；再次，通过标准贯入试验检测加固土的密实情况；最后，通过重型动力触探试验仪检测桩体的密实度、均匀性和连续性等评价指标。通过检测获得桩、土以及地基的强度特征，从而评估 CFG 桩复合地基的施工质量。

(1) CFG桩桩身强度检测

1) 混凝土试块的制作和养护

混凝土的强度检验评定应按照国家标准《混凝土强度检验评定标准》GB/T 50107—2010 的规定进行。混凝土强度评定的试块分为标养试块和同养试块，标养试块是指在标养室养护的试块，标养试块是在温度 20±3℃ 范围，湿度不小于 90% 的条件下，养护 28 天；同养试块是指在浇筑现场随机抽取混凝土制作，并在现场依现场养护条件日平均温度累积至 600℃ 的试块。同时，还规定了等效的养护周期不宜小于 14 天也不宜大于 60 天。在进行高层建筑施工时，通常需留置拆模试块，冬季时，温度较低，混凝土的强度发展缓慢，这就要求拆模的龄期稍长，夏季时，温度高，混凝土的强度发展较快，一般在 7 天的现场养护条件下，混凝土强度就能达到 90% 以上，可以适当缩短拆模龄期。

2) 混凝土强度检验评定方法

现场搅拌混凝土每 $100m^3$ 取样不少于一次；商品混凝土每 $100m^3$（有抗渗要求混凝土的抗渗试件为 $500m^3$）取样不少于一次；不超过 $100m^3$ 时，取样不少于一次，当在一个分项工程中连续供应相同配合比的混凝土量大于 $1000m^3$ 时，每 $200m^3$ 混凝土取样不少于一次。同一验收项目、同强度等级、同龄期（28 天标养）配合比基本相同。

混凝土强度应以标准养护、龄期为 28 天的试块抗压试验结果为准。每组试件为三块 $150mm×150mm×150mm$ 的标准试块。

对于小批量的混凝土生产方式，其数量有限，不具备按统计方法评定混凝土强度的条件，可用非统计方法评定混凝土强度；用此法评定混凝土强度时，其强度应同时满足式（5-8）、式（5-9）的要求：

$$mf_{cu} \geqslant 1.5 f_{cu,k} \tag{5-8}$$

$$f_{cu,min} \geqslant 0.95 f_{cu,k} \tag{5-9}$$

式中　mf_{cu}——同一批次验收混凝土抗压强度平均值；

　　　$f_{cu,k}$——混凝土抗压强度标准值；

　　　$f_{cu,min}$——同一批次验收混凝土抗压强度的最小值。

当同强度混凝土试件不少于 10 组，可按照统计法进行混凝土强度的评定，其强度应同时满足式（5-10）、式（5-11）的要求：

$$mf_{cu} - \lambda_1 sf_{cu} \geqslant 0.9 f_{cu,k} \tag{5-10}$$

$$f_{cu,min} \geqslant \lambda_2 f_{cu,k} \tag{5-11}$$

式中　sf_{cu}——同一批验收混凝土抗压强度的标准差，当 $sf_{cu} < 0.06 f_{cu,k}$ 时取 $sf_{cu} = 0.06 f_{cu,k}$；

　　　λ_1, λ_2——合格性判定系数，具体取值如表 5-8 所示。

混凝土抗压强度合格性判定系数　　　　表 5-8

试件组数	10～14	15～24	≥25
λ_1	1.7	1.65	1.6
λ_2	0.9	0.85	0.8

(2) CFG 桩桩身完整性检测

采用 PIT 检测仪用低应变法对 CFG 桩的桩身完整性和桩长进行现场检测，检测原理为：在被测桩头施加一个瞬时激振力，使桩身产生压缩应力波，应力波通过并沿桩身向下作质点运动，同时把桩看作一个一维弹性杆件，应力波在桩身中的运动规律满足一维波动方程，即：

$$\frac{\partial^2 u}{\partial t^2} = \frac{c^2 \partial^2 u}{\partial x^2} \tag{5-12}$$

$$c = \sqrt{\frac{E}{\rho}} \tag{5-13}$$

式中　u——桩身轴线位移；

　　　E——弹性模量；

　　　c——应力波传播速度；

　　　ρ——质量密度。

当桩身存在明显波阻抗界面（如桩底、断桩或严重离析等部位）或桩身截面积变化（如缩径或扩径）部位，将产生反射波。经接收放大、滤波和数据处理，可识别来自桩身不同部位的反射信息。检测分析反射波的传播时间、幅值、相位和波形特征，得出桩身缺陷的位置、大小、性质等信息，最终对桩基的完整性给予评价。

现场测试时，传感器放置在距柱心 $2R/3$ 处且安装位置平整尽可能使传感器垂直于桩头平面，用一特制的锤子敲击桩顶，检测仪采集桩身反应曲线并储存，在室内通过专用计算机软件进行计算分析。其测点布置示意图如图 5-29 所示。

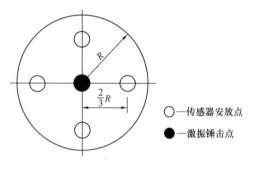

图 5-29　低应变反射波法测点示意图

根据《建筑基桩检测技术规范》JGJ 106—2014 规定，桩身完整性类别应按表 5-9 划分。

桩身完整性类别划分　　　　表 5-9

桩身完整性类别	特征
Ⅰ类桩	桩身完整
Ⅱ类桩	桩身有轻微缺陷，不会影响桩身结构承载力的正常发挥
Ⅲ类桩	桩身有明显缺陷，对桩身结构承载力有影响
Ⅳ类桩	桩身存在严重缺陷

(3) CFG 单桩荷载现场检测

按照《建筑地基处理技术规范》JGJ 79—2012 中附录 A 复合地基载荷试验要点的有

关规定进行CFG单桩荷载现场检测。复合地基载荷试验用于测定承压板下应力主要影响范围内复合土层的承载力和变形参数。首先承压板的面积等于一根桩所承担的处理面积，其次承压板的中心应与桩的中心在竖直方向上重合。同时承压板底面高度应和桩顶保持在同一个平面位置。承板底面下宜铺设粗砂或中砂垫层，同时做好桩头的修补工作。试验场地处的试坑尺寸应不小于承压板尺寸的3倍。试验基准梁的支点应设在试坑之外，确保其不受干扰，保持安全。同时试验前应确保试验场地地基土含水量不发生变化，同时不扰动桩周边地基土的原样性以确保试验结果的真实性。

(4) 标准贯入试验

通过标准贯入试验检测处理后的地基土的密实情况。采用钻探取土进行室内土工试验，从而了解土的密实情况。

(5) 重型动力触探试验

重型动力触探试验仪其落锤质量为 63.5 ± 0.5 kg，落锤距离为 76 ± 2 cm，试验探头采用标准的圆锥探头，其中灌入锥度为 $60°$，贯入锥底最大直径为 74mm，锥底面积 43cm^2，探杆直径为 42mm。贯入前，触探架应安装平稳，保持触探孔垂直，使穿心锤自由下落，连续贯入，落距为 76 ± 2 cm，将一定规格的标准贯入器打入土中 15cm，再打入 30cm，用后 30cm 的锤击数作为标准贯入试验的指标 N（图 5-30）。当触探长度大于 2m 时，锤击数应根据校正系数进行校正，试验中要保证触探杆的偏斜度小于 2%。

动力触探试验的原理为：当规定一定的贯入深度 h，采用一定规格（规定的探头截面、圆锥角、重量）的落锤和规定的落距，那么锤击数的大小就直接反映了动贯入阻力 R_d 的大小，即直接反映被贯入土层的密实程度和力学性质。因此，实践中常采用贯入土层一定深度的锤击数作为圆锥动力触探的试验指标。

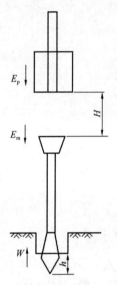

图 5-30 动力触探功能转换原理示意图

5.5.3 PHC 管桩复合地基检测

PHC 管桩是指预应力高强度混凝土管桩，它具有桩身质量稳定可靠、强度高、耐施打、穿透土层能力强、施工快捷方便、工程造价相对较低等优点。其在软弱地基上的高等级铁路的地基处理得到了应用。

其地基处理效果检测方法同 CFG 复合地基，主要区别是在于 PHC 管桩的成桩质量、垂直度和连接部分的质量检测。

(1) PHC 管桩桩身质量检测

在 PHC 管桩的施工质量验收中，常用的检测方法有低应变反射波法、高应变动测法和静载荷试验。其中，低应变反射波法具有试验时间短、价格低的优势，可用于大范围普查，为高应变动测法和静载荷试验提供参考依据，是一种普遍采用的检测手段；静载荷试验具有试验结果准确的独特优势，但试验费用相对较高；高应变动测法具有能同时检测桩身完整性和承载力的特点，且检测相对较快捷，用于承载力检测时误差相对较大，是预应力管桩检测的常用方式。由于上述 3 种检测方法各具特点，因此要根据工程的实际情况来选择合适的检测手段。

1) PHC 管桩承载力检测

由于 PHC 管桩具有质量可靠、单桩承载力高、施工效率高、综合造价低等优点，其在我国很多地区，特别是东南沿海地区得到广泛的应用。承载力检测以竖向承载力为主。但在实际检测中往往简单地将静载作为竖向承载力的主要检测手段，致使检测工作量大、周期长、检测费用高。

2) PHC 管桩桩基检测的要求

一般 PHC 管桩的检测主要由"试桩检测、施工监控、验收检测" 3 个阶段组成。

试桩检测主要用于地基基础设计等级为甲、乙级的建筑桩基工程，在设计阶段采用静载试验确定单桩设计承载力和验证所选桩型的合理性。试桩检测在各类桩基和地基基础设计规范中一般都有相应的要求。

施工监控一般用于地质条件复杂的大、中型建筑桩基工程，在施工初期或施工过程中采用高应变动测方法检测基桩承载力，并确定合理的桩基施工控制参数。施工监控在规范中一般未提出具体要求。

验收检测是桩基完工后的质量检测，是桩基质量验证和验收的基本条件。验收检测在各类桩基和地基基础规范中均有具体规定，桩基检测方案要求由监理单位召集工程建设单位、勘察单位、设计单位、桩基施工单位和检测单位共同制定，质量监督单位应参加监督。

通常在桩基检测的各阶段，都按各自不同的检测要求分别实施检测，未考虑各阶段检测的相互关系，没有合理利用各阶段的检测结果，造成了检测资源的极大浪费。实际工程中，可综合考虑各阶段桩基检测的不同要求，制定更为合理的综合检测方案，使检测更加全面、可靠、经济、高效。

3) 规范要求与建议

根据现行国家和地区技术标准对桩基检测的有关规定，结合本地区桩基检测的经验，对 PHC 管桩的检测方法和检测要求提出如下建议：

① 地基基础设计等级为甲级的桩基工程，施工前应通过试桩确定单桩竖向承载力。试桩可采用高应变监控＋静载的方法进行。在同一条件下的试桩数量，高应变监控不宜少于总桩数的 1%，静载试验不应少于 3 根。

② 施工前有试桩的工程，桩基完工检测可用高应变法检测单桩竖向承载力。

③ 施工前没有试桩的甲级桩基工程和场地复杂的乙级桩基工程，桩基完工检测应采用动静对比＋高应变检测单桩竖向承载力。同一工程不应少于 3 根的对比试验，并应将对比试验的资料列入检测报告中。

④ 一般场地的乙级桩基工程和丙级桩基工程，桩基完工检测可采用高应变法检测单桩竖向承载力。

⑤ 所有对桩身质量有怀疑的桩均应作小应变检测。

⑥ 在挤土效应比较明显的场地，应进行桩顶标高的监控。

推荐的 PHC 管桩检测要求见表 5-10。

推荐的 PHC 管桩检测要求 表 5-10

地基设计等级	推荐的检测要求	
	施工前检测	完工后检测
甲级	用高应变法监控工程总桩数的1%，静载法检测不应少于3根	用高应变法抽检5%，且不少于5根。但施工前未检测者，就做不少于3根的动静对比试验
乙级	用高应变法监控工程总桩数的1%，且不少于3根	复杂场地要求同上，一般场地用高应变法抽检5%，且不少于5根
丙级	—	用高应变法抽检5%，且不少于5根

在对 PHC 管桩施工监控的项目、要点及措施如下：

① 一般控制项目：桩机行走路线、PHC 管桩进场验收（合格证、强度、外观质量验收）、打桩垂直度偏差控制在 0.5% 以内。

② 主要控制项目：桩位放样偏差、接桩中心偏差、垂直度偏差、桩顶间隙、接桩焊接质量、焊接停歇时间、送桩最后桩顶标高。

③ 现场控制重点：桩身质量、桩位放样、接桩焊接质量、焊接停歇时间、桩顶标高。

④ 监理控制措施：发现焊接焊缝、停歇时间等问题，及时提出并监督改正；发现桩位偏差过大，及时指出并督促校正；不能及时纠正的，发出监理工程师质量通知单，直至停工整改。

(2) 接桩质量检测与控制

PHC 管桩设计要求有良好的桩身完整性，接桩质量会严重影响桩身完整性。常见的接桩质量产生原因如下：

1) 桩顶偏位

其主要原因有：测量放线失误、打桩顺序不当、接桩不直、基坑土方开挖等。PHC 管桩是挤土桩，施工顺序不当造成的挤土位移不但会使桩顶偏位还会使桩尖脱离设计标高，降低其承载能力和增大沉降量。接桩不直时在打桩过程中其惯性力就不会通过桩的竖向轴线，从而使桩顶偏位，还会使接桩部位形成开裂或开焊。其质量控制方法为：应制定详细可实施性的施工方案，提前制定预案加以防治。

2) 桩身倾斜

其形成原因主要有：施工场地不平、插桩不直、桩锤桩身不在一条直线上而偏心锤击、送桩器过大或送桩太深、打桩时碰到障碍物等。桩身倾斜往往引起接桩部位发生开裂或开焊。其质量控制方法为：施工场地应平整，承载桩机能走行，根据地勘资料制定打桩方案；现场专人监督打桩时桩身垂直度；有符合送桩深度的送桩器，避免送桩超限导致桩偏位。

3) 桩顶破碎

其形成原因主要有：桩质量不高、过度锤击、中间停歇时间过长或穿透较厚的砂层等。其质量控制方法为：选择高质量工程桩；在打桩时贯入度突然减小时，应降低锤距慢慢施打，确有困难时应该查明原因，不可为打入标高盲目锤击；控制贯入度，控制设计桩长。

4）桩身断裂

根据以往的经验桩身断裂的原因主要有：接桩质量差、挤土严重时接头被拉脱、偏心锤击、打桩时产生过大的拉应力、开挖基坑不当等。其质量控制方法为：加强现场施工管理和现场监督，随时控制贯入度及桩的回弹。

5）沉桩达不到设计长度要求

其主要原因为：地层下有厚薄不均的砂层、锤击能量不够、打桩顺序不当、打桩停留时间过长等。其质量控制方法为：根据工程特点选用合理的施工机械、采取合理的打桩顺序、控制好中间的休歇时间。如果沉桩贯入度达到规定值后还是无法达到设计要求时，不可盲目过度锤击。达不到设计要求的桩数量较多时必须结合勘察和设计部门，提出合理的解决方案后再进行施工。

6）接桩焊接质量不佳

其主要形成原因为：端头板锈蚀、上下桩对接不齐、上桩倾斜、端头板不平整等。其质量控制方法为：焊接前先检查端头板的锈蚀情况，做好必要的除锈措施，上下桩对接好并检查其垂直度后，由两名焊工相向就位开始焊接，焊接前检查一遍上下板面的平整度，确保对接平整密实，然后沿同一个方向开始焊接。

(3) PHC管桩的桩身完整性检测

PHC管桩的桩身完整性检验方法有低应变法、高应变法、声波透射法和钻芯法等。

1）低应变法

《建筑基桩检测技术规范》JGJ 106—2014规定低应变法适用于检测混凝土桩的桩身完整性，判定桩身缺陷的程度及位置。目前国内外普遍采用的低应变法是瞬态冲击方式，通过实测桩顶加速度或速度响应时域曲线，用一维波动理论分析，即用反射波法（或瞬态时域分析法）来判定PHC管桩的桩身完整性。

PHC管桩低应变动力检测反射波法的基本原理是在桩身顶部进行竖向激振，弹性波沿桩身向下传播，当桩身存在明显波阻抗差异的界面（如桩底、断桩等部位）或桩身截面面积变化部位，将产生反射波。经接受放大、滤波和数据处理，可识别来自桩身不同部位的反射信息，据此计算桩身波速，以判断桩身完整性及估计混凝土强度等级。

低应变法检测技术可以检测桩身缺陷及扩颈位置，根据波形特征无法判定缺陷性质，无论是缩颈、夹泥、混凝土离析或断桩等缺陷的反射波并无大差别，要判定缺陷性质只有对施工工艺、施工记录、地质报告以及某种桩型容易出现的质量问题非常熟悉，并结合个人工程经验进行估计，只有通过开挖或钻芯验证；判定桩身完整性类别，所谓完整性类别就是缺陷的程度，缺陷占桩截面多大比例，会不会影响桩身结构承载力的正常发挥，但是目前缺陷程度只能定性判断，还不能定量判断。

适用范围：

① 低应变法动力检测适用于混凝土桩的桩身完整性判定；

② 低应变法检测的有效桩长应视现场具体情况而定。当给桩顶一个激振能量时，能量以应力波形式沿桩-土系统传播，由于桩侧土的摩阻力、桩身材料阻尼和桩身截面阻抗变化等因素影响，应力波传播过程，其能量和幅值将逐渐衰减，若桩侧土较密实、桩长过长、桩径较大和桩身截面阻抗变化幅度较大，往往应力波尚未传到桩底，其能量已完全衰减，检测不到桩底反射信号，无法判定整根桩的完整性；

③ 被检测桩必须满足一维杆理论。

2) 高应变法

最早的高应变法为波动方程分析法，它是采用 1900 年 E. A. Smith 摆出的分离单元差分数值解。将锤心、桩帽、垫和桩体等系统离散成若干单元，每个单元用刚性质量块和无质量弹簧模拟，桩周土用弹簧和摩擦键模拟静阻力，用缓冲壶模拟动阻力，如图 5-31 和图 5-32 所示，因此锤对桩的一次锤击过程被转化为锤桩-土系统的运动问题。它比动力打桩公式有很大进步，可以分别考虑锤垫-桩土系统各个部分的性质，比较真实反映各部分的质量和刚度。

计算过程将一次锤击的历时分为许多时间间隔 Δt，Δt 选得极短使得弹性应力波在此时间间隔尚未从一个单元传播影响到下一个单元，因此在该时间间隔内各单元的运动场近似看作等速运动。计算从已知的锤心锤击速度开始，各单元的初始位移、受力和速度均为零，对持续的时间间隔和每个单元进行迭代计算，直到同时满足：桩底单元处位移量（或土残余变形量）不再增加；各单元的速度均为零或负值，或迭代运算已进行了规定的次数。

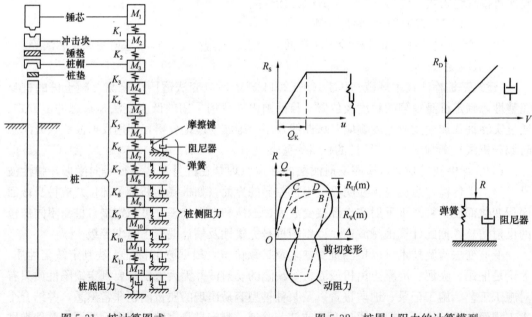

图 5-31　桩计算图式　　　　图 5-32　桩周土阻力的计算模型

由计算求得的桩底单元的残余变形的最大值即为所求的桩贯入度，因此可绘制桩的打入时阻力（承载力）与锤击数（击/cm）的反应曲线，从而判定单桩极限承载力；由各时间间隔算得的单元受力及加速度，便可绘制打桩应力、桩顶加速度随时间变化曲线，并可与实测值对比。

一般通过高应变法检测来判定在桩身结构强度满足要求下的单桩竖向抗压承载力（简称单桩承载力）。单桩承载力是指单桩所具有的承受荷载的能力，其最大的承载能力称为单桩极限承载力。高应变法作用在桩顶的能量大，检测桩的有效深度比低应变法深，对预制桩和预应力管桩接头是否焊缝开裂，以及桩身水平整合型裂缝等缺陷的判定优于低应变法，对等截面桩可以由截面完整系数（测桩仪自动显示）定量判定桩身第一缺陷的缺陷程度，从而可定量判定缺陷是否影响桩身结构承载力；打入式预制桩的打桩应力监控、桩锤效率、打桩系统效率和能量传递比检测，为沉桩工艺和锤击设备选择提供依据。

高应变法检测适用范围有：

① 高应变法只能作为检验性试桩（校核单桩承载力是否满足设计要求），不能作为设计性试桩。

② 当有本地区相近条件（地质资料、桩型和成桩工艺相近）的对比验证资料时，可以作为单桩竖向抗压承载力验收检测的补充。

③ 用于灌注桩的竖向抗压承载力检测时，应具有现场实测经验和本地区相近条件下的可靠对比验证资料。

④ 大直径扩底桩和 Q-S 曲线为缓变型的大直径灌注桩，不宜采用高应变法检验单桩承载力。

⑤ 对于预制桩，除了应该用单桩静载试验进行验收检测外，可以用高应变法进行单桩承载力验收检测。

3）声波透射法

声波透射法是通过探头将电能转化为声波，声波是在介质中传播的机械波，用于混凝土检测的声波，其主频率为 $2 \times 10^4 \sim 2.5 \times 10^5 \mathrm{Hz}$，所以从广义上说声波透射法也属于动测范畴。

声波透射法用于检测桩身混凝土质量始于20世纪70年代。它可以检测桩身的各个截面混凝土。其结果较为准确可靠，是检验大直径灌注桩完整性的较好方法，目前在工业民用建筑、铁路公路、港口和水利电力等工程建设得到广泛应用。

声波透射法的检测目的是检测灌注桩桩身缺陷及其位置，判定桩身完整性类别。声波透射法适用于已预埋有声测管的混凝土灌注桩桩身完整性（缺陷）检测，判定桩身缺陷的程度及其位置。声波透射法可以检测全桩长的各横截面混凝土质量情况，桩身是否存在混凝土离析、夹泥、缩颈、密实度差和断桩等缺陷，其结果比低应变法直观可靠，同时现场操作较简便，检测速度较快，不受长径比和桩长限制。其缺点是被检测桩需预埋声测管，一方面由于工程造价原因无法做到所有灌注桩均预埋测管，另一方面提前预埋测管的灌注桩在施工时存在刻意精心施工，导致该桩的检测结果无法代表所有桩。

思 考 题

5-1 路基测试主要包含哪些内容？路基填筑与压实质量需要检测哪些物理指标？

5-2 简述路基测试内容主要包含哪些方面？具体有哪些检测项目与方法？

5-3 常见的路基病害有哪些？其各自的防治措施是什么？

5-4 既有路基无损检测有哪些常用的方法？它们的工作原理是什么？采用无损检测有哪些优势？

5-5 为什么要对路基的地基及基底进行检测？铁路天然地基及基底检测试验包括哪些试验？简述各检测试验的原理及适用范围。

5-6 CFG桩和PHC管桩检测都包含哪些内容？有哪些异同点？

第6章　高速铁路基础设施在线监测技术

本章知识点、重点、难点

(1) 高速铁路基础设施健康状态主要的监测内容；
(2) 高速铁路基础设施健康状态评估方法；
(3) 高速铁路基础设施常用状态感知技术；
(4) 基础设施健康管理平台组成架构及数据管理功能；
(5) 监测数据处理技术。

(1) 轨道健康状态的监测内容及评价方法；
(2) 光纤光栅技术、电阻应变技术、视频感知技术等监测技术的原理与适用范围；
(3) 监测数据预测与报警技术。

(1) 光纤光栅技术、电阻应变技术、视频感知技术等监测技术的监测原理；
(2) 光纤波长数据及视频感知数据识别、转换处理方法；
(3) 缺失及异常监测数据判别与处理方法；
(4) 监测数据预测、报警技术的机理与方法。

铁路基础设施服役状态直接决定了运营安全性、旅客舒适度以及铁路长期运输能力。我国铁路基础设施多以被动防控为主，采用夜间天窗时间的人工上道检查和周期性的车载检测，无法掌握基础设施的实时状态。采用在线监测技术，可实时关注铁路基础设施的健康状态，确定铁路基础设施的健康监测指标，建立关键特征参数的智能识别方法，并对其进行长期监控、管理。有效预测铁路基础设施的故障并进行及时且合理的维护，最终达到控制铁路基础设施全生命周期成本的目的。本章系统阐述了铁路基础设施监测的主要内容和状态评估方法，介绍了光纤光栅技术、电阻应变技术、视频监测技术、液位监测技术、分布式光纤技术等结构状态感知技术，及基础设施健康管理平台和监测数据处理技术。

6.1　基础设施健康状态监测内容

6.1.1　基础设施健康状态评价指标

影响铁路基础设施健康状态的因素众多，其健康状态的表征指标也多种多样。基础设施检测和监测时，选择最具有影响性的敏感指标和敏感区域，采用高效的监测检测手段，以最少的工作量、达到最好的状态管理效果是至关重要的。根据基础设施状态对高速行车的影响程度，健康管理指标可简单分为行车安全性指标、结构稳定性指标和结构伤损类指标。

行车安全性指标：为保障车辆安全平稳运行，轨道系统的状态监测应选择结构作用机理复杂、容易产生损伤、破坏后果严重的关键位置指标作为典型监测对象，如钢轨伸缩附加力，尖轨与心轨伸缩量，钢轨-轨道板纵向相对位移，尖轨与心轨密贴性能，轨道板、底座板应力、位移等。车辆和轨道系统常用的安全指标包括：脱轨系数、轮重减载率、轮轨横向力、轮轨垂向力、轮轴横向力等。此外，轨道不平顺量值是否超限、线路上是否有异物等因素也会影响行车安全性。

结构稳定性指标：长期高温荷载下，轨道结构可能产生结构稳定问题，如钢轨爬行、碎弯、轨道板上拱等。碎石道床还可能出现轨枕空吊、道床纵（横）向阻力变化、横向失稳等病害。综合考虑影响轨道稳定性的因素，选定的监测指标包括钢轨及无砟道床温度、纵横向位移、温度应力等；桥上部分还应考虑挠曲、伸缩附加力等；岔区还应重点关注尖轨爬行以及心轨位移过大可能导致的尖轨不密贴、卡阻等；碎石道床地段应对垂向、横向阻力进行关注；对于双块式无砟轨道，由于没有限位装置，应关注其钢轨、道床的垂向、横向位移。

结构伤损类指标：轨道板、底座板、侧向挡块等部件在温度荷载、车辆荷载等共同作用下不可避免的产生裂纹、离缝、掉块等；尤其在温度梯度作用下，砂浆层黏接能力不足可能导致轨道层间产生离缝，加之列车荷载、混凝土收缩等，进而导致轨道板脱空等。结构伤损类指标主要包括无砟轨道裂缝和离缝宽度、深度、长度等。钢轨擦伤等微小伤损时有发生，扣件老化锈蚀、个别弹条断裂、预埋套管损坏缺失等伤损也常出现，运营维护中均应关注。

6.1.2 路基健康状态评价

铁路路基是经开挖或填筑而形成的土工结构物，直接承受轨道结构和列车荷载，是重要的行车设备，有路堤、路堑两种基本形式。狭义的路基指的是路堤轨道结构以下、地基面以上的部分，或路堑轨道结构下列车荷载作用区和气象环境影响区的岩土体，通常也称为路基本体。由于我国长期以来习惯性的专业分工，路基段的地基与地基处理、路堑边坡与边坡支挡防护、路基防水排水系统等也包含在路基专业之中，为广义的路基。

铁路路基主要包括路基本体结构、路堤边坡防护结构、地基与地基处理结构、边坡与边坡支挡防护结构、防水排水系统等。铁路路堤基本结构组成见图6-1。

（1）路基监测内容

路基监测包括路基变形、路基应力及应变、路基动荷载、地下水位及裂缝监测等。路基面、路基本体及地基变形监测，路堑边坡、自然斜坡、滑坡及堆积体等不良地质边坡变形监测，路基支护结构变形监测，路基附近建筑物变形监测等，是路基变形监测的重点。路基应力、应变监测包括地基孔隙水压力、地基及基底应力、支护结构土压力、支护结构及地基加固措施应力应变监测等。路基动荷载主要测试内容为列车动荷载作用在路基上产生的动应力、变形监测，多在科研试验工点中应用。其他还包括地基地下水水位、真空预压的真空度、滑坡及结构裂缝监测、特殊项目监测等。

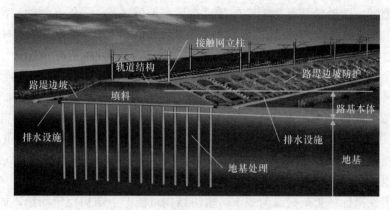

图 6-1　铁路路堤结构示意图

目前铁路路基主要监测压缩和沉降量、横截面方向的水平差异沉降、不同深度土体的水平位移等。其中路基沉降的监测则贯穿于线路从设计、施工到运营、维护的全过程。路基沉降主要通过竖直倾斜管进行观测,采用测斜管能够对路基的横向变形进行监测。

(2) 路基监测系统方案设计

路基在线监测系统安装示意图如图 6-2 所示。图 6-3 为测斜仪原理示意图,测斜仪由测头、电缆、测读仪构成。测头的导轮沿着测斜管的导槽沉降或提升。测头传感器可以感测导管在每一深度处的倾斜角度,输出电压信号显示在测读仪上。测头测出的信号是以倾斜导管导槽为方向基准,在某一深度处测头上下导轮标准间距 L 上的倾斜角的函数,可直接换算为水平位移 x_i。路基监测内容与传感器布置见表 6-1。

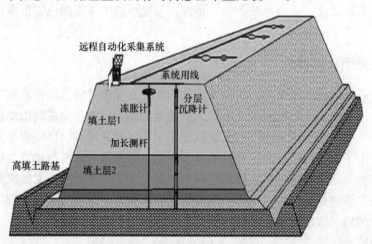

图 6-2　路基在线监测系统安装示意图

路基监测内容与传感器布置　　　　　　　　　　　　表 6-1

序号	检测内容	传感器名称	测点布置
1	沉降	基面沉降监测　地基沉降监测仪	布设于线路中心及路肩附近
		基地沉降监测　智能分层沉降仪	布设于线路中心
		地基分层沉降　智能分层沉降仪	布设于线路中心

续表

序号	检测内容		传感器名称	测点布置
2	水平位移	水平位移监测	位移监测仪	布设于坡脚2m、10m位置,陡坡路堤仅在下坡侧布设,其他一般双侧布设
3	应力	孔隙水压力监测	孔隙水压计	控制断面
		土层竖直压力监测	光纤土压力盒	控制断面

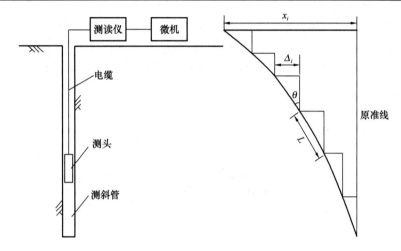

图 6-3 测斜仪原理示意图

6.1.3 轨道健康状态评价

根据高速铁路轨道系统的结构特点和发生的主要病害确定了轨道监测内容。

(1) 应变监测

应力是轨道系统监测的主要指标,由于应力与结构应变线性相关,因此其本质是对结构局部位置的应变水平进行测试。通过对钢轨、轨道板和底座板等结构关键位置的应变进行监测,得到轨道结构的受力情况,从而判断出结构的安全服役状态。因此,对钢轨、轨道板、底座板的应变状态进行监测,对保证线路设施的安全、稳定具有重要意义。应变通常采用电阻式应变片进行测试,以钢轨应变测试为例,图 6-4 为一种基于惠斯通电桥的钢

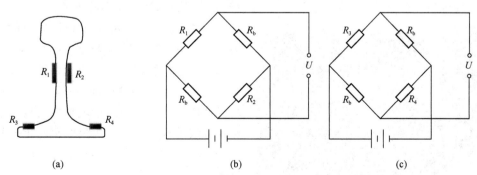

图 6-4 钢轨应变测试桥路
(a) 应变片黏贴方式;(b) 垂向应变测试电路;(c) 纵向应变测试电路

轨垂、纵向应变测试方法。低温漂电阻 R_1、R_2 用于测试钢轨的垂向应变,垂直向下黏贴于轨腰中部。R_3、R_4 用于测试钢轨的纵向应变,平行线路方向黏贴于轨脚,图中 R_b 为温度补偿片。当温度变化时产生温度应变,桥梁、轨道板伸缩产生伸缩附加应变,此时黏贴在轨腰上的电阻 R_1、R_2、R_3、R_4 将发生变化,进而影响电桥输出电压。而电阻值正比于电阻栅丝所在位置的应变水平,从而达到测试钢轨应变的目的。对于其他轨道结构也采用类似方法进行测试。

(2) 位移监测

轨道各结构间在温度和列车荷载作用下会发生一些相对位移。当钢轨与轨道板发生相对位移过大时,可能会导致扣件松动,从而影响轨道的几何平顺性。心轨和尖轨的伸缩量过大会影响道岔转辙机的正常运作。因此纵向相对位移的监测也是必须监测的内容,位移监测多采用电阻、电容测试方法。

(3) 温度监测

温度的变化对于无砟轨道结构的影响很大,当外界温度发生变化时,导致钢轨、轨道板等结构的热胀冷缩,严重时甚至会造成胀轨、轨道板翘曲、开裂、断轨等病害产生。因此需要对钢轨和轨道进行温度监测。温度监测多采用光纤光栅、电阻温度计等。图 6-5 及图 6-6 展示了光纤光栅温度传感器在无砟轨道温度梯度测试中的应用。

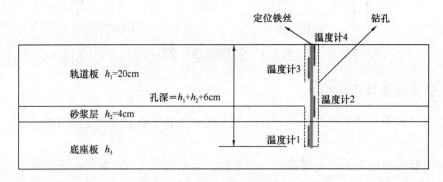

图 6-5　光纤光栅温度传感器布点方案

(4) 轮轨相互作用

车辆与轨道间作用力是车辆安全运行的重要指标,实时掌握轮轨力能对列车安全运行进行合理评估。对于轮轨力的监测,主要分为轨旁测量技术和车载测量技术。

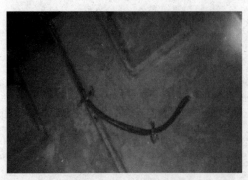

图 6-6　基于光纤光栅的无砟道床温度梯度监测

图 6-7 展示了一种基于光纤光栅的轮轨力长期监测方法,通过光纤光栅传感器,采集列车通过时的钢轨修正应变,结合现场标定的轮轨力-钢轨应变线性关系,实时获取轮轨相互作用力的大小。轮轨垂向力局部点式测量方法的缺点在于仅能获取钢轨上较短区域内的轮轨作用力,推广应用价值相对有限。

相比于局部的轮轨力测试结果,轮轨力

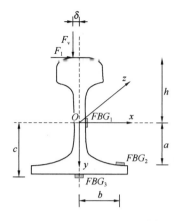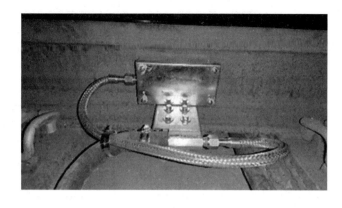

图 6-7　基于光纤光栅的轮轨力长期监测方法

沿着钢轨的连续分布曲线更能反映轮轨系统的接触状态。然而，目前已有的轮轨力连续测试方法，大多需要在钢轨安装大量传感器，并通过大量的数据处理方法实现对连续轮轨力曲线的插补，在工程应用上存在较大局限性。相较于点式测试方法，以时空连续测试为特色的分布式光纤传感手段，在轮轨力连续测试方面的应用方法得到越来越多学者的关注。

与轨旁测量技术相比，车载测量技术通常是根据列车相关构件的变形或响应实现轮轨力的测定，无需在钢轨上安装传感器。测力轮对技术一般是在轮对上黏贴应变片来对动态轮轨力进行测量。其显著缺陷在于轮对上安装传感器存在一定安全风险及大量安装带来的成本问题。

6.2　基础设施健康状态评估方法

6.2.1　路基健康状态评估方法

铁路路基本体和地基以沉降为主要病害。对于边坡，其稳定性也是一个需要关注的重要问题。虽然在现阶段调研中还没有发现边坡稳定性不足的病害，但是长期而言，由于边坡岩体的风化、锚索、锚杆等支护材料的锈蚀、劣化，地震作用等会使边坡的稳定性有所降低，因此，对边坡的健康状态评估仍应以边坡稳定性为主。

（1）路基健康状态评价指标

路基实体的生命期可分为建造施工、运营使用两大阶段。建造施工阶段包括地基处理施工、路堑开挖和边坡支护施工、路堤填筑和静置，以及轨道结构施工等状态。运营使用阶段中路基除了正常使用并正常维护的"健康"状态之外，当发生结构损伤或材料劣化，以及地下水位下降、邻近开挖或加载施工等周边环境变化时，会导致路基状态恶化，产生病害。"生病"的路基经过科学的维修，可修复到"健康"状态，如图 6-8 所示。

在路基勘察设计和建造施工阶段，通过勘察、设计验算、施工控制、检测、验收等环节对地基处理、填筑压实、边坡支护、防水排水等进行质量控制。高速铁路路基铺轨前还对地基、路基面进行了沉降观测和工后沉降预测评估，确定路基工后沉降符合要求后才进行轨道铺设。通过上述措施，保证了路基在竣工验收之初的"健康"。

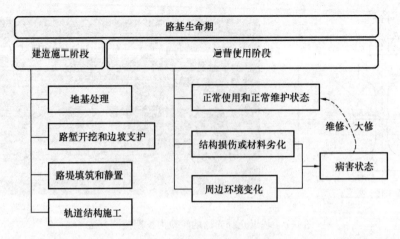

图 6-8 铁路路基生命期示意图

进入运营之后,铁路运营维护部门根据中国铁路总公司《铁路路基大维修规则》和《高速铁路路基修理规则》,通过定期检查,查找路基病害,指导路基养护和维修。铁路工务部门每年春季、秋季针对路基全面检查,每千米分段进行路基状态评定。评定方法包括现场调查、测量和专家经验等。按扣分标准扣分后,得分 85~100 分为优良,60~85 分为合格,60 分(不含)以下为失格。

《铁路路基大维修规则》和《高速铁路路基修理规则》分别给出了普速铁路路基和高速铁路路基设备的状态评定方法。其中,《铁路路基大维修规则》把路基病害分为 15 个种类,34 个项目。《高速铁路路基修理规则》增加了封闭层损坏等 3 个种类,把路基病害分为 18 个种类,共 52 个项目,扣除不同速度或轨道类型的并列项,有 45 个项目。每个项目按照其重要性分配了不同的权重,分别计为 41 分、16 分、10 分、5 分和 2 分。其中,扣分值为 41 分的项目为危及行车安全的病害,如滑坡不稳定、无砟轨道路基下沉、排水设备失效等。这些病害一旦出现,就可以判定该段路基失效。

表 6-2 为《高速铁路路基修理规则》中的铁路路基设备状态评定扣分标准。普速铁路路基状态评定方法与此类似,但具体参数和扣分标准有所不同。

《高速铁路路基修理规则》中的铁路路基设备状态评定扣分标准　　表 6-2

编号	病害种类	状态评定扣分标准			说明
		扣分内容	单位	分数	
1	滑坡	滑坡不稳定	处	41	可能影响正常行车
		滑坡范围水沟裂缝,或滑体内、外变形裂缝	处	10	滑坡局部不稳定,暂不会影响正常行车。一个滑坡算 1 处
		加固设备局部损坏	m^3	2	
2	泥石流	有未经整治的路基泥石流	处	41	可能侵袭路基,影响正常行车
3	崩塌落石	陡坡山体有裂缝或石块有松动迹象	处	41	可能影响正常行车
		拦石网局部损坏	m^2	2	
		支顶、拦石墙局部损坏	m^3	2	

续表

编号	病害种类	状态评定扣分标准			说明
		扣分内容	单位	分数	
4	边坡溜坍	严重溜坍	处	41	可能影响正常行车
		坡面表层溜坍	10m	2	周边有裂缝,局部有错台
		边坡严重变形裂缝	2m	2	缝宽大于等于2cm,未有错台
		边坡轻裂缝	4m	2	缝宽小于2cm,未有错台
		加固设备局部损坏	m³	2	
5	风化剥落	边坡风化剥落	10m²	10	包括鸡爪坑
		护坡或植被损坏	10m²	5	
6	陷穴	路基影响范围内存在易塌陷的陷穴	处	41	
7	路基(基床)下沉	设计时速200km有砟轨道路基一般地段(基床)下沉	单线m	5	累计沉降大于150mm及年下沉量大于40mm或路肩外挤、隆起(目视)
		设计时速200km有砟轨道路基过渡段(基床)下沉	单线m	10	累计沉降大于80mm及年下沉量大于40mm或路肩外挤、隆起(目视)
		设计时速250km有砟轨道路基一般地段(基床)下沉	单线m	5	累计沉降大于100mm及年下沉量大于30mm或路肩外挤、隆起(目视)
		设计时速250km有砟轨道路基过渡段(基床)下沉	单线m	10	累计沉降大于50mm及年下沉量大于30mm或路肩外挤、隆起(目视)
		设计时速300~350km有砟轨道路基一般地段(基床)下沉	单线m	10	累计沉降大于50mm及年下沉量大于20mm或路肩外挤、隆起(目视)
		设计时速300~350km有砟轨道路基过渡段(基床)下沉	单线m	10	累计沉降大于30mm及年下沉量大于20mm或路肩外挤、隆起(目视)
		无砟轨道路基一般地段(基床)下沉	处	41	累计沉降大于30mm或因不均匀沉降造成竖曲线半径无法调整到大于25000m(设计时速250km)、36000m(设计时速300km)、49000m(设计时速350km)
		无砟轨道路基(过渡段基床)下沉	处	41	累计沉降差大于5mm或不均匀沉降造成的折角大于1/1000
8	基床翻浆冒泥	有砟轨道基床翻浆冒泥	单线m	2	
		无砟轨道基床翻浆冒泥	处	41	影响轨道平顺Ⅱ级及以上偏差
9	河岸冲刷	严重冲刷	处	41	影响路基稳定
		防护设备基础冲刷	m	2	超过冲刷线
		防护设备局部损坏	m²	2	包含导流堤
10	水浸路基	浸水路基未设防护	处	41	指设计频率水位以下边坡
		浸水路基防护设施局部损坏	20m²	2	

续表

编号	病害种类	状态评定扣分标准			说明
		扣分内容	单位	分数	
11	排水不良	排水设备失效	处	41	地下排水设备失效，或地面排水溢流漫道，影响路基稳定
		无砟轨道线间集水井及其排水管失效或渗漏	处	41	线间集水井及其排水管失效，影响路基稳定
		地面排水设备不良	20m	2	损坏、冲刷、漏水、溢流、缺少
		地下排水设备不良	10m	2	损坏、淤积
12	支挡防护损坏	破损失效、开裂变形	处	41	
		局部损坏、坡面植被未清理	m²	1	
		泄水孔堵塞	个	1	
13	主、被动网损坏	锚杆、支撑绳、缝合绳、绳卡、卡扣、拉锚绳、减压环等损坏、脱落、松动	处	41	
		系统各部件锈蚀	处	5	
		未及时清理被拦截的落石	处	5	
14	封闭层损坏	开裂拱起	处	41	可能影响行车
		表面破损、不平顺、积水	处	5	
		伸缩缝设置不合理、有瞎缝	处	5	
15	冻害	一般冻害	处	1	冻害5~25mm
		严重冻害	处	16	冻害26~50mm
		多年冻土	处	41	侵袭线路，或冻害50mm以上
16	沙害	风沙流堆积、吹蚀	m	2	轨底以上最大月积沙厚5mm以上
17	雪害	常积雪掩埋线路或可能雪崩	处	41	可能影响正常行车
18	其他	有砟轨道路肩宽度不足	单侧100m	1	不足设计宽度
		有砟砌筑路肩破损、阻水或不平	单侧m	1	路肩外有土梗挡水或阻水，延长10m内有0.1m凹坑为不平
		乱弃土	0.2m³	4	在路肩面、侧沟平台、堑坡上弃土
		受环境威胁	单侧50m	1	在影响路基稳定范围内耕种、取土、围塘、采矿等

(2) 路基沉降的识别与诊断

路基沉降的识别总体上有两条途径。其一，由轨道动态检测发现沉降发展变化，经排查和现场调查后确认。其二，重点地段使用静力水准仪建立自动监测网，采用 InSAR 地表变形监测技术等发现区段、区域沉降发展变化，经检查后直接确认或补充监测项目、补充现场调查后确认。路基沉降病害识别与诊断的技术路线如图6-9所示。

路基沉降会直接向上传递到轨道，导致轨道变形，造成线路动态不平顺，路基的不平顺管理可以参照线路动态不平顺管理，分为峰值管理和均值管理。与路基变形有关的线路

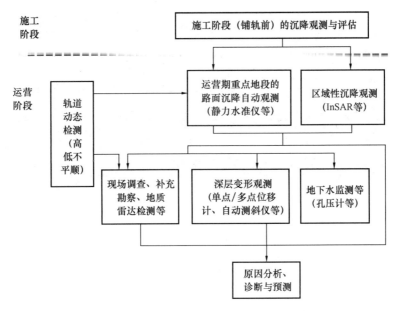

图 6-9 路基沉降病害识别与诊断的技术路线

静态几何尺寸主要为高低和水平容许偏差管理值。

轨道质量指数 TQI 主要用于指导轨道养护维修,根据轨道动态检查数据进行轨道质量的评价时,并不是所有的高低不平顺都是由路基沉降引起。因此,当出现轨道的高低不平顺时,需要进行排查确认,当排除其他部位的病害后才能确认为路基沉降变形导致。此时认为路基的变形与轨道同步,相关的轨道动态检查数据才能与路基的沉降病害建立直接联系。其中,病害区段的轨道高低不平顺及局部峰值随时间的变化是反映路基病害发展趋势的依据。

由于在动态检测过程中,受天气、传感器设备以及系统中标定误差等各种客观因素的影响,轨道不平顺现场检测数据总是会存在一定的误差,这些误差对现场数据及轨道状态分析的准确性有明显影响,也导致预测模型可靠性降低,因此在利用现场轨检车的检测数据之前应对其进行数据可靠性的基本判断及必要的预处理,处理内容主要包括里程校正、数据的平滑处理等。

轨道动态检测便于对路基沉降进行全覆盖的检查。但一方面轨道动态检测只能得到沉降变形沿线路纵向的变化特征,不能反映路堤中部、两侧路肩和坡脚的沉降特征。另一方面,动态检测的频次有限,同时沉降数据的可靠性不足。因此,在重点地段,一般采用专用的沉降自动化监测仪器进行沉降监测。当沉降区段不长,附近有沉降稳定点时,常用的沉降自动化监测仪器有静力水准仪、DCM 等,可以进行实时、远距离自动监测。DCM 沉降自动监测现场布置图如图 6-10 所示。

由于地质条件和周边环境的复杂性,路基沉降是分析原因和诊断难度较大的病害类型。路基沉降以地基沉降为主。从病害发生的地理位置看,多发病害为:软土等特殊土路基沉降、过渡段差异沉降以及区域沉降。

根据对高速铁路路基沉降病害工点的调研分析,路基沉降病害的形成往往是多种因素共同作用的结果,引起沉降的原因复杂多样,根据对病害的主要影响因素,将沉降病害主

图 6-10　DCM 沉降自动监测

要分为由地质、气象因素，人类活动导致、抽取地下水等类型。

1）地质、气象因素

在路基为易湿陷或遇水软化的松软非饱和土地段，遇连续降雨等气象条件，将导致地基土体物理力学性质变化，造成路基沉降。

2）邻近工程活动导致

当地基土为软土等高压缩性土或地基处理措施不强，邻近铁路路基加载、挖方等人类工程活动可能造成路基沉降。

3）抽取地下水

铁路路基周围的生活或生产抽取地下水，致使水位下降，地基土有效应力增加，导致地基沉降。其多发生于区域沉降地区。

上述不同原因导致的沉降特征也不尽相同。例如，在经过地基处理的一般松软土地区，由于路基帮宽、邻近区域堆土等加载导致的既有路基沉降变形发展大致可分为 3 个阶段。①快速发展阶段：在加载期间，沉降变形随着荷载的增加快速发展。②发展阶段：在加载结束后的几个月内，沉降变形继续发展。③稳定阶段：沉降经过几个月的发展之后，沉降速率逐渐减小至 0.02mm/d 以下，变形趋于稳定。然而，由于地下水位下降导致的区域性沉降变形，其变形量和变形速率与地下水位变化直接相关，一般还有季节性特征。另一方面，在相同的荷载变化条件下，当地基处理形式和处理深度不同，地质条件不同时，沉降变形产生的部位和变形特征也会有明显的不同。因此，路基沉降病害的诊断通常需要以路基的力学模型和理论计算为导向，通过路基表面沉降、深层沉降和水平位移特征，结合现场调查进行综合分析。

（3）边坡稳定性的识别与诊断

边坡监测项目主要包括地表变形、岩土体深层变形、支护结构受力及变形、地下水和其他滑坡诱发因素监测等几个方面。工程中需要根据边坡特点，并考虑重要性等进行具体配置。

1）地表变形和岩土体深层变形监测

变形监测一般以地表变形监测为主，深部变形监测为辅。

常用的地表变形自动监测设备有 GPS 或北斗接收机。近些年发展的一些遥测、遥感技术在边坡变形监测中也有应用，例如可以进行广域变形监测的星载 InSAR 技术，可以快速对坡面大面积全覆盖扫描的意大利 IBIS-L 地形微变远程监测系统、澳大利亚 SSR 边坡稳定性监测雷达等。

深部位移自动监测设备有自动测斜仪等。近年发展的新技术有时域反射技术 TDR、光时域反射技术 OTDR 等。TDR 或 OTDR 技术通过埋入或铺设在地表的同轴电缆或光缆来替代测斜仪等变形测量仪器，降低了现场所用传感器的成本，同时便于远程监测。

2) 支护结构受力及变形

为了解边坡支护工程结构（抗滑桩、锚索等）状态，采用锚索计、土压力盒等进行结构受力或变形监测。

3) 地下水和其他滑坡诱发因素监测

针对可能诱发滑坡的环境因素，进行降雨量、地震活动、人类活动等的监测。地下水监测可采用水位自动记录仪、孔隙水压力计等。降雨量监测可采用雨量计，地震监测可使用地震监测仪。我国已经在多条铁路线路建立了防灾安全监控系统，对降雨、风、雪、地震等进行监测和预警。对铁路边坡进行长期监测可以充分利用其中的降雨、地震等监测数据。

一般以"点－断面－网"逐步加密的形式根据需要的密度进行监测。监测资料分析与其他现场巡查、调查成果相互校核。

监测系统设立之后，现场地面、地下排水设施是否堵塞、破坏，锚杆、锚索端头密封是否良好，锚墩是否破损，筋材、夹具是否锈蚀等更多的问题仍需要配合现场巡视、定期检查，乃至检测等日常维护措施才能得到全面、准确的判断。增设监测系统后，现场的监测元器件也需要得到良好的日常维护。因此，应把日常检查和维护作为自动化监测的必要补充。通过良好的日常维护、持续观测和对数据专业判读，才能对边坡进行有效的健康管理。

目前，边坡滑坡的预警判据、预警模型技术还不成熟，相关的探索和研究仍是热点。不断有学者提出新的判据和预警模型，不同的科研或开发机构也不断推出新的预警预报软件或硬件、软件集成化系统。以边坡位移为例，坡体或支护结构变形值的大小与边坡高度、地质条件、水文条件、支护类型、坡顶荷载等多种因素有关，目前仍难以准确地提出边坡工程变形预警值，工程实践中一般根据地区经验，采取工程类比方法确定。例如，在《建筑边坡工程技术规范》GB 50330—2013 中初步推荐土质边坡支护结构坡顶的最大水平位移已大于边坡开挖深度的 1/500 或 20mm，以及其水平位移速度已连续 3d 大于 2mm/d 为变形预警值。对于铁路边坡、滑坡的预警预报除了应关注坡体自身的稳定性之外，还应考虑高速铁路轨道对结构变形的控制要求，并设立对应的监测内容，建立相应预警判据。

6.2.2 轨道健康状态评估方法

世界各国轨道状态管理和评价的标准和方法各不相同，但是基本思路一致，均包括局部幅值评价和区段均值评价两类。轨道不平顺局部幅值评价按速度等级分级管理；区段均值评价包括区段轨道不平顺单项标准差、轨道质量指数 TQI 和轨道不平顺谱等，是区段内轨道不平顺的统计特性。我国铁路轨道养护主要采用轨道局部几何不平顺评价方法和轨道单元区段的几何不平顺统计特征值进行轨道健康状态的评估管理。

（1）轨道局部几何不平顺评价方法

轨道局部几何不平顺的评价采用了超限扣分的方法,工务部门以轨道动态几何尺寸容许偏差管理值为标准,检测项目包括高低、轨向、轨距、水平、三角坑、复合不平顺、轨距变化率、车体垂向振动加速度、车体横向振动加速度等。局部峰值动态评价采用四级管理:Ⅰ级为日常保持标准,Ⅱ级为计划维修标准,Ⅲ级为临时补修标准,Ⅳ级为限速标准。轨道动态几何不平顺容许偏差管理值见表6-3。

轨道动态几何不平顺容许偏差管理值　　　　表6-3

项目		$v_{max}>160$km/h 正线				120km/h$<v_{max}$ $\leqslant$160km/h 正线				80km/h$<v_{max}$ $\leqslant$120km/h 正线				$v_{max}\leqslant$80km/h 正线			
		Ⅰ级	Ⅱ级	Ⅲ级	Ⅳ级	Ⅰ级	Ⅱ级	Ⅲ级	Ⅳ级	Ⅰ级	Ⅱ级	Ⅲ级	Ⅳ级	Ⅰ级	Ⅱ级	Ⅲ级	Ⅳ级
高低 (mm)	1.5~42m	5	8	12	15	6	10	15	20	8	12	20	24	12	16	24	26
	1.5~70m	6	10	15	—	—	—	—	—	—	—	—	—	—	—	—	—
轨向 (mm)	1.5~42m	5	7	10	12	5	8	12	16	8	10	16	20	10	14	20	23
	1.5~70m	6	8	12	—	—	—	—	—	—	—	—	—	—	—	—	—
轨距 (mm)		+4 −3	+8 −4	+12 −6	+15 −8	+6 −4	+10 −6	+15 −7	+20 −8	+8 −6	+12 −8	+20 −10	+23 −11	+12 −6	+16 −8	+23 −11	+25 −12
轨距变化率 (基长3m) (‰)		1.2	1.5	—	—	1.5	2.0	—	—	2.0	2.5	—	—	2.0	2.5	—	—
水平 (mm)		5	8	12	14	6	10	14	18	8	12	18	22	12	16	22	25
三角坑(基长3m) (mm)		4	6	9	12	5	8	12	14	8	10	14	16	10	12	16	18
复合不平顺(mm)		7	9	—	—	8	10	—	—	—	—	—	—	—	—	—	—
车体垂向振动加速度(m/s²)		1.0	1.5	2.0	2.5	1.0	1.5	2.0	2.5	1.0	1.5	2.0	2.5	1.0	1.5	2.0	2.5
车体横向振动加速度(m/s²)		0.6	0.9	1.5	2.0	0.6	0.9	1.5	2.0	0.6	0.9	1.5	2.0	0.6	0.9	1.5	2.0

对于出现的Ⅲ级以上病害,应当及时进行整修,防止偏差量过大危害行车安全。轨道区段上总的扣分计算方法如下:

$$S = \sum_{i=1}^{4} \sum_{j=1}^{n} K_i T_j C_{ij} \qquad (6\text{-}1)$$

式中　S——区段扣分数;

n——检测参数的项数,包括轨距、高低、水平等共七项;

K_i——各级超限每处的扣分数;

T_j——各项检测参数的加权系数,在我国目前加权系数均为1;

C_{ij}——各项检测参数,各级超限峰值的个数。

在日常管理中,根据S的大小判断轨道的局部状态,其中,当$S\leqslant 50$时为优良;当$51<S\leqslant 300$时为合格,当$S>300$时为失格。

(2) 轨道单元区段的几何不平顺统计特征值

在普速线路上,我国工务部门普遍使用200m长度的轨道区段作为单元区段,利用单元区段内所有测点数据的统计特征值来评价轨道区段的质量状态,常用的方法有:单项轨道几何参数的标准差;单元区段的轨道质量指数,即 TQI,计算公式如下:

$$TQI = \sum_{i=1}^{7} \sigma_i \qquad (6\text{-}2)$$

$$\sigma_i = \sqrt{\frac{1}{n}\sum_{j=1}^{n} x_{ij}^2 - \overline{x}^2} \qquad (6\text{-}3)$$

$$\overline{x}_i = \frac{1}{n}\sum_{j=1}^{n} x_{ij} \qquad (6\text{-}4)$$

式中 TQI——单元区段的轨道质量指数;

σ_i——单项轨道不平顺的标准差;

$\overline{x}_i$——单元区段中连续采样值的平均值;

x_{ij}——单项不平顺幅值;

n——采样点数目。

TQI 值为左高低、右高低、左轨向、右轨向、轨距、水平和三角坑 7 项轨道不平顺指标的标准差之和,反映了单元区段上各指标数值的离散程度的大小。TQI 管理值如表 6-4 所示。

TQI 管理值   表 6-4

速度等级	左高低 (mm)	右高低 (mm)	左轨向 (mm)	右轨向 (mm)	轨距 (mm)	水平 (mm)	三角坑 (mm)	TQI 值
$v_{max} \leq 80$km/h	2.2~2.5	2.2~2.5	1.8~2.2	1.8~2.2	1.4~1.6	1.7~1.9	1.9~2.1	13~15
80km/h<v_{max}≤120km/h	1.8~2.2	1.8~2.2	1.4~1.9	1.4~1.9	1.3~1.4	1.6~1.7	1.7~1.9	11~13
120km/h<v_{max}≤160km/h	1.5~1.8	1.5~1.8	1.1~1.4	1.1~1.4	1.1~1.3	1.3~1.6	1.4~1.7	9~11
v_{max}>160km/h	1.1~1.5	1.1~1.5	0.9~1.1	0.9~1.1	0.9~1.1	1.1~1.3	1~1.4	7~9

(3) 两种评价方法的比较

以上两种轨道健康状态评估的方法各有优缺点,总结如下:

1) 轨道局部几何不平顺评价方法可以准确反映轨道区段上存在的几何不平顺超限信息,主要适合对线路超限病害进行紧急补修,然而对提高线路均衡质量缺乏可操作性。轨道单元区段的几何不平顺统计特征值法主要用于对工务下属部门轨道养护工作的分数评价,不能够明确反映轨道的质量状态,而且与维修没有直接关系,很难用于指导线路维修。

2) TQI 数值反映了轨道区段整体不平顺状态,通过对所有的轨道单元区段 TQI 数值排序可以确定需要重点维修的轨道区段,更符合线路实际质量情况。由于 TQI 为综合指标,并且限于单元区段长度的设置,指标无法反映轨道的实际病害。当轨道局部发生严重的不平顺时,值的波动并不明显。

3) 另外,现行的两种评价方法均无法反映轨道不平顺的波长、波形、机车车辆振动特性和最不利速度的影响,而仅仅是对轨道几何不平顺的幅值大小的分析和评价。在高速铁路上，轨道上的长波不平顺对列车运行的平稳和安全有着极大的影响，有学者建议采用幅值、波长、谐波波形作为轨道不平顺的评价指标，不过在这方面还需要做大量的理论和试验研究。

综合以上分析，两种评价方法均是对当前线路轨道质量状态的评价，并不能反映轨道不平顺近期的动态变化，缺少指导线路养护人员分析线路薄弱地段并进行重点监控及预防性修理的方法依据。因此，可以在实现了对多次检测数据里程校正的前提下，利用当前检测数据结合历史数据计算形成轨道质量状态的变化率指标，包括局部轨道不平顺的变化率以及轨道区段的变化率，作为两种评价方法的补充，用以分析发现轨道线路剧烈恶化地段，指导工务部门进行科学的养护维修。

6.3 高速铁路基础设施状态感知技术

6.3.1 光纤光栅技术

针对传统监测技术的不足，基于光纤传感的监测技术逐渐受到重视，在水利、土木、桥隧等领域中得到了大量应用。光纤光栅是近年来新兴的传感监测手段，在铁路基础设施在线监测中得到了一定的应用。

光纤光栅传感器测量利用了光纤的光敏性的特点，光纤的光敏性是指当激光中掺杂光纤时，光纤的折射率随光强的空间分布发生变化的特性。利用光纤光栅纤芯内的空间相位光栅特性制作成各种光纤传感器。它以光波为载体，光纤为媒介，当宽带光波信号在光纤光栅中传输时，满足布拉格方程的光波信号将被反射。光栅和纤芯折射率会受到周边温度、变形等因素的影响。当这些材料性质发生变化时，会改变光栅和光纤芯折射率，从而导致光纤布拉格波长的变化。因此通过测试波长的变化量就可以获得待测物理量的变化情况。光纤光栅原理如图6-11所示。

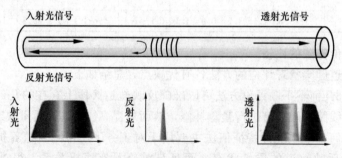

图6-11 光纤光栅原理图

光纤光栅具有许多独特的优点，能在其他检测手段难以适应的极端环境下长期、稳定工作，为过去棘手监测难题提供了新的技术手段。贴片式光纤光栅传感器如图6-12所示。

光纤光栅的具体优势如下：
1) 抗电磁干扰、绝缘、耐腐蚀、本质安全，适合于结构的长期健康监测；
2) 质量轻、体积小、外形可变；
3) 对被测物体影响小；

图 6-12 贴片式光纤光栅传感器

4）具有极高的灵敏度和分辨率；
5）便于复用，便于成网，有利于与现有光通信技术组成遥测网和光纤传感网络；
6）使用期限内维护费用低；
7）传输频带较宽，便于实现时分或者频分多路复用，可进行大容量信息的实时测量，使大型结构的健康监测成为可能；
8）利用光纤传输，传输过程信号损耗小，适合远距离监测；
9）可以制备成应力、应变、温度、振动等多种传感器；
10）波长编码，不受光源的光强波动影响，稳定性好；
11）单个光纤通道中可串联多个光栅，易于传感器组网，实现准分布式自动化在线监测。

6.3.2 电阻应变技术

电阻应变式传感器是以电阻应变计为转换元件的电阻式传感器。电阻应变片由弹性敏感元件、电阻应变计、补偿电阻和外壳组成，可根据具体测量要求设计成多种结构形式。弹性敏感元件受到所测量的力而产生变形，并使附着其上的电阻应变计一起变形。电阻应变计再将变形转换为电阻值的变化，从而可以测量力、压力、扭矩、位移、加速度和温度等多种物理量。

弹性敏感元件是电阻应变计的主要组成部分，它的材料为金属（丝、箔）或半导体，由物理学可知，金属丝电阻的变化是与金属本身的材料特性和其几何形状变化有关的，长度为 L，横截面积为 A 的金属丝，其电阻率为 ρ，则金属丝的电阻 R 可用下式表示：

$$R = \rho \cdot \frac{l}{A} \tag{6-5}$$

当金属丝受力而变形时，金属丝电阻发生变化，其电阻相对变化量可通过以下公式微分求得：

$$\frac{\mathrm{d}R}{R} = \frac{\mathrm{d}\rho}{\rho} + \frac{\mathrm{d}l}{l} - \frac{\mathrm{d}A}{A} \tag{6-6a}$$

$$\frac{\mathrm{d}A}{A} = -2\mu \frac{\mathrm{d}l}{l} \tag{6-6b}$$

式中，μ 为金属材料的泊松比。联立上面两个公式，整理得到：

$$\frac{\mathrm{d}R}{R} = \frac{\mathrm{d}\rho}{\rho} + (1 + 2\mu) \frac{\mathrm{d}l}{l} \tag{6-7}$$

通常把单位应变所引起的电阻相对变化称作电阻线的灵敏度系数，其表达式为：

$$k_0 = \frac{\mathrm{d}R/R}{\varepsilon} = (1+2\mu)\frac{\mathrm{d}\rho/\rho}{\varepsilon} \tag{6-8}$$

由上式可以看出，电阻丝灵敏系数 k_0 由两部分组成：$(1+2\mu)$ 为受力后材料的几何尺寸变化引起的；$\frac{\mathrm{d}\rho/\rho}{\varepsilon}$ 为材料电阻率变化所引起的。对于金属材料，$\frac{\mathrm{d}\rho/\rho}{\varepsilon}$ 的值要比 $(1+2\mu)$ 小得多，可以忽略，故 $k_0=1+2\mu$。大量试验证明，在电阻丝拉伸比例极限内，电阻的相对变化与应变成正比。

电阻应变片法具有如下优点：①测量精度和灵敏度高；②量程大，最高可达 $2\times10^4\mu\varepsilon$；③尺寸小，使用较方便，并可以实现梯度较大的应变测量；④技术成熟，应用广泛。

电阻应变片同样存在一些缺陷。其缺点主要有以下几点：①只能测量结构表面的应变，无法测量内部的应变；②只能测量相对变化量即应变增量，不适于长期监测；③寿命短，且为一次性使用；④属于电测法，一个应变片需有两根导线构成测量回路，对于测点较多的场合，布线麻烦，并且抗电磁干扰能力差。

电阻应变片的测量精度主要受到以下因素的影响：环境温度变化引起的误差、灵敏系数 K 变化产生的误差、机械滞后引起的误差、电桥非线性带来的误差和长导线引起的测量误差。对于机械滞后引起的误差可采用对被测试件反复加、卸载的办法来减小，一般反复加卸载 3~5 次即可。电桥非线性带来的误差在大变形测量时误差较大，应加以修正。长导线引起的测量误差，在试验时工作应变片和补偿片的连接导线应使用相同型号相同长度的导线，并将导线绑扎成一束，使它们受到的温度影响相同，这样可同时消除温度变化的影响。温度误差的补偿方法，主要有桥路补偿法和应变片自补偿两种。环境温度变化引起敏感栅阻值变化和试件与敏感栅的线膨胀系数不同导致的附加应变是造成应变片温度误差的主要原因。

6.3.3 视频监测技术

采用上述光纤光栅技术和电阻应变片技术能测量基础设施大部分的应力和变形，以及环境温度等物理量，但其接触式的测量方式却不适用于道岔结构如尖轨、心轨等的位移测量。而视频感知技术，能测量系统的大变形和整体状态，其非接触的测量方式，满足道岔结构位移监测的需要。

视频监测技术首先通过视频采集摄像机的采集模块提供清晰稳定的视频信号；再通过滤波模块对视频数据进行滤波去噪；最后通过数据处理模块，对视频画面中的异常情况做目标和轨迹标记。通过对视频图像进行分析，排除监视现场的干扰因素，最终准确判断视频图像中监测对象的活动情况。

（1）视频监测技术的特点

与传统监测方法相比，视频感知技术具有以下优点：

1）技术安全，智能化程度和精度高；

2）实用性强，操作方便，适用于野外现场环境；

3）系统具有较强的兼容性和扩展性。

在铁路基础设施的视频监测中,成像是基础,是数据准确性的保障,包括图像传感、图像处理两个方面。

图像传感主要集中在图像传感器和数据存储传输等方面。图像传感器的采集精度、采集速度和数据的存储量、传输速度是关键技术指标。小型化的智能高速图像传感设备为高速列车运动下地铁轨道的实时监测、检测提供了良好的技术支撑。

图像处理主要包括图像降质问题的处理和精准的图像识别技术。在铁路运营过程中,不良视觉条件会造成监测图像的降质。受恶劣天气、光照条件和设备自身技术条件的限制,采集的视频出现噪声及模糊不清(图 6-13)。针对这种降质情况,一方面,根据图像局部自身的纹理、空间结构特性减少模糊噪声对图像的影响,提高图像的质量;另一方面,根据图像的局部特征自适应地调整光照对图像的影响,获得清晰的可辨别的图像。采用基于空间域、频率域、数据驱动和神经网络等方法实现图像增强。

(a)

(b)

图 6-13 降质图像增强
(a)含噪图像(左)与去噪图像(右);(b)隧道内监控图像(左)与低光照增强后图像(右)

(2)铁路基础设施视频监测系统的组成

铁路基础设施视频监测由三部分组成,包括图像采集层、数据传输层和数据处理层。其中,图像采集层由高清摄像头组成,要求该摄像头具有高速、高清、长时间采集图像数据和超大数据量无压缩、无损失的实时储存的能力。数据传输层主要是通过无线或有线的传输方式将采集的图像数据传输到后台的服务器内。数据处理层则在服务器内通过建立的图像数据库对实时采集的图像信息进行处理,并实现病害的报警功能。图 6-14 为钢轨裂纹视频监测系统。

(3)道岔区尖轨尖端的视频监测

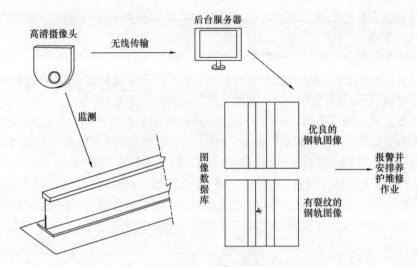

图 6-14　钢轨裂纹视频监测系统

道岔区尖轨尖端的监测受到极高安全要求的制约，常规传感器不能适用，利用视频感知技术，通过图像监控的方式，将图像传感器布置于桥梁护栏高处，捕捉尖轨尖端的大位移。为满足不同方向列车通过的目的，尖轨需要根据行车计划转换位置。传感器会不加区分地捕捉到的图像，同时包括尖轨的两种状态。图 6-15 给出了道岔扳动前后两个时刻位移的图像。

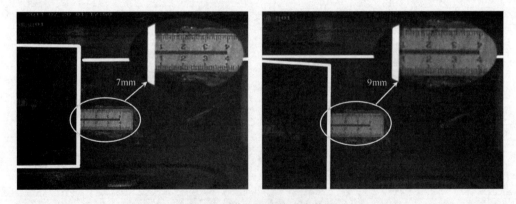

图 6-15　道岔扳动前后位移图

如图 6-15 所示，由于视差的原因，非密贴状态下的位移将大于密贴状态下的实际位移。非密贴状态的位移要比密贴状态大了 2mm。在识别位移数据时，应先根据尖轨顶端与轨头下沿的相对位置，将大量图像做分类处理。之后，对两种类型分别按照时间读取数据序列，记为 $[x]$ 和 $[x_2]$，对于非密贴状态的位移量 x_2，如图 6-16 所示，做如下修正：

$$x = \frac{(S-d_0)x_2}{S} \tag{6-9}$$

式中　S——桥梁护栏上摄像头至尖轨距离，近似为 4.9m；

d_0——近似为尖轨动程，取 0.16m；

x_2——非密贴状态尖轨位移量。

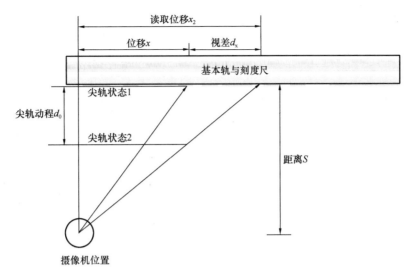

图 6-16 尖轨位移修正原理图

对尖轨位移的监测,通过布置于现场的图像传感器和标尺,将尖轨位移图像实时自动传回服务器。尖轨位移自动判读软件基于层次梯度积分算子,对尖轨位移图像进行自动判读,实现对尖轨位移的实时自动监测。除此之外,还可以通过控制摄像头的移动、旋转实现对岔区整体状态的在线监控。

6.3.4 液位监测技术

液位监测技术涉及各个工程领域,由于其使用和要求具有一定特殊性,对液位测量装置不但要求精度要高,还要求具有在恶劣环境下持续传感的能力,如要考虑压力、温度、腐蚀性、导电性、是否存在聚合、黏稠、气化、起泡等现象,以及密度与密度变化、清洁及脏污程度、液面扰动等因素。此外还须具备数字化或线性化输出,对安全性、强度和可靠性等较高要求,往往要求液位传感系统具有报警和自诊断的能力。

目前国内外在液位监测方面的技术和产品很多,传统的液位传感器按其采用的测量技术及使用方法分为十余种,包括超声波、电容、压力、浮子、射频、光纤等传感器等。

传统的沉降测试方法需将沉降观测标杆底部锚固于基岩或稳固土层,而对于深厚软土地段,基岩埋置较深,传统的沉降监测方法不仅难以实现且不够经济。而采用液位计和单点沉降相结合的方法,利用其各自的优势,较好地实现了深厚软土地基中桥梁群桩基础的沉降监测,同时结合远距离自动数据监测系统连接单点沉降计及液位沉降计,实现了数据的远程自动采集和传输,成功对试验工点桥梁桩基进行了沉降的实时监测,既经济又提高了数据的精确度。

液位沉降计由液缸、浮筒、精密液位沉降计和保护罩等部件组成。液位测点安装于承台顶端,基准点安装于远端桥梁桩基础不受扰动土层上,用于测量承台顶端的沉降量,即土层的总压缩量。通过液管和气管连通,液缸中的液体始终处于同一水平面上。当被测点发生沉降时,浮筒随被测点的液位升高,液位传感器读数将增加(差值为正);同时,基准点的浮筒液位下降，液位传感器读数将减小（差值为负）。通过远距离自动监测系统与液位沉降计相连，实现了液位沉降计数据自动采集及远程自动传输。

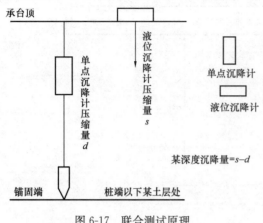

图 6-17 联合测试原理

单点沉降计用于测定桩顶至既定土层的压缩量 d，液位沉降计用于测定桩基础的最终沉降量 s，承台及桩基本身压缩量可忽略不计，则一定深度处土层的沉降量为液位沉降计测定的桩基础总沉降量减去单点沉降计测定的既定土层压缩量，即 $s-d$（$s \geqslant d$）。其测试原理如图 6-17 所示。

沉降联合监测数据通过远程无线传输系统自动采集，采用全密封设计，防水、防潮、防雷击，其分布式结构可任意组成 8～2000 点的测量系统。采集模块（MCU）可配接应力计、应变计、压力盒、锚索计、荷载传感器等，可以实现单点沉降计和液位沉降计联合监测数据的实时采集和远程传输功能。

6.3.5 分布式光纤技术

现有的高速铁路基础设施服役状态轨旁监测手段以点式测量为主，能够管控的位置相对有限，通常只针对局部关键敏感部位进行监测。因此，对于轨道状态识别，实时在线监测及时空广域连续测量均成了重要需求。在此背景下，分布式光纤技术大范围测试的特点与轨道结构无限延伸的特性相匹配，具有良好的应用前景。

分布式光纤传感技术本身是一个很大的技术范畴，经过了3个重要的发展阶段：基于拉曼散射的分布式温度传感技术 DTS（R-OTDR），主要对光纤沿线的温度状态进行静态测试；基于布里渊散射的温度/应变传感技术（BOTDR），能够对光纤沿线的温度和应变状态进行低频测试；基于瑞利散射干涉效应的振动传感技术 DAS（Φ-OTDR），能够实现对结构物动态应变的分布式测量。

对于 DTS，受测试原理的限制，其采样频率较低，单次测量通常需要数秒，因此在轨道交通领域只能用于静态的温度测试，应用价值相对有限。而对于 BOTDR，目前商用设备可达到 2m 左右的空间分辨率，采用频率可达数十赫兹，能够实现对温度和应变的实时测试。然而，BOTDR 的应变测试精度相对较低，通常仅能达到数十个微应变，因此通常应用于高速铁路结构显著变形的测试，例如隧道、路基沉降及轨道板突发上拱等。相比之下，DAS 通过捕捉光纤中强度更高的后向瑞丽散射特征，从而实现对空间范围内结构动态应变的分布式测试，其采样频率、空间分辨率及应变识别精度相较于其他光纤传感技术均有显著提升。在相关研究中，DAS 测试范围可达数十千米，空间分辨率最小可达 0.3m，应变测试精度达到亚微应变级别。因此，近年来 DAS 在结构动态应变精确测量方面越发得到认可和关注，在输油管道、输电装置及海底光缆等结构的健康监测中已经开展了一系列尝试。然而，由于相关测试理论的缺乏，DAS 在铁路领域的应用主要局限于对列车位置和异常事件的定性判断，在轨道结构健康监测方面仍为空白。

6.4 高速铁路健康在线监测系统

高速铁路健康在线监测系统通常由现场过程控制单元、接口单元、显示操作站、管理计算机及高速数据通路等多个部件组成，它的主要技术特点是：管理集中、就地控制、资源共享、危险分散。

基于光栅光纤传感器测量技术和视频感知技术对京沪高铁津沪线路所 2 号道岔（42号）进行综合监测，以便对轨道系统的受力特性、敏感区域、敏感点进行深层次研究和对高速铁路道岔-桥梁耦合系统的理论进行完善。前台服务器所在机房和监测现场如图 6-18 所示，传感层的现场光缆安装如图 6-19 所示。

图 6-18　前台服务器所在机房和监测现场

图 6-19　现场光缆安装

6.4.1 在线监测系统功能架构

从功能架构来讲，本系统软件主要包括数据采集存储与备份模块、数据远程传输模块、数据分析与处理模块、报警与辅助模块、结构状态预测模块、Web 服务器查询模块，如图 6-20 所示。

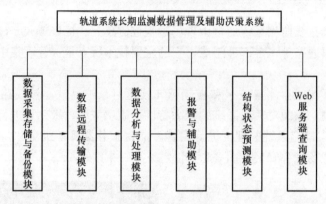

图 6-20　系统基本构架

监测系统从模块上来看可分为三部分：前台服务器、后台服务器、监测系统软件。本节对此三部分做简要介绍。

（1）前台服务器

前台服务器安装在监测现场的桥下机房内，主要完成数据的采集、初步处理、存储备份和传输等工作。其主要包括监测工点的现场传感器部分、线缆部分、桥下机房控制室设备部分、现场终端设备部分、采集服务器和调制解调仪（图 6-21）。

图 6-21　光纤光栅调制解调设备

（2）后台服务器

后台服务器一般位于试验室内，有三大功能：接收、存储现场监测数据的功能，备份现场监测数据的功能及数据查看、查询、分析功能。后台处理服务器的功能示意图如图 6-22 所示，试验室后台服务器，如图 6-23 所示。

（3）监测系统软件

从逻辑软件上来讲，监测系统可以划分为：采集服务器、监测终端、数据处理（备份）服务器等。其逻辑系统组成如图 6-24 所示。

1）采集服务器：由自编程序组成，负责与光纤传感器联系并解调光纤光波波长信息。

第 6 章　高速铁路基础设施在线监测技术

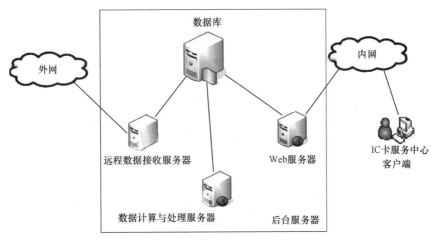

图 6-22　后台处理服务器功能示意图

图 6-23　试验室后台服务器

2）数据处理（备份）服务器：采集服务器软件将收集到的传感器监测数据存储到采集数据库中（这些数据通常是原始的监测数据），同时将这些数据发给传输软件；传输软件负责接收、查询采集服务器的监测数据，将得到的数据存储到本地的代理数据库中；传输软件还通过无线网络将得到的数据传输给段、路局或其他监控中心的监控服务器，监控服务器将数据存储到本地数据库中，以供监控客户端随时调用查看。后台功能采用 Java 编程，前台功能通过 JSP、Flex 实现，系统存储软件基于 MySQL 数据库建立。

3）监测终端：主要提供用户在远程的监控数据查询、显示等功能。监控数据库相当于代理数据库的一个远程备份，以便无线网络不通时，监控中心仍可进行离线的数据查询显示。也可以在试验室内通过网络控制监测工点的计算机，完成系统配置和相关参数更改。

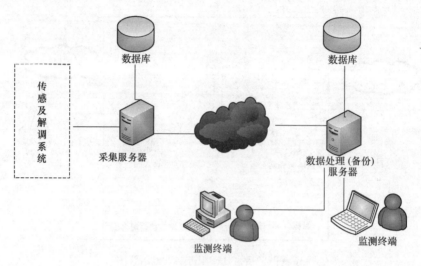

图 6-24　逻辑系统组成示意图

6.4.2　监测数据管理

(1) 监测数据采集

数据采集部分由分布在现场的光纤光栅传感器和视频监控摄像头组成,光纤光栅传感器主要包括应力传感器、温度传感器和位移传感器(图 6-25)。通过对钢轨、轨道板、底座板和桥梁的温度、位移、应力等相关数据的实时测量,实现对高速铁路轨道系统的实时在线监测。高速铁路轨道系统数据测量点信息如表 6-5 所示。

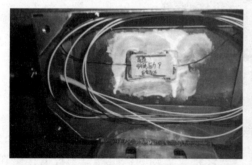 

图 6-25　监测现场应力和位移传感器

高速铁路轨道系统数据测量点信息　　　　　　　　　　　表 6-5

项目	测点位置	测点数目
道岔纵向应力	直基本轨	4
	曲基本轨	4
	梁端	2
道岔-轨道板相对位移	曲基本轨	4
	直基本轨	1
	直导轨	1
底座板和梁体相对位移	梁端、1/3、2/3 跨处	4

续表

项目	测点位置	测点数目
温度变化	钢轨	2
	桥梁梁体	2
	气温测试	1
	无砟轨道温度梯度	9
桥梁位移	梁端纵向位移	2
无砟轨道板应力	桥梁温度跨度较大一侧梁端	2
底座板应力	梁固定支座处附近	2
道岔区整体状态/尖轨相对位移	岔区	1
总计		41

数据采集的关键在于光纤光栅传感器内部峰值检测。为了方便数据采集，根据传感器在现场的布置位置，监测现场的传感器被分到了不同的采集通道，每个采集通道的传感器个数在3～9个不等。一个通道内多个光纤光栅传感器串联在一起，合用一个宽带光源，它们的反射光信号经由同一个传输通道入射到解调器装置内。为了能从反射回的全光谱中有效地筛选出同一通道内的传感器对应的各自波长峰值，要求串联的每个光纤光栅的中心波长互相不同，带宽互不重叠，各光栅中心波长应当相差3nm以上。

（2）监测数据传输

在现场传感器采集到光信息、图像信息之后，分别通过光栅光纤调制解调仪、识别软件处理为数字信号，再传输至后台服务器内。监测数据传递流程如图6-26所示。

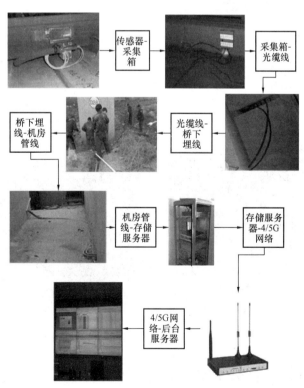

图6-26 监测数据传输流程图

(3) 监测数据处理

考虑轨道系统长期监测数据管理及辅助决策系统安全服役状态要求和各结构的受力特点，轨道系统主要监测指标如表 6-6 所示。

轨道系统主要监测指标　　　　表 6-6

监测内容	监测指标
钢轨部件	钢轨温度、伸缩应力、尖轨伸缩位移、钢轨与无砟轨道相对位移
无砟道床	无砟轨道温度梯度、轨道板与底座板应力、无砟道床与梁体间的相对纵向位移
桥梁结构	梁体温度、连续梁的纵向位移
其他参数	气温、桥上无缝道岔整体状态

1) 光纤波长数据处理方法

测点上采用的光纤光栅传感技术是随着光导纤维和光纤通信技术的发展而逐步形成的一类崭新技术，是光电技术领域最活跃的分支之一。光纤光栅传感技术具有抗电磁干扰能力强、灵敏度高、电绝缘性好、体积小、安全可靠等诸多优点。同时其稳定好，使用寿命长，也可用光纤光栅调制解调器进行数据采集。利用光纤光栅传感技术可以对应力、应变、位移和温度进行测量。光纤传感采集仪器见图 6-27。

2) 视频感知数据处理方法

虽然光纤光栅传感技术能测量轨道结构大

图 6-27　光纤传感采集仪器

部分的应力和变形，但其接触式的测量方式却不适用于道岔结构敏感部位（如道岔尖轨、心轨等）的安全监测要求。所以道岔尖轨位移是通过视频识别来完成监测。图 6-28 为贴于轨腰上的标尺，图 6-29 为位于桥梁栏杆上的视频采集装置，图 6-30 为视频感知系统整体框架图。

图 6-28　贴于轨腰上的标尺

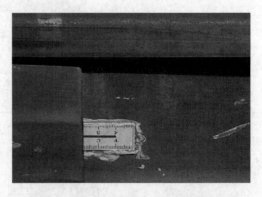

图 6-29　位于桥梁栏杆上的视频采集装置

视频自动识别和处理功能首先利用监测视频自动抓取尖轨区段和标尺处的尖轨图进行局部选取，如图 6-31 所示。当局部抓图成功后，后台服务器内软件进行长钢轨定位，如

第 6 章 高速铁路基础设施在线监测技术

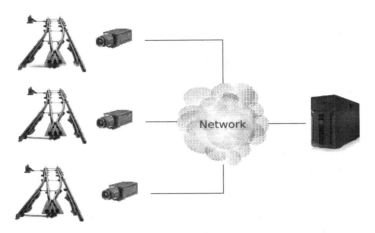

图 6-30　视频感知系统整体框架图

图 6-32 所示。根据定位的长钢轨位置，确定标尺和尖轨相对位置，如图 6-33 所示。最后经过二值化图像处理识别为计算结果。二值化图像处理如图 6-34 所示。将识别的数据自动生成监测统计分析图，见图 6-35。岔区运营状况监测图像见图 6-36。

图 6-31　尖轨区域视频抓图结果

图 6-32　长钢轨定位

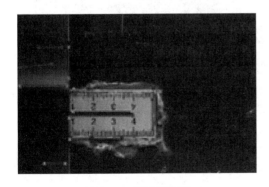

图 6-33　标尺定位图

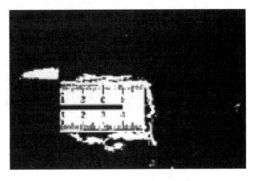

图 6-34　二值化图像处理

（4）监测数据存储

为有效地保证海量数据存储，针对轨道结构特征和数据管理信息系统特点，选定 MySQL 作为海量数据存储软件。每个监测工点建立两个数据库，一个在监测现场服务器内，一个位于北京交通大学轨道工程重点实验室服务器。从功能上讲，两个位置的数据库具有相同的功能，存储数据一致。两者互相作为备份，防止不可抗因素的破坏。

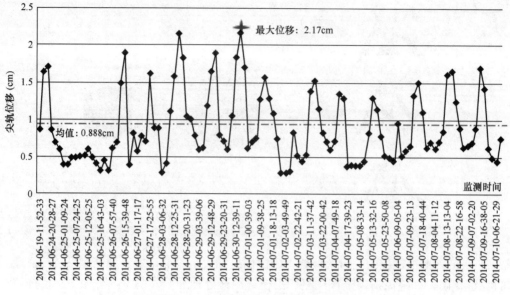

图 6-35　尖轨位移自动监测统计分析图

图 6-36　岔区运营状况监测

6.5　监测数据处理技术

6.5.1　监测数据预测

数据预测是分析两类或两类以上变量之间的函数关系,进而通过一类自变量的变化得到另一或多种数据变化,进行预测和控制,这类函数关系称为预测模型。表 6-7 列举了几种常用的铁路基础设施状态预测方法。

表 6-7 铁路基础设施状态预测方法

方法	特点
专家会议法	利用库中丰富的既有资料、案例,为当前状态提供意见
回归模型	寻求数据与时间的函数关系,选配合适曲线
灰色系统	弱化随机性,对系统未来状态预判
人工神经网络	非线性、自适应学习模型
遗传算法	高度并行、自适应
马尔可夫预测	时序概率模型,系统状态仅与当前状况相关

以上各种方法中,回归模型是最为直观、常用的基础设施力学状态评估预测方法,在桥梁、路基沉降变形中具有广泛的应用。线性回归模型、双曲线法、拓展双曲线法、指数曲线法、三点法等均被应用,特别适合测试数据量较少、演化规律或相关性较为明显的情况。专家会议法一般建立在计算机数据库基础上,将现场状况与库中的既有案例、专家意见进行匹配,得到系统发展趋势,常见于系统评估,一般较少用于定量分析。灰色系统、人工神经网络、遗传算法、马尔可夫预测均以大量统计数据为基础,是建立在学习算法基础上的非线性预测模型。系统能够在执行预测过程中自动改进性能,在不断积累数据的基础上优化,随着模型体量的积累,预测精度概率得到提升。

以下基于监测数据,对回归预测模型和 BP 神经网络预测模型进行介绍。

(1) 回归预测模型

回归分析通过研究变量之间的相互关系密切程度,用较为简单的函数表达这种相互关系,进而达到利用模型和自变量预测因变量的目的。表 6-8 给出了常用的回归模型类型。

表 6-8 常用回归模型

类型	适用条件	特点
线性回归	自变量与因变量具有线性关系	对一个或多个自变量和因变量之间的线性关系进行建模,可用最小二乘法求解模型系数
非线性回归	自变量与因变量不完全服从线性关系	对自变量和因变量之间的非线性关系进行建模。部分可通过简单函数变为线性关系,用线性回归思想求解;部分无法转化的用非线性最小二乘法求解
Logistic 回归	因变量具有是/否(1、0)取值	利用 Logistic 函数将取值控制为 0、1,表示值为 1 的概率
岭回归	参与建模的自变量之间具有多重线性关系	最小二乘估计方法的改进
主成分回归	参与建模的自变量之间具有多重线性关系	最小二乘估计方法的改进,参数估计的一种有偏估计。可以消除自变量之间的多重线性

1) 单自变量回归预测模型

以实时气温与钢轨应力为例,假设温度变化是其他各指标 Y 变化的单一影响原因,监测项 Y 是关于气温 T 的一元线性回归模型,即:

$$Y = f(T) = \beta_0 + \beta_1 T + \varepsilon \tag{6-10}$$

式中　β_0、β_1——零次和一次项系数，为待定常数；
　　　ε——误差，其均值为 0。

沿用 Gauss 提出的最小二乘估计方法，利用大量轨温监测数据和钢轨应力、尖轨位移等监测数据建立一元线性回归模型 $Y=\beta_0+\beta_1 T+\varepsilon$，求解待定常数 β_0、β_1。选取 2016 年 9 月~11 月测试样本，求解各参数与实时气温的线性关系，求得的估计值 $\hat{\beta}_0$、$\hat{\beta}_1$ 及相关性系数 r^2。

以左梁端钢轨应力回归模型为例，回归预测模型为：

$$\hat{Y}=\hat{\beta}_0+\hat{\beta}_1 T+\varepsilon \tag{6-11}$$

相应的预测模型的绝对误差 E_i 可以表示为：

$$E_i=Y_i-\hat{Y}_i \tag{6-12}$$

式中　Y_i——第 i 个实际值；
　　　$\hat{Y}_i$——第 i 个预测值。

各监测项的误差近似服从正态分布，近似概率密度的标准差能够在一定程度上体现预测结果的好坏。部分监测指标预测标准差见表 6-9。

部分监测指标预测标准差　　　　　表 6-9

项目	标准差 σ
辙叉区钢轨应力	4.13MPa
左梁端钢轨应力	5.81MPa
心轨尖端附近钢轨应力	4.75MPa
尖轨跟端钢轨应力	5.52MPa
尖轨尖端钢轨应力	4.77MPa
右梁端钢轨应力	5.43MPa
尖轨尖端位移	1.26mm
轨温	2.21℃

钢轨应力虽然与气温存在线性关系，但是，较小的相关系数以及较大的预测误差说明该关系并不足以用于预测轨道状态。特别是相对于各项指标的峰值而言，单自变量的回归模型预测结果偏小。

2) 时间序列多元回归预测模型

轨道系统监测状态不仅与当前的影响因素轨温相关，还与轨温的时间序列相关。同样地，采用单点的气温进行其他参数的预测，往往难以达到预期的效果。因此，采用较长一段时间的气温监测值序列作为自变量，利用多元回归方法进行预测。

假设监测项中，样本

$$Y_{t_i}=[T_{t_{i-n}},T_{t_{i-n+1}},\cdots,T_{t_{i-2}},T_{t_{i-1}}\,T_{t_i}][\beta_{i-n},\beta_{i-n+1},\cdots,\beta_{i-2},\beta_{i-1},\beta_i]^T+\varepsilon+c \tag{6-13}$$

式中　Y_{t_i}、T_{t_i}——t_i 时刻监测项、气温监测值；
　　　β_i、c——待估计系数；
　　　ε——误差。

采用 12 小时内的气温监测数据作为自变量,进行回归分析。利用 β、c 的估计值 $\hat{\beta}$、$\hat{c}$ 和自变量气温,对钢轨应力、尖轨位移、轨温等参数进行预测,如下式所示。

$$\hat{Y}_{t_i} = [T_{t_{i-n}}, T_{t_{i-n+1}}, \cdots, T_{t_{i-2}}, T_{t_{i-1}}, 1_{t_i}][\hat{\beta}_{i-n}, \hat{\beta}_{i-n+1} \cdots \hat{\beta}_{i-2}, \hat{\beta}_{i-1}, \hat{\beta}_i]^1 + \hat{c} \quad (6-14)$$

部分指标的预测误差 $E_i = Y_i - \hat{Y}_i$ 的分布状态如图 6-37 所示,由于其均具有明显的正态分布特征,采用近似的正态分布概率密度函数表示误差分布状况。

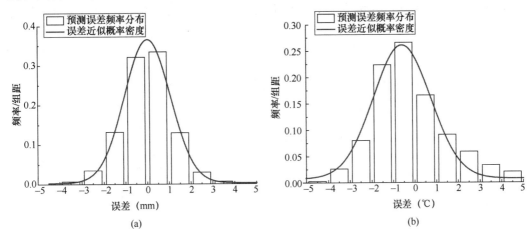

图 6-37 气温序列多元预测模型预测结果及误差分布
(a) 尖轨尖端位移预测误差;(b) 轨温预测误差

监测项预测结果误差 E_i 的概率密度函数可以表示为:

$$p(E_i) = y_0 + A \times \exp\left[\frac{(E_i - \mu)^2}{2\sigma^2}\right] \quad (6-15)$$

反应预测误差的分布状态的参数中,A 越大、σ 越小,表明误差分布越集中,则预测模型更稳定,容易对误差进行修正。而 μ 反映了预测结果与样本值的整体偏差,在 σ 一致的情况下,其值越小,预测结果越准确。

部分监测指标预测误差分布   表 6-10

监测项	A	μ	σ	单自变量模型 σ
左梁端钢轨应力(MPa)	0.10	1.01	3.31	5.81
辙叉区钢轨应力(MPa)	0.13	1.10	2.70	4.13
心轨尖端附近钢轨应力(MPa)	0.08	0.79	4.64	4.75
尖轨跟端钢轨应力(MPa)	0.09	1.98	3.82	5.52
尖轨尖端位移(mm)	0.36	0.01	1.05	1.26
轨温(℃)	0.25	−0.59	1.33	2.21

表 6-10 结果表明,相较于只考虑即时气温的单一自变量回归预测模型,考虑时间序列的多元预测结果误差更小、模型更可靠。因此,时间序列的多元预测模型比一元线性回归模型更适合作为预测方法。

(2) BP 神经网络预测模型

人工神经网络是模拟生物神经网络进行信息处理的一种数学模型,利用交错连接的人工神经元模拟神经系统的结构和功能。美国数学及心理学家 McCulloch 等人模拟神经元逻辑功能,联合提出了最早的人工神经网络的 MP 数学模型。计算机专家 Rosenblatt 成功实现了神经网络模型的计算机硬件感知器的研究。D. E. Rumelhart 等提出了利用误差反向传播训练算法的 BP 神经网络。由于没有一种特定的模型能够解决所有的问题,人工神经网络在不断更新优化过程中,基于不同学习规则,形成了超过 40 种的人工神经网络算法模型,其中较为常用的算法包括 BP 神经网络、LM 神经网络、RBF 径向基神经网络、FNN 模糊神经网络、GMDH 多项式神经网络和 ANFIS 自适应神经网络。

BP 神经网络基本原理是梯度最速下降法,算法采用 δ 学习规则,其目标函数采用 $E = \sum_{k=1}^{n}(Y_k - T_k)^2$。如图 6-38 所示,相较于 MP 网络模型和感知机,BP 网络模型的学习过程由信号正向传播和误差的逆向传播两个过程组成。

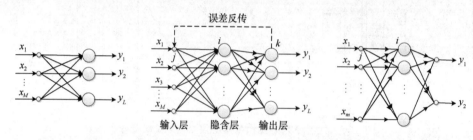

图 6-38　MP 网络(左)、BP 网络(中)、RBF 网络(右)结构图

正向传播时,输入信号经过隐层的处理后,传向输出层。当输出层节点不能满足预期目标时,则误差通过隐层反馈给输入层,获得各层的参考误差,以此作为依据修改各单元权值,直至最终误差逐渐减少到可以接受的程度或达到预定的学习次数(消耗完预定的计算资源)为止。

借助于 MATLAB 神经网络工具箱可以较为方便地建立气温(轨温)与基本轨应力、尖轨位移的预测模型。基于 BP 神经网络函数,将输入神经元定义为 12 小时内的轨温测试数据,共计 48 个,输出层 1 个节点。训练输入样本为 2016 年 1 月 1 日~20 日的轨温数据,输出样本为钢轨应力和尖轨位移;隐含、输出层函数均采用 tansig 类型,训练函数默认为 trainlm,即可训练出较为简单的预测模型,预测结果如图 6-39 所示。

6.5.2　异常监测数据处理

(1)数据缺失判别与处理

对于长期监测系统,由于采集系统故障、人为短期维修、传输过程丢失等原因,数据存在或长或短的缺失。监测数据缺失对数据挖掘建模同样会产生有害影响。空值的出现增加了分析、预测模型的不可控性,使建模出现混乱,导致结果不可靠。

2014 年 7 月 6 日,因设备软件更新调试,采集系统关闭,致使 9 时~20 时数据缺失。缺失时间段长 11 时 17 分,仅就某一项指标而言,连续缺失 45 个数据,如图 6-40 所示。

定义时间序列 t_i,当满足下式时:

$$t_i < t_{i+1} - 15\text{min}$$

(6-16)

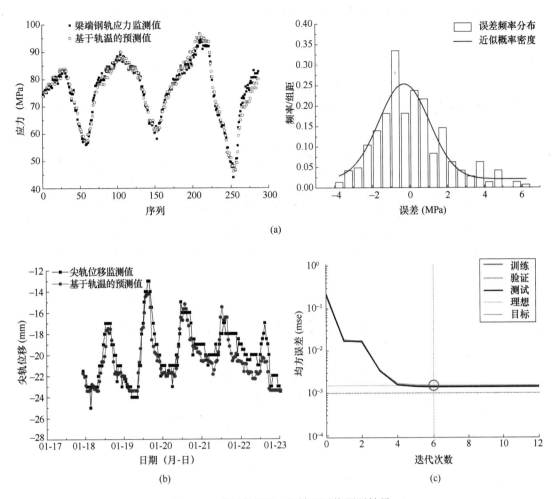

图 6-39 基于轨温的 BP 神经网络预测结果

(a) 基于轨温的钢轨应力预测结果及误差；(b) 基于轨温的尖轨位移预测结果；(c) 网络训练误差

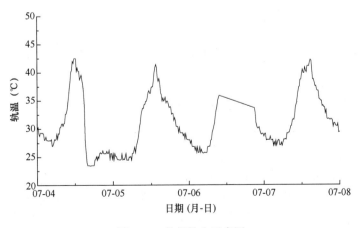

图 6-40 数据缺失示意图

则认为产生了数据缺失。缺失数据量采用式（6-17）进行计算：
定义缺失数据总量 n：

$$n = \sum_{i=1}^{N} \text{ceil}\left(\frac{t_{i+1} - t_i}{15\text{min}} - 1\right) \tag{6-17}$$

对于短期缺失数据，应尽量采取简单而有效的方式插补。常用的数据插补方式如表 6-11 所示。

数据插补方法 表 6-11

插补方法	特点
均值/中位数/众数插补	利用样本数据的平均数/中位数/众数进行插值
定值插补	利用常数进行替代，如规范值、往年平均值等
邻近插补	利用与缺失数据相近的数据代替缺失值
回归插补	利用已有数据与其他变量的数据建立拟合模型预测缺失数据
拉格朗日/牛顿插值法	利用已知点建立插值函数，利用函数值 $f(x)$ 代替
三次样条插值	数据的多个小区间内用三次多项式连接成光滑曲线

（2）数据异常判别与处理

异常数据是指因采集系统故障或被测结构状态异常而产生的与大量数据趋势不符的数据。显然，异常值产生原因既有来自结构的，又有来自采集系统的。一方面不加剔除地把所有异常值列入计算分析，会引起结果偏差，难以发现数据规律，甚至会得到相反的结果。另一方面，盲目地把异常数据归咎于采集系统，剔除所有异常数据，反而会丧失了捕捉结构突发问题、及早预测预警的机会。

考虑到结构异常状态数据的重要性，建议对于监测数据的异常值识别采取较为保守的方案，凡导致结构性异常值被剔除可能性较大的方法，应谨慎使用。常用的异常值判别方法见表 6-12。

异常值判别方法 表 6-12

方法	适用条件
拉依达原则	样本较多且服从正态分布，均值、方差等便于计算
格拉布斯准则	数据规模小、全局阈值
肖维勒准则	样本服从正态分布
狄克逊准则	样本服从正态分布

以上方案均要求样本服从正态分布，而数据分布分析表明并非所有的监测项都遵循正态分布，因此还可以采用箱形图法对异常值进行判别。

对于长期监测数据中存在的异常值，主要有两类。一类是系统故障，往往会产生大量的、连续的异常值，如气温异常值；另一类是未知原因的个别存在的异常值，数量往往较少，随机出现，如钢轨位移异常值。对于不同类型的异常值，建议采用不同的异常值处理方式。表 6-13 列举了较为常用的少量异常值处理办法。

少量异常值处理方法　　　　　　表 6-13

常用方法	特征
删除异常值	直接删除有异常值的记录，适用于异常值较少的情况
视为缺失值	视异常值为缺失值，按照缺失值进行处理
平均值修正	利用前后两个观测值的均值修正异常值
不处理	直接在含有异常值的样本数据上进行分析，异常值较少时可用

1）少量异常值处理

少量异常值可以采用剔除的方式进行修正，这也是最为简单的处理缺失数据的。但铁路基础设施状态变化具有连续性，缺失数据对于模型建立、数据分析有不利影响。个别出现的异常值视为缺失值，利用插值方法进行处理。

2）大量异常值修正

监测数据中，偶然会连续产生异常值。分析大量异常值产生的原因，是解决异常连续异常值的根本。

① 标定系数错误

如图 6-41 所示，2015 年 12 月钢轨应力出现了大量异常数据，异常数据本身也呈现出较好的线性关系，说明异常数据并非杂乱的、无规律的无效数据。

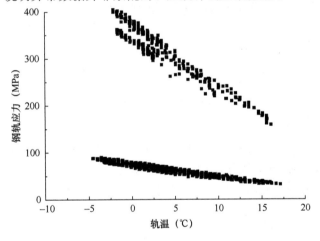

图 6-41　2015 年 12 月钢轨应力与轨温关系

经分析，异常数据的产生是由于换算关系错误造成的，一段时间内监测到的应变片应变直接存入数据库，替代了原有的钢轨应力，造成与其他数据不相符的现象。在此基础上，将应变数据通过弹性模量的乘积换算为钢轨应力即可解决问题。

② 传感器故障

连续出现的大量异常值往往是由传感器故障引起的，其中包括传感器量程不足、传感器折断等，这类数据杂乱、无序、无意义。在现有技术条件下，对于这类数据只能进行删除，否则，只会导致数据分析产生偏离乃至错误。

6.5.3　监测数据报警

在实时监测的基础上，采用计算机报警，合理选择报警阈值是关键。传统意义上的报警阈值往往选择特定指标作为阈值，阈值的来源一般根据经验或者相关规范。目前，国内外针对铁路开展的结构力学行为监测相对较少，规范中对多数指标并未做明确的规定。另外，规定限值也多根据经验确定，缺乏必要的理论基础。

铁路基础设施系统多项力学指标呈现出明显的周期性动态变化，不同指标还具有一定的相关性。因此，统一采用单一的阈值并不能完全体现结构的特性。基于以上考虑，分析统计样本的相关性，综合考虑多样性指标进行报警预警，是较为可行的办法。

离群点诊断是一种重要的数据挖掘方法，其目标是发现数据集中行为异常的少量数据对象，称为离群点或孤立点。常用的离群点诊断方法有基于统计模型、基于距离、基于密度和基于聚类等多种。此外，关联规则、神经网络、模糊集和人工智能等也可以用于离群点挖掘。

(1) 基于距离的异常状态识别

基于距离的离群点检测方法的基本思想是如果某个对象远离大部分其他对象，则认为该对象是离群的，定义为：如果数据集合中至少有多个样本点与特定对象的距离大于限值，则认为该对象是一个基于距离的离群点。

钢轨应力、尖轨位移等参数与轨温具有明显的线性关系。以钢轨应力为例，理想状态下，构造的点集 ($T_{轨温}$, $Stress_{钢轨应力}$) 在平面上应在一条线段附近。线段两端表示轨温、钢轨应力较大或较小，而距离线段两侧较远的点则不在预期范围内，可能表示当前轨道状态不够理想。

基于 k（最近邻距离）大小判定离群点的方法，需定义点 x 的离群点因子为：

$$OF1(x,k) = \frac{\sum_{y \in (x,k)} \text{distance}(x,k)}{|N(x,k)|} \tag{6-18}$$

式中 $N(x,k)$——不包含 x 的 k（最近邻距离）集合，数学表达式为：

$N(x,k) = \{y \mid \text{distance}(x,y) \leqslant k - \text{distance}(x), y \neq x\}$。$|N(x,k)|$ 表示该集合大小。图 6-42 给出了 $k=100$ 条件下，不同监测项目样本中最符合离群点条件的点集。

如图 6-42 所示，采用基于距离的离群点诊断方式，不仅能够将较大和较小的钢轨应力识别出，还能识别出与距离正常状态较远的点，对这类离群点进行报警并加以关注。

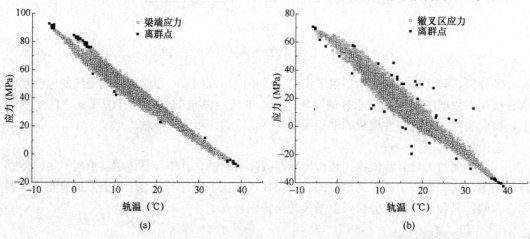

图 6-42 钢轨应力离群点识别

(a) 梁端钢轨应力离群点；(b) 辙叉区钢轨应力离群点

基于距离的离群点诊断方法具有以下优点：

① 不关注监测数据样本的分布状态、数据类型特点，仅需 k（最近邻距离）这一单一评价依据和必要的数据清洗，计算代价较小。

② 可以处理一维乃至多维数据，可以用任意多个监测指标构造点集。

（2）基于聚类的异常状态识别

基于原型的 K 均值聚类（K-means）算法是一种系统的聚类分析方法，利用诸多对象对簇中心的距离来度量属于簇的程度。其工作原理是将数据集中随机定义 k 个点作为初始聚类中心。逐个计算其余点 x_i 到中心的距离，将其划分给距离最小的簇。计算各个簇中心值，代替原有中心点，不断循环计算距离—重新划分簇—更改中心过程直至各聚类中心 C_i 不再变化，满足下式：

$$SSE = \sum_{j=1}^{k} \sum_{x \in X} \text{distance}(x_i, C_i)^2 \qquad (6\text{-}19)$$

对轨道系统监测数据建立基于聚类分析的离群点诊断模型。相关指标为气温、轨温、多个测点的钢轨力与位移等 9 个指标，由于尖轨位移与其他指标采集频率不一致，故需与轨温构造新的二维向量单独计算。用 K-means 聚类方法，当聚类离群因子较大时，则认为该点是状态异常的离群点。

如图 6-43 所示，对 2015 年 10 月~2016 年 2 月的样本数据进行聚类分析。分析结果

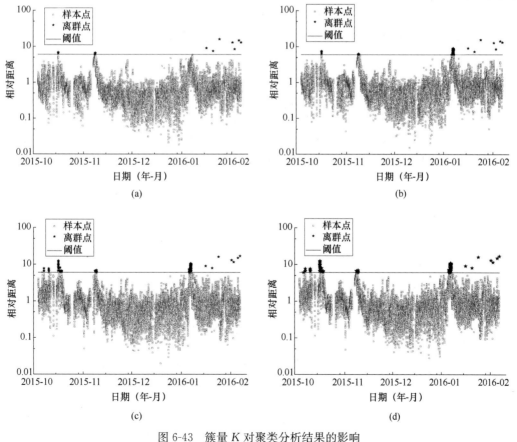

图 6-43　簇量 K 对聚类分析结果的影响
(a) $K=9$；(b) $K=8$；(c) $K=7$；(d) $K=6$

表明，采用不同的簇数量进行聚类分析，会得到不相同的离群点诊断结果：

① 随着聚类的簇数量的减少，样本整体相对距离在逐步增加。

② 在相对距离阈值固定的条件下，簇的数量越少，能够被识别为离群点的样本就越多。

③ 基于聚类分析提取的监测数据离群点主要集中在 11 月中旬、1 月下旬、2 月中旬三个区段，该区段在各种簇量下均被诊断出离群点。事实上，该段时间内多次发生不同规模的寒潮，其中以 1 月下旬的寒潮影响最为明显。因此，聚类分析的结果具有一定的可信度。

以上分析结果证明基于聚类分析的离群点诊断方案能够将不同参数关联起来，识别出具有特殊意义的离群点。

基于对距离和聚类离群点诊断方法的对比，聚类方案能够统筹考虑多种监测指标的综合影响。本书建议采用基于聚类的离群点识别方式作为动态诊断和报警机制。另一方面，簇量对诊断结果影响较大，需要做进一步的综合分析。

思 考 题

6-1 高速铁路路基健康状态评价主要监测哪些内容？轨道健康状态评价主要监测哪些内容，理由是什么？

6-2 高速铁路路基及轨道的健康状态是如何进行评估的？

6-3 高速铁路基础设施有哪些常用的监测及状态感知技术？各种技术的优势和适用范围是什么？

6-4 基础设施健康管理平台由哪些功能组成？平台实现监测数据管理的流程是什么？

6-5 简述几种常用的监测数据处理技术及各自功能是什么？

6-6 比较回归预测模型和 BP 神经网络模型的优缺点。

6-7 监测数据报警功能中，基于距离的异常状态识别和基于聚类的异常状态识别，各自适用的范围是什么？它们的优缺点是什么？

第 7 章 铁路近接施工监测与评估技术

本章知识点、重点、难点

(1) 近接工程的分类原则以及具体类型；
(2) 铁路近接施工面临的风险类型；
(3) 铁路近接施工检测的主要内容；
(4) 轨道、隧道、桥梁、路基结构的监测方法；
(5) 铁路近接施工监测系统的组成。

(1) 铁路近接施工风险来源；
(2) 铁路近接施工风险的控制措施；
(3) 铁路近接施工监测系统的基本要求；
(4) 轨道、隧道、桥梁、路基结构的监测项目。

(1) 铁路近接施工的风险发生机制；
(2) 铁路近接施工风险评估方法；
(3) 铁路近接施工监测系统的构建。

铁路近接工程指与轨道交通线路及其设施存在交叉、邻接关系并可能影响其安全的建设工程。现代监测技术将北斗导航定位技术、数字地图可视化管理技术、灰色评估技术、无线网络传输技术、现代传感器技术及虚拟仪器技术等引入铁路既有线近接施工安全管理监控及决策，综合研发既有线近接施工安全风险评估与智能监控关键技术，实现对铁路既有线近接施工全过程各工艺环节安全生产信息的高度集成、准确分析、发现风险并控制风险，保证铁路既有线的正常营运和近接施工的顺利进行。

本章对近接工程的风险成因及发生机制进行了总结，对轨道结构及下部基础的监测项目及监测系统进行了介绍，结合盾构施工下穿既有高速铁路的工程应用案例，为近接工程施工评估与检测提供参考。

7.1 近接工程分类及特点

7.1.1 近接工程分类

近接工程指在轨道控制保护区内跨越、穿越、平行、邻近、连接、占用轨道交通线路及其设施的各类工程,包括交叉类和邻接类项目。其中,交叉类项目主要指轨道控制保护区内与轨道交通结构部分在平面投影上有交叉的工程;邻接类项目主要指在轨道控制保护区内施工但与轨道交通结构部分在平面投影上无交叉的工程,以及与轨道交通站点以地下通道或站外连廊等形式通过破口实现连接的连通类工程。

按照近接构筑物类型划分,可将近接工程分为3种,分别是隧道、桥梁、路基段的近接施工。按结构在平面的投影划分,一般可分为并行、重叠、交错以及交叉4种形式。按穿越的方式也可分上穿、下穿(含侧穿)、邻近、破口等多种方式。

(1) 隧道段近接施工

1) 隧道并行

既有隧道周边围岩松弛,使作用在衬砌上的荷载增加;爆破振动影响既有隧道运营安全。

2) 隧道交叉

新建隧道在既有隧道上部通过时,由于卸载作用,既有隧道向上方变形;新建隧道在既有隧道下部通过时,既有隧道会发生下沉。

3) 隧道上部明挖

因隧道上部明挖,土压被解除,对垂直荷载来说,侧压变大,拱顶会向上变形;埋深小时会损伤拱作用,使衬砌的垂直荷载增加;隧道开挖若为非对称的情况时,衬砌会受到偏压作用。

4) 隧道上部填土

隧道上部填土,作用在衬砌上的垂直荷载增加;埋深大时,增加荷载被分散,影响变小;填土不均匀时,衬砌会受到偏压作用。

5) 隧道上部结构物基础(对隧道的影响)

基础开挖时,与隧道上部明挖一样,但影响程度有所不同;上部结构物施工时,与上部填土一样,上部荷载增加。

6) 隧道侧面开挖

隧道开挖方向发生拉伸变形,产生偏压影响和地层滑移。

7) 隧道近接锚索

因近接隧道钻孔,使隧道周边围岩松弛;导入锚索预应力时,会产生位移。

8) 隧道上部积水

动水坡度上升,产生水压作用(能形成水头压力)或漏水量增加。

9) 地层振动

近接工程施工使用大量炸药时,受到动荷载的作用,衬砌发生开裂,可能发生剥离脱落。

10) 隧道下穿建(构)筑物(对地表结构物的影响)

既有建(构)筑物易受爆破振动影响或破坏。

(2) 桥梁段近接施工

桥梁段的近接施工一般影响的是桥梁的基础,既有建筑物对于桥梁段的影响不可忽视,因此围护结构也是不可缺少的。

(3) 路基段近接施工

当新建线距既有线位置较近时，新建线路基轨道荷载在地基中产生不均匀分布的附加应力，使既有线位置处地基土体产生不均匀的侧向和压缩变形，继而引发既有线路基面产生不均匀附加沉降和水平附加位移，从而影响既有线的线路平顺性及稳定性，造成线路运行安全问题。

特别地，在软土地基等不良地基上修建新线时，由于地基本身承载力低、压缩模量较低，新建线的修建使近邻既有线路基面产生的不均匀附加沉降及水平附加位移相对较大，在沉降变形要求更高的高速铁路中很难满足要求，必须采取相关措施进行改善。例如，进行软土地基加固处理，采用性能更好的路基填料等。

以地铁结构自身近接工程为例，按新建工程近接对象的不同分为Ⅰ类、Ⅱ类、Ⅲ类、Ⅳ类，如图 7-1 所示。

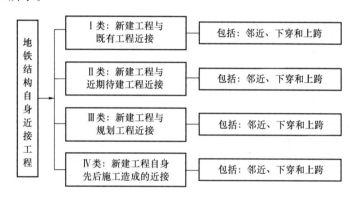

图 7-1　地铁自身近接工程分类

Ⅰ类近接工程中的既有工程为已知设计输入条件，新建工程需避免或减小对既有工程的影响，满足既有工程的使用要求。如北京地铁 6 号线矿山法区间下穿既有北京地铁 2 号线车公庄站和既有北京地铁 5 号线东四站、北京地铁 6 号线矿山法区间下穿北京地铁 4 号线盾构区间等都是此类案例。

Ⅱ类近接工程中的待建工程为已确定线路方案近期开建工程，属于已知的设计输入条件，新建工程需要采取适当措施避免或减小待建工程对其影响，并给待建工程创造必要的邻近施工条件，考虑变化调整可能，新建工程应以尽量少的共建和预留条件为主。如北京地铁 16 号线待建矿山法区间平行斜下穿北京地铁 9 号线矿山法区间、北京地铁 12 号线待建盾构区间下穿北京地铁 10 号线十里河站等是此类案例。

Ⅲ类近接工程中的规划工程为远期线，近几年线网频繁加密调整，新建工程需考虑规划线路的可能走向，预留远期条件。前期研究的北京地铁四环线、北三环线、9 号线北延、昌平线南延等属于规划研究线，新建工程宜考虑规划工程的存在，预留可实施条件，主要工程措施在后实施工程中采取，以避免规划调整造成不必要的浪费。如北京地铁 15 号线安立路站与规划安立路车站的关系、北京地铁 15 号线北沙滩站与规划北京地铁昌平线南延的关系等。

Ⅳ类近接工程是指新建工程在实施过程中受交通导改、管线、地质、工期、工法等影响，存在先后实施问题，此类工程为同步设计情形，需要对相互影响进行详细论证，采取的工程措施视实施难度、保护效果、工程费用等进行综合比选。如车站结构分期实施（包括主体分幅实施、先实施附属后实施主体、先实施主体后实施附属)、区间邻近先后实施(包括近距离平行、叠落盾构或矿山法隧道)、已实施结构上方或下方后实施新增结构等。

7.1.2 近接工程特点

穿越地铁的工程有隧道、基坑、桥桩等，不同类型的结构形式及其施工工法可能造成的风险程度差别很大。既有轨道交通不同结构抵抗变形的能力各不相同。

不同的穿越工程在新建结构类型、施工方法、既有线形式、穿越方式、水文地质条件等方面不尽相同，因此每一个项目都具有其不同的特点。但对于相似的工程(如明挖基坑、暗挖隧道、盾构隧道等)，其风险影响范围和程度具有一定的相似性，其工程风险分析均有一些规律可以遵循。

轨道交通穿越工程具有新建工程类型多、既有结构类型多、影响方式类型多、工程和水文地质多样、车辆动荷载作用频繁等特点。

(1) 新建工程类型

穿越工程类型一般按施工工法可分为明挖法、暗挖法以及非开挖法三大类。其中明挖法除一般的明挖施工方法外，还有盖挖施工方法，其设计体量、支护形式、施工顺序因工程条件的不同存在较大差异。暗挖法包含矿山法、盾构法等多种类型，其结构尺寸、施工方法、辅助加固措施需要依照不同的工程环境以及结构用途予以确定。非开挖法中较为常见的有顶管法、拉管法等，施工特性不同于一般工法隧道，其施工对既有结构的影响需要另作判定。

(2) 既有结构类型

轨道交通线路敷设形式可分为地下线、地面线以及高架线三种主要形式；同时既有结构不仅局限于既有车站结构、区间结构，也包括出入口、通风亭、车辆段、控制中心、变电站、集中供冷站等建(构)筑物，而既有主体结构断面形式又可分为矩形断面、马蹄形断面、圆形断面等，根据施工工法又可分为明挖法、矿山法、盾构法；轨道交通中有砟轨道结构、形式多样的无砟轨道结构(短轨枕道床、梯形轨枕道床、弹性支承块式道床、橡胶浮置板、弹簧浮置板)及扣件(除普通常见扣件外，还包括了DTⅣ型、DTⅤ型、DTⅥ型、DTⅥ2型、先锋扣件等)广泛应用。不同结构所能承受的变形存在明显差异，根据穿越工程中既有结构的形式不同，需要采取针对性的控制措施。

(3) 工程和水文地质

我国土层类型主要有砂土、粉土、粉质黏土、黏土和淤泥质黏土等。对于一线城市，由于既有铁路网形成较早，公路铁路网更为密集，所以近接施工工程量较大，施工难度较大。下面以北京、上海、广州为例，说明近接施工的水文地质多样性。

1) 北京

北京地区处于平原与山区相连的地带，主要为第四系永定河山前冲洪积层和河流相似的沉积层，由砂、砂卵石、圆砾以及黏、粉土、黏质粉土和粉质黏土等互层组成。其特点为东部是黏性土、砂层和砂砾石互层的多层状态，西部很快逐渐变为砂砾石、圆砾与粉土互层状态；东部砂砾石层中的砾石粒径较小(一般小于100mm)，西部砂砾石、圆砾层中的砾层粒径较大(一般大于100mm)，同时西部的砂卵石中能见到超大粒径的漂石，个别漂石的粒径达1500mm以上，各层的层位分布不稳定，时厚、时薄，有的呈透镜体夹层。

北京的地下水赋存特点是：3层水和5个区域。3层水分别是上层滞水、潜水和承压水；且潜水和承压水在不同区域会有层位上的变化，如处于西北部地区的潜水层，到了东部和东南部就变成了承压水，且补给十分畅通。所谓的5个区域，是因地层分布的差异和城市长期开采地下水、城区地下管线渗漏及施工降水等的影响，而呈现出城市的东、西、南、北、中区在地下水位、径流条件、水层分布等方面具有明显差异的现象，这是北京地区水文地质的重要特征。

2）上海

上海地区是典型的三角洲沉积平原，地下空间开发利用主要集中在地表以下75m范围内，而该区段地层主要由滨海-浅海相的黏性土与砂性土组成，尤其是50m以上的土层更是以饱和的软弱黏性土为主，其在地下空间开发利用及其建设过程和工程运营期间容易引发环境地质问题。

上海地区地下水位埋深浅，地铁隧道等地下工程不但在施工过程中受到地下水的影响，而且建成后还将长期位于地下水位以下。因此，必须重视地下水对地下空间开发的影响问题。上海地区与地下空间开发建设密切相关的水层有潜水层、微承压水层和第一承压水层。第一承压含水层水位总体稳定，部分时间段变化较大，变化幅度总体在1~2m之间，但在该含水层与下部含水层沟通区变化幅度较大。

3）广州

广州地区的地质条件具有地形地貌起伏多变、地层岩性复杂多样的特性。其主要有三大地质难题：一是广州发育了多条断裂，地铁线路经过的有广三断裂、广从断裂、瘦狗岭断裂等十多条断裂带。断裂带最大的问题是岩体破碎，相对周边完整的基岩属于软弱夹层，在隧道施工时容易造成涌水、突水等工程事故；二是花岗岩、混合花岗岩残积层多，当遇水浸泡时，该土层会迅速软化以及崩解、流淌，会造成涌水等事故；三是西北部存在大量的石灰岩和溶洞，这些地方涌水量很大，险情发生时止水、堵水等都极难进行。

广州地区的典型工程地质和水文地质如下：

① 黏土以及泥岩类岩石，对盾构掘进有不利影响，研磨后形成的粉粒状矿物质，在受压、受热、受湿环境条件下，会在刀盘表面或土仓内形成泥饼。

② 上软下硬或上硬下软的不均匀地层难以全天候进行动态平衡控制，易导致顶部坍塌。

③ 软硬地层突变及花岗岩地区的球状风化体，会使刀盘变形和刀具崩裂。

④ 富水断裂带和岩石破碎带等地层会导致螺旋输送机出土口涌水涌砂，造成施工困难。

(4) 列车动荷载频繁

穿越工程中不仅要考虑轨道交通既有结构的静荷载影响，尤其是城市轨道交通，列车发车间隔短（最短在2min以内），频繁的轮对—钢轨—道床—结构的动荷载传递，会对轨道及轨下基础产生强烈扰动，可能会较大程度加剧既有结构的应力和应变，增加新建工程施工断面（掌子面）的不稳定性，从而加剧既有结构的变形。

7.2 风险成因及发生机制

铁路近接施工属于较常见且施工难度较大的铁路施工类型。尤其是在空间相对狭小，线路较为密集的城市周边或铁路干线上，铁路隧道的近接施工较频繁。铁路线近接隧道施工是众多近接施工类型中的一种，主要指既有隧道和新建隧道在空间位置上的结构净距或线路净距较小的一类工程。近接隧道施工与普通的隧道施工有较大差异，主要体现在隧道围岩应力场更加复杂，新建隧道施工工法的选择更加慎重，既有隧道安全支护工作处于施工的核心环节等方面。

近接施工中围岩和既有建（构）筑物受到加载卸载、横竖效应作用以及空间位置关系作用的影响，应力会发生多次重新分布，引发一系列力学响应，同时山岭隧道通常采用的爆破掘进带来的爆破动载荷作用也加强了施工的动响应。这些影响因素给近接隧道施工的安全以及既有建（构）筑物的正常运行带来巨大风险。

7.2.1 新建结构物与既有结构物的位置关系

新建工程会打破原有地层的力学平衡条件，造成应力的重分布，在近接施工中造成应力的多次调整，使得既有结构周围的应力发生变化。由于新建工程与既有工程的空间位置不同，这种影响程度也是不同的，存在着一个近接施工的影响范围。近接工程越接近既有结构物，对其影响越大，反之越小。远到一定距离，影响就消失了。不同的施工方法有不同的影响分区标准。

7.2.2 围护体系的自身情况

地下工程围护体系自身状况的不稳定会导致围岩坍塌，严重时会使近接的既有建筑变形而形成裂缝甚至倒塌。

在地下工程近接施工的工程实践当中，设计和施工是造成围护体系破坏的主要因素。不按设计的要求施工，如果挡土结构严重破坏，大量土体将向基坑内侧滑移，使周边建筑物的稳定性受到影响（图7-2）。

7.2.3 既有建筑物的状态

既有建筑物的基础埋深、稳定程度等对既有建筑物的稳定性有较大影响。建筑物的地基对抵抗工程施工引起的地层变形起着极为重要的作用。既有建筑物的基础形式不同，其地基的整体刚度和强度以及抗地层变形的能力相差极大。整体刚度较大的基础能够很好地起到抗差异性沉降的作用，可以保护上部结构免受破坏。

由于北京地区地层承载力高，20

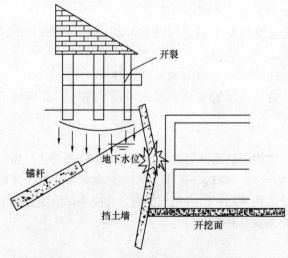

图7-2 挡土墙破坏对邻近结构的影响

世纪及以前修建的一般的建筑物均采用天然地基,在正常情况下天然地基的稳定性很好,但其抗扰动能力很差,在施工开挖的扰动下,极易失稳,增大了工程的风险。

7.2.4 地形、地质条件

地质条件是铁道工程建设的施工对象和载体,是工程建设安全风险的主要来源和孕险环境。

北京市位于华北平原北部,属于永定河、潮白河等水系洪冲积扇的中上部地段。北京地区的地貌类型,以形态划分可分为平原区和山地两大类型。北京地区西部大部分地区存在上部为砂卵砾石层、下部为隔水性较强且顶面起伏较大的黏土层,施工降水时使上部地下水位无法完全降低,存在层间水、滞水等。因此,由层间水、滞水引起的隧道涌水涌砂、联络通道涌水涌砂、盾构螺旋输送机涌水涌砂引起的地面塌陷等工程风险相对较高。且北京局部地段存在含水量较低的粉细砂层,容易引起隧道塌方、盾构掘进面失稳等风险。

7.2.5 围岩等级

由于隧道开挖发生卸载,周边岩体产生松动,引起初始应力的释放,对围岩和支护造成松动压力。隧道开挖过程中,周边岩体发生应力重新分布的现象,围岩的应力增加,同时发生弹塑性变形,在隧道支护结构施工完成后,围岩受到支护阻力情况下的变形压力。在遇到膨胀性的岩体后,其开挖过程中产生膨胀压力。在高硬岩体开挖中,贮存在岩体中的能量由于受到隧道开挖的扰动,突然间释放冲击压力。如围岩等级较低,就会对近接施工工程造成巨大风险。

7.2.6 山岭隧道的爆破掘进

在山岭近接隧道施工中,矿山法仍是最普遍的施工方法。岩石爆破由宏观的爆炸作用以及岩石微观的损伤断裂组成。其中,微观方面的损伤过程一般分为两个阶段:第一个阶段是在岩石爆破过程中,在高速爆破应力波的作用下,岩石受到压拉作用,发生损伤和断裂的过程;第二个阶段是爆生气体对岩石破坏作用的过程。

岩石在受到炸药爆炸作用的瞬间,将承受极高的温度以及超高的压力,同时爆炸形成的冲击波在每秒数千米的高速下传播,在紧靠炸药的岩石上,受到如此强作用的冲击波以及爆后气体作用,还有伴生的径向和切向压应力,远大于岩石的抗压强度。

7.3 检测项目及方法

铁路近接施工检测一般分为工前检测和工后检测。

工前检测评价应在近接工程初步专项设计方案前进行,为近接工程的安全评估和专项设计方案的实施提供既有结构相关现状数据、资料和建议。工前检测包括对既有结构的性能、破损、渗漏、裂缝、变形缝张开等情况进行观察或测量。当发现既有设施存有病害,应以影像记录或检测数据等方式对其发生部位及当前状态进行详细描述。工前检测资料调查应包含既有设施的设计、施工、竣工、大修和专项维修、被穿越记录等资料。

工后检测评价应在工程完工一年且既有设施变形稳定后进行。当一年后变形仍不稳定时，继续监测达到稳定，且近接工程完工不超过两年应进行工后检测。工后检测应对结构的破损、渗漏、裂缝、变形缝张开等情况进行现场外观初步调查，为评估等级确定提供依据。同时，应将工后检测结果与工前检测结果进行对比分析，明确有无新增损伤和原有损伤的变化情况。

工后检测的主要内容有线路及轨道结构状况检查，结构混凝土外观调查，结构混凝土裂缝检测，结构混凝土强度检测，结构混凝土碳化深度检测，结构混凝土保护层厚度检测，结构钢筋锈蚀状况检测，结构变形缝两端高低差测量，混凝土错台检测，限界测量等。根据工程扰动的影响区域（即强烈、显著、一般、弱影响区），结合对近接工程风险分析及风险分级的判定，合理确定既有轨道交通结构的检测范围和检测内容，对影响区域内的线路及轨道结构和隧道状况进行调查和检测，具体检测内容见表 7-1。

分级检测内容项目表 表 7-1

类别	现状调查检测内容	风险等级			
	名称	特级	一级	二级	三级
结构	渗透量检测	√	√	√	
	混凝土裂缝检测	√	√	√	
	变形缝调查	√	√	√	
	高架结构支座检测	√	√		
	结构周边状况检测	√	√		
	混凝土强度检测	√	√	√	
	碳化深度	√	√	√	
	钢筋锈蚀检测	√			
	混凝土保护层厚度检测	√			
	盾构管片破损检测	√			
	盾构管片错台检测	√			
限界	建筑限界	√			
轨道	钢轨及零部件调查	√	√	√	
	道床裂缝检测	√	√	√	
	道床、结构剥离调查	√	√		
线路	线路情况调查（线路参数与设计图纸复核）	√	√	√	√

7.3.1 线路及轨道结构检测

进入检测现场前，应当事先熟悉图纸资料，了解其线路形式、结构特点等。进入现场后，应核实里程位置。对线路扣件类型及调高情况进行调查，按轨道交通线路维护相关规定进行，根据调查结果记录扣件的型号及调高尺寸，并拍照存档。对线路扣件各零件、轨枕完好程度及钢轨磨耗程度进行调查，及时准确记录调查结果，并拍照存档。

（1）线路几何状态

使用轨距尺测量线路轨距、水平，每千米测点不应少于 100 处，并按基长 6.25m 标记三角坑;目测线路方向、高低,如果发现问题,使用10m弦进行测量;使用塞尺测量钢轨轨底与轨下垫层之间的空隙,当空隙超过2mm以上时视为空吊,并在相应的轨枕上做出标记;曲线正矢可使用20m弦进行测量。

(2) 钢轨和联结零件

使用超声波探伤仪等工具检测钢轨锈蚀、剥落掉块和裂纹等伤损情况,判定伤损等级,并在钢轨上做出标记。

使用轨缝尺和直尺测量钢轨接头的轨缝和错牙,以下情况应在钢轨上做出标记:25m钢轨地段每千米轨缝总误差超出80mm;12.5m钢轨地段每千米轨缝总误差超出160mm;绝缘接头轨缝小于6mm或超出构造轨缝;出现连续3个及以上瞎缝或轨缝大于构造轨缝;内侧顺向错牙大于2mm,内侧逆向错牙大于1mm;轨面错牙大于2mm。

检查接头夹板是否发生折断、裂纹等伤损;检查接头螺栓及垫圈是否齐全,作用是否良好,是否发生下列伤损:接头螺栓折断、严重锈蚀、丝扣损坏或杆径磨耗超过3mm,不能保持规定的扭力矩;检查垫圈是否折断或失去弹性。

检查扣件是否齐全、有效,是否发生下列伤损:螺旋道钉折断或浮起,螺帽或螺杆丝扣损坏、严重锈蚀;铁垫板折断、变形、严重锈蚀;垫圈损坏或作用不良;弹条、扣板(弹片)损坏或不能保持应有的扣压力;扣板、轨距挡板严重磨损,与轨底边离缝超过2mm;橡胶垫板压溃或变形丧失作用,橡胶垫片损坏。

检查钢轨磨耗情况。

(3) 道岔

检查道岔尖轨、基本轨、辙叉及其他零件的作用状态。使用轨距尺、直尺等测量工具,检查道岔各部位几何尺寸。

检查尖轨和可动心轨是否出现下列伤损或病害:两尖轨相互脱离;在转辙杆连接处,尖轨与基本轨不密贴;尖轨被轧伤,或轮缘有爬上尖轨的危险;尖轨头部宽50mm及以上断面处,尖轨较基本轨低2mm及以上;尖轨损坏。

检查基本轨是否出现下列伤损或病害:基本轨垂直磨耗,在正线上超过6mm,在其他线上超过10mm;基本轨损坏。

检查辙叉部分几何尺寸及部件是否出现下列伤损或病害:查照间隔小于1391mm,护背距离大于1348mm,测量位置按设计图纸规定;在辙叉心宽40mm的断面处,辙叉心垂直磨耗,在正线上超过6mm,在其他线上超过10mm;辙叉心、辙叉翼损坏;护轮轨螺栓出现折损。

检查道岔各部件是否出现下列伤损或病害:各种螺栓、连杆、顶铁和间隔铁损坏、变形或作用不良;滑床板损坏、变形或滑床台磨耗大于3mm;轨撑损坏、松动,轨撑与轨头下颚或轨撑与垫板挡肩离缝大于2mm;护轨垫片折损、窜动或侵限;弹片、销钉、挡板损坏;弹片与滑床板挡肩离缝、挡板前后离缝大于2mm;其他各种零件损坏、变形或作用不良。

(4) 轨枕

检查轨枕有无偏斜,状态是否良好。

(5) 道床

检查整体道床是否出现裂纹、下沉、隆起或翻浆冒泥,支撑块是否松动、破损。检查记录宽度在 2mm 以上道床裂缝的分布、位置走向、宽度及深度。对于碎石道床检查道砟是否饱满、均匀、整齐、密实，脏污道床是否发生翻白及翻浆冒泥现象。

(6) 接触轨及其防护设备

使用接触轨检测尺测量接触轨水平和方向。检查接触轨弯头、绝缘子和托架是否损坏，检查是否有异物侵入接触轨限界。检查接触轨系统各连接螺栓是否齐全、紧固。

(7) 无缝线路

以观测桩为基准检查无缝线路爬行量。检查钢轨伸缩调节器处的钢轨和基本轨是否密贴，尖轨或基本轨顶面有无压溃、肥边。检查轨条有无不正常的伸缩，固定区或无缝道岔是否出现严重的不均匀位移。

(8) 轨道加强设备

检查轨距杆、防爬器、防爬支撑和防脱护轨等加强设备是否齐全、有效。检查轨道加强设备是否发生下列伤损：轨距杆折断或丝扣损坏，螺帽、垫圈、铁卡损坏或作用不良；轨撑损坏或作用不良；防爬器折损，穿销不紧或作用不良；防爬支撑断面小于 110cm^2，损坏、腐朽或作用不良；防脱护轨支架、护轨、扣板、横向弹性调距垫块、绝缘缓冲垫片和联结紧固部件之间的组装面配合不良，各部件缺损或失效。

(9) 线路标志

检查线路标志是否完整、鲜明、准确。

7.3.2 隧道现状调查与检测

对区间隧道的主体结构、附属结构及附属设施进行全面细致检查，主体结构主要检查行车隧道；附属结构主要检查联络通道、迂回风道、区间风道及活塞风道；附属设施主要检查防排水设施和疏散平台。

(1) 主体结构

检查衬砌开裂情况，是否存在压溃、错台、张裂现象，并使用钢尺、比例尺、折尺等工具检查记录宽度 0.5mm 以上的结构裂缝的分布、位置、走向、宽度及深度。若出现下列情况，应做出标记：裂缝宽度大于 0.05mm，拱部压溃范围大于 0.5m^2，掉块厚度大于 6mm。

检查变形缝有无缝宽变化、错位情况，并使用钢尺、比尺、折尺等工具测量变形缝缝宽。变形缝缝宽变化值大于等于 20mm 时应做出标记。检查变形缝填塞物有无脱落。对于盾构隧道，还应检查管片螺栓孔、注浆孔填塞物有无脱落。检查洞体结构有无渗漏水现象，重点检查变形缝、盾构隧道管片螺栓孔、注浆孔和管片接缝处，衬砌开裂和腐蚀等部位。检查衬砌混凝土是否发生起毛、酥松、蜂窝麻面、起鼓、剥落等腐蚀现象，并使用钢尺等工具测量腐蚀深度和面积。检查衬砌是否有局部小掉块、钢筋外露、锈蚀现象，并做出标记。盾构隧道管片是否破损，是否存在错台、空鼓，并做出标记。检查整体道床与底板结构间是否存在间隙。

(2) 排水设施

检查排水设施结构物是否完好，重点检查排水沟、排水管、集水井有无开裂、漏水、淤积、堵塞、沉砂滞水等现象，钢水管有无锈蚀。检查隧道变形缝及衬砌防水设施是否完好，有无渗漏水。

(3) 疏散平台

检查疏散平台板上有无杂物，结构是否完好；检查疏散平台固定螺栓是否松动；检查疏散平台板是否有掉角开裂。

7.4 监测项目及方法

本书以城市轨道交通线路监测为例进行介绍，其他铁路近接工程监测与此类似。根据既有轨道交通线路的敷设形式，将近接工程分为近接既有轨道交通隧道、桥梁以及路基3种类型。目前对既有轨道交通的监测采用的方法分为人工监测和自动化监测2种。其中，自动化监测主要有测量机器人、静力水准、光纤光栅传感器、大气激光准直仪、测斜仪、位移计、测缝计等。

近接工程中对既有结构及轨道变形的监测不同于工程一般的监测项目，轨道交通长时间处于运营状态，且列车的振动会对近接产生扰动，如果不采用自动化监测，难以保证既有轨道交通的运营安全，这就要求根据近接风险等级的大小，对既有轨道交通采取经济合理的监测措施，必要时采取全天候的监测手段。

7.4.1 轨道结构的监测方法

(1) 监测主要项目

近接既有轨道交通工程的监测项目应与新建工程设计方案、施工方案相匹配。应抓住关键部位，做到重点观测、项目配套，形成有效的、完整的监测系统。

轨道结构监测项目主要包括轨道结构竖向变形、轨道几何形位、道床结构竖向变形及差异变形，监测的重点应是轨道结构竖向变形。依据实际情况，可选择增加其他监测项目。

(2) 人工监测

1) 人工监测主要内容

近接轨道交通工程轨道结构人工监测项目、仪器、精度见表7-2。

轨道结构人工监测项目、仪器、精度 表7-2

序号	监测对象	监测项目	监测仪器	监测精度
1	轨道结构	人工巡查	—	—
2		轨道结构竖向变形	电子水准仪	0.3mm
3		道床结构裂缝检查	游标卡尺	0.01mm
4		轨道几何形位检查	轨道尺	1.0mm
5		无缝线路钢轨位移	标尺	0.3mm

2) 人工监测项目测点布设及监测方法

① 轨道结构竖向变形监测

a. 水准基点及测点布置

监测网布设形式：轨道结构竖向变形监测采用几何水准测量方式，基准点以既有轨道交通的铺轨基标高程控制系统为基准建立,采用附合或闭合水准路线形式,起始并闭合于既有轨道交通铺轨控制基标上。监测点以基准点为依据,分段布设成附合或闭合水准路线形式。

水准基点布设原则:轨道结构变形监测控制网(点)以既有轨道交通线路铺轨控制基标系统为基准建立,起始并附合于轨道交通控制基标点上。控制网同观测点一起布设成闭合环网、附合网或附合线路等形式。

轨道结构布点原则:沿既有轨道方向每10~20m布设1个断面(特级风险每10m布设1个断面,一级风险每15m布设1个断面,二级风险每20m布设1个断面),结构缝处增设1个断面,每个断面在轨道两侧各布1个监测点。在以下部位必须布设监测点:既有轨道结构距离新建工程边线最近部位;结构变形缝两侧;前评估报告中给出的变形量、挠度、弯矩较大的部位;前评估报告中给出的既有结构变形敏感及应力集中处对应的轨道部位。

某轨道交通地下线轨道结构人工测点布设情况如图7-3所示。

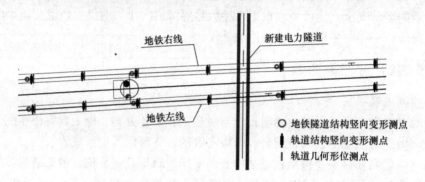

图7-3 轨道结构人工测点布点图

b. 观测方法及数据采集

水准网观测采用几何水准测量方法,使用电子水准仪进行观测,采用电子水准仪自带记录程序,记录外业观测数据文件。

② 无缝线路钢轨位移监测

a. 监测方法

无缝线路钢轨位移监测采用弦测法。在沿左右线线路法向道床上埋设观测墩,中心放入铜制标志,标志顶面基本与轨底面平齐,用细线将两标志连接,在每条钢轨轨腰上黏贴一个固定标尺,使标尺中心的零刻度与细线对齐。通过读取各观测期观测墩顶细线标志与标尺中心的距离,计算每条钢轨沿线路方向的相对变化量从而得出钢轨爬行量。

b. 观测点布设及数量

在施工影响范围外测边缘布设一组无缝线路位移观测点,每条轨上设1个无缝线路临时位移观测标尺。其布点如图7-4所示。

③ 道床结构裂缝监测

使用游标卡尺、数字显微镜等工具,对道床结构裂缝宽度变化情况进行监测。

(3) 自动化监测

1) 自动化监测主要内容

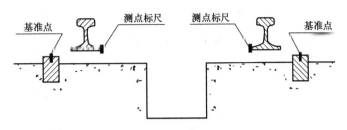

图 7-4　无缝线路钢轨位移测点标志埋设形式图

自动化监测项目、仪器、精度、周期见表 7-3。

近接既有轨道交通轨道结构自动化监测项目、仪器、精度、周期　　表 7-3

监测对象	监测项目	监测仪器	监测精度	监测周期
轨道结构	竖向变形	静力水准仪	0.1mm	工程施工前 1 周开始至施工完成后 10 天

2）监测点的布设

根据新建工程与既有轨道交通的平面位置关系确定区间布点原则：在监测范围内沿线路方向每 5~10m 布设 1 个断面（特级风险每 5m 布设 1 个断面，一级风险每 10m 布设 1 个断面），每个断面布设 4 个测点，在近接中心及其附近变形缝两侧各布设 1 个断面。如图 7-5 所示为近接工程中某轨道交通地下线轨道结构自动化测点布设情况。

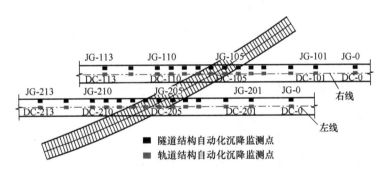

图 7-5　轨道结构自动化测点布设图

（4）监测频率、周期及控制值

1）轨道结构人工监测

轨道结构人工监测频率见表 7-4。

轨道结构人工监测频率　　表 7-4

施工方法	监测频率	
暗挖法施工段	开挖面距监测断面前后＜2B	1 次/d
	开挖面距监测断面前后＜5B	1 次/2d
	开挖面距监测断面前后＞5B	1 次/周
	开挖面距监测断面前后＞10B	1 次/2 周

续表

施工方法	监测频率	
盾构法施工段	测点距掘进面<20m	1次/d
	测点距掘进面<50m	1次/2d
	测点距掘进面>50m	1次/周
	测点距掘进面>100m	1次/2周
明挖法施工段	基坑开挖	1次/2d
	主体结构施工	1次/周

注：B 为隧道直径。

2）轨道结构自动化监测

自动化监测在近接工程施工期间为实时监测，每 20～40min 采集数据一次（特级风险监测时取 20min，一级风险监测时取 40min）。施工结束后按实际情况降低数据采集频率，继续监测至施工完成后半年。

当出现下列情况之一时，应加强监测，提高监测频率：
① 监测数据达到报警值；
② 监测数据变化较大或者速率加快；
③ 超深、超长开挖或未及时加撑等未按设计工况施工；
④ 周边地面突发较大沉降或出现严重开裂；
⑤ 邻近既有轨道交通结构突发较大沉降、不均匀沉降或出现严重开裂。

3）监测控制值

近接既有轨道交通监测的轨道结构变形控制指标应参照评估单位提供的变形控制指标。

7.4.2 隧道结构的监测方法

（1）监测主要内容

近接既有轨道交通隧道工程监测的主要项目应包括隧道结构变形、变形缝差异沉降、轨道结构竖向变形。监测的重点应是隧道结构上浮或沉降及变形缝两侧的差异沉降。依据实际情况，可选择增加其他监测项目。

（2）人工监测

1）人工监测主要内容

隧道结构的人工监测项目见表 7-5。

隧道结构人工监测项目、仪器、精度   表 7-5

序号	监测对象	监测项目	监测仪器	监测精度
1	隧道结构	人工巡查	—	—
2		竖向变形	电子水准仪	0.3mm

2）人工监测项目测点布设及监测方法
① 水准基点及测点布置

隧道结构竖向变形监测采用几何水准测量方式,基准点建立方法与轨道结构竖向变形监测相同。

区间隧道结构布点原则:沿隧道方向每10~20m布设1个断面(特级风险每10m布设1个断面,一级风险每15m布设1个断面,二级风险每20m布设1个断面),每个断面在隧道两侧结构侧墙上布设1个监测点。在以下部位必须布设监测点:既有隧道距离新建工程边线最近的顶部、底部或侧部等部位,隧道结构变形缝两侧,前评估报告中给出的变形量、挠度、弯矩较大的部位,前评估报告中给出的既有隧道结构变形敏感及应力集中的部位。

② 观测方法及数据采集

水准网观测采用几何水准测量方法,使用电子水准仪进行观测,采用电子水准仪自带记录程序,记录外业观测数据文件。

观测采用闭合水准路线时可以只观测单程,采用附合水准路线形式必须进行往返观测,取两次观测高差中数进行平差。观测顺序:往测为"后、前、前、后",返测为"前、后、后、前"。

(3) 自动化监测

1) 自动化监测主要内容

隧道结构自动化监测项目、仪器、精度、周期见表7-6。

隧道结构自动化监测项目、仪器、精度、周期 表7-6

监测对象	监测项目	监测仪器	监测精度	监测周期
隧道结构	竖向变形	静力水准仪	0.1mm	工程施工前1周开始至施工完成后10天
	收敛变形	测量机器人	0.2mm	

2) 监测点的布设

隧道结构监测点布置与轨道结构监测点布置原则相同,监测点布置如图7-6、图7-7所示。

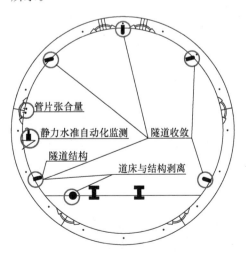

图7-6 隧道结构沉降测点横断面布置

图7-7 静力水准布设实景图

(4) 监测频率、周期及控制值

1) 隧道结构人工监测周期

① 一般规定：由于近接既有轨道交通施工对隧道结构产生的沉降影响可能发生在近接施工完成后的一段时间内，因此对于隧道监测的正常维修养护应延长一段时间，监控量测时间为近接施工完成后 1 年，且变形达到稳定。

② 停测标准：当最后 100 天的平均沉降速率不大于 0.01mm/d 时可认为已经进入稳定阶段。变形稳定后，满足轨道交通管理部门要求，经过相关单位后评估后停止监测。

2) 隧道结构自动化监测周期

隧道结构的自动化监测在近接工程施工期间为实时监测，与隧道内轨道结构监测频率及周期相同。

3) 监测控制值

近接既有轨道交通隧道工程监测的隧道结构变形控制指标应参照评估单位提供的变形控制指标。

7.4.3 桥梁结构的监测方法

(1) 监测主要内容

在近接既有轨道交通桥梁时，应对桥梁墩台、梁体结构进行近接施工全过程监测，应按要求加密监测频率，对变形敏感的重要桥梁应根据设计要求进行 24 小时的远程实时监测，具体监测内容应包括桥梁墩台的沉降及倾斜、梁体结构的沉降及差异沉降、桥梁结构裂缝及桥区地表沉降。

(2) 人工监测

1) 监测的主要内容

桥梁结构的人工监测项目如表 7-7 所示。

桥梁结构人工监测项目、精度　　　　　　　　　　表 7-7

序号	监测对象	监测项目	监测精度
1		人工巡查	—
2	桥墩结构	桥墩结构竖向变形	0.3mm
3		桥墩结构倾斜	2″

2) 人工监测项目测点布设及监测方法

遇到以下情况必须布设监测点：新建工程中心线最近的桥梁基础或承台部位，结构变形缝两侧，前评估报告给出的桥梁变形量较大、挠度较大、弯矩较大的部位，前评估报告给出的对变形敏感及应力集中的桥梁结构部位。

① 桥墩结构竖向变形监测

a. 监测网布设形式

桥墩竖向变形监测采用几何水准测量方式，控制网采用一等水准测量精度要求施测，观测点采用二等水准测量精度要求施测。监测点以基准点为依据，分段布设采用附合或闭合水准路线形式。

b. 水准基点及监测点布设原则

水准基准点作为竖向变形测量的起算依据，其稳定性是十分重要的。水准基准点的布置除需要考虑基准点的稳定性、长期性、使用方便的特点外，还应选在近接工程施工影响范围以外的区域。所以在施工影响范围之外较稳定的区域设置 3~4 个水准基准点（风险等级较大的工程，应适当增加水准基准点）构成竖向变形监测控制网。在使用前复测水准基点间的高差，在允许范围内方可使用。

影响范围内桥墩竖向变形监测点布设于各桥墩的墩台上，影响范围内施工邻近的每个墩台布设 1 个测点。竖向变形监测点的埋设形式见图 7-8。

观测数据采集方法同 7.4.2 节。

② 桥墩结构倾斜监测

a. 测点布置原则

在影响范围内施工邻近的桥墩上布设倾斜监测点。

b. 测点埋设及技术要求

为了保证监测精度，应首先在被监测处选取合适位置黏贴 1 块 100mm×80mm 普通玻璃，增加监测面的光滑度和平整度，然后采用仪器进行观测；监测仪器采用倾斜仪，图 7-9 为 JY-8000 型双轴倾斜仪。

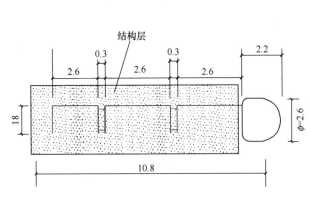

图 7-8 桥墩竖向变形监测点布置图（单位：cm）

图 7-9 JY-8000 型双轴倾斜仪

（3）自动化监测

1）自动化监测的主要内容

桥梁结构自动化监测项目、仪器、精度如表 7-8 所示。

桥梁结构自动化监测项目、仪器、精度　　　　表 7-8

序号	监测对象	监测项目	监测仪器	监测精度
1	梁体结构	竖向变形	桥梁沉降变形自动监测系统	0.5mm
2		横向变形		

2）监测点布设

在近接工程影响范围内，应在每个桥墩上方桥梁体结构缝处左右各布设 1 个测点，在近接中心附近适当加密测点。自动化基准点布设在工程影响范围外。

(4) 监测频率、周期及控制值
1) 人工监测频率及周期

在近接既有轨道交通桥梁时,应对桥梁墩台、盖梁、梁板结构进行近接施工全过程监测,并按要求加密监测频率,针对变形敏感的重要桥梁,应根据设计要求进行施工全过程监测。

当达到报警指标、观测值变化速率加快、出现危险事故征兆时,遇大雨、基坑受扰动或变形量有突变后立即观测并加大观测频率。

对于桥梁监测和正常维修养护应延长一段时间,监控量测时间控制在近接施工完成后1年且变形趋于稳定后。当最后100天的平均沉降速率不大于0.01mm/d时可认为已经进入稳定阶段。变形稳定后,满足轨道交通管理部门要求,经过相关单位后评估后停止监测。

2) 自动化监测频率及周期

自动化监测频率为每30~60min采集数据一次(特级风险监测时取30min,一级风险监测时取60min),施工结束后按实际情况降低数据采集频率,继续监测至施工完成后半年。

3) 监测控制值

近接既有轨道交通桥梁工程监测时,梁体结构、桥墩结构等变形控制指标应参照评估单位提供的变形控制指标。

7.4.4 路基结构的监测方法

(1) 监测主要内容

近接既有轨道交通路基工程监测项目包括路基的竖向变形及差异沉降。

(2) 人工监测

1) 监测的主要内容

路基结构人工监测项目见表7-9。

路基结构人工监测项目　　　　　表7-9

序号	监测对象	监测项目
1	路基结构	人工巡查
2		路基竖向变形及差异沉降

2) 人工监测项目测点布设及监测方法

① 高程基准网布设形式

沉降变形监测高程基准网(点)以施工高程系统为基础建立,起始并附合于轨道交通施工精密水准点上。高程基准网由高程基准点和工作基点组成,布设成局部的独立网,同观测点一起布设成闭合环或形成由附合路线构成的结点网。

根据现场情况,在影响区域外不小于60m的范围内,选取3~4个精密水准点作为人工监测方法的水准基准点。

② 工作基准点布置原则

工作基准点应布设于观测监测点的相对稳定且易于保存的区域,另外,进行工作基准点布设时需考虑方便引测高程基准点。根据实际需要，在施工影响范围之外较稳定的场地布设 4 个工作基准点。

③ 测点布设方法

路基监测范围内每隔 5～15m 布设 1 个监测断面（特级风险每 5m 布设 1 个断面，一级风险每 10m 布设 1 个断面，二级风险每 15m 布设 1 个断面），每个监测断面上左右线路两侧各布设 1 个路基竖向变形监测点。

如图 7-10 所示为近接工程中某轨道交通路基人工测点布设情况。

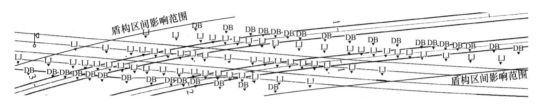

图 7-10　路基人工测点布置图

（3）自动化监测

1）自动化监测的主要内容

路基结构自动化监测项目如表 7-10 所示。

路基结构自动化监测项目　　　　　表 7-10

序号	监测对象	监测仪器	监测项目
1	路基结构	自动监测系统	竖向变形
2			水平位移

2）监测点的布设

① 监测线

在路基的两侧分别安装一条监测线，每条监测线所连接的设备包括监测点物位计、传输总线、液箱、数据采集设备、无线传输设备和供电设备。每条监测线的长度根据监测方位确定。

② 测点布设

结构竖向变形自动化监测断面沿线路走向布设。沿线路方向，在路基的线路两侧每 5～10m 布设 1 个断面（特级风险每 5m 布设 1 个断面，一级风险每 10m 布设 1 个断面），每个断面布设 2 个测点，在近接中心附近测点适当加密。路基结构自动化监测测点布设如图 7-11 所示。

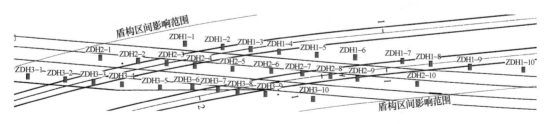

图 7-11　路基结构自动化测点布设图

(4) 监测频率、周期及控制值

1) 人工监测频率及周期

在近接既有轨道交通路基时，应对路基进行近接施工全过程监测，当达到报警指标、观测值变化速率加快、出现危险事故征兆时，遇大雨、基坑受扰动或变形量有突变后应立即观测并加大观测频率。

监测过程中遇到特殊情况，如雨天或达到预警值，应加大监测频率。

对于路基的监测和轨道的正常维修养护应延长一段时间，监控量测时间控制在近接施工完成后1年且变形趋于稳定后。当最后100d的平均沉降速率不大于0.01mm/d时可认为已经进入稳定阶段。变形稳定后，满足轨道交通管理部门要求，经过相关单位评估后停止监测。

2) 自动化监测频率及周期

在近接既有轨道交通路基工程的监测过程中，自动化监测频率应不低于每20min采集数据1次（风险等级较大的项目，数据采集频率应适当提高），施工结束后按实际情况降低数据采集频率，继续监测至施工完成后半年。

3) 监测控制值

近接既有轨道交通路基工程监测时，路基结构的变形控制指标应参照评估单位提供的控制标准。

7.5 监测系统的构建

铁路是我国交通运输的骨干，天窗时间短，施工期间长期处于运营时间段内，近接工程施工会影响既有铁路的运营，甚至危及行车安全；而列车运行产生的振动会对近接工程产生扰动。因此，铁路近接工程施工过程中对既有结构及轨道变形的监测不同于一般的监测项目，某些时候必须采用自动化监测，才能保证既有铁路的运营安全。

铁路近接工程施工难度大、风险高，施工过程对既有铁路的运营影响大，同时既有铁路的运营也增加了近接工程的施工难度。对施工过程既有铁路的构筑物的监测不可或缺，而完成监测的关键在于构建监测系统。

7.5.1 监测系统的基本要求

铁路近接工程施工监测系统除了应具备数据采集、传输、分析和预警4个基本功能外，还必须满足以下方面的要求：

(1) 监测系统必须长久可靠

铁路近接工程受到既有铁路运营影响，施工难度高、工期较长，监测的持续时间较长；另外，施工环境恶劣、现场施工人员杂乱、施工机械众多；现场监测设备受列车运行或施工机械产生的振动、施工人员的不当行为、隧道等封闭环境中的列车风以及其他外界因素的影响较大。因此，监测系统应具有长期可靠的性能及良好的抵抗外界干扰的能力。

(2) 监测设备尺寸大小合适

对于铁路限界外的监测设备考虑到监测环境的特殊性，为了不影响现场施工，由于监测仪器的架设场地有限，同时考虑仪器安装的便捷性，因此要求监测设备具有合适尺寸。

而对于安装在隧道中或铁路轨道结构上的监测设备，为了使仪器不侵入限界，或者在限界内但不影响行车安全，必然要求监测设备的尺寸不能过大，以免影响既有线路的运营安全，同时也能更好地保证监测系统的完整性。

(3) 数据采集自动化、实时化和标准化

铁路近接工程施工过程风险高，为了及时反馈铁路构筑物和轨道结构的位移、变形和裂缝变化等信息，要求监测系统必须能实现自动化实时采集数据，并按标准格式进行存储，以便进行数据分析处理，及时反馈安全隐患，降低工程风险。

(4) 可信赖的远程传输服务

监测设备采集的数据能够通过有线或无线的方式，可靠地传输到中央数据处理中心，避免传输故障而导致监测数据的丢失或延迟以及导致监测信息出现盲点或延迟，从而保证监测信息能及时指导施工。

(5) 数据处理直观、信息反馈畅通

系统对数据处理时，应具有直观的处理方式，如输出标准化的图表，以便数据能直接用于监测日报中，同时系统还应能分析并判断监测数据的可信度以及数据代表的工程风险程度。此外，监测信息的发布应可靠畅通，可以通过互联网、短信等多种方式发布监测信息，保证工程相关单位在第一时间内获得可靠的监测数据，以便指导施工并且在危险发生前及时采取安全保障措施，保证施工安全。

7.5.2 监测系统的组成

铁路近接施工过程中风险难以预测，为了能够对可能发生的事故提供及时、准确的预报，既有铁路构筑物的监测系统应具有数据采集、传输、分析和预警四个基本功能，以便及时反馈施工过程中既有结构的变形、应力以及轨道几何形位等重要信息，以指导施工，降低风险发生的概率。因此，自动化的监测系统包括测量、数据采集传输和数据分析预警3个子系统，其工作流程如图7-12所示。测量系统采集到监测数据后通过数据传输系统

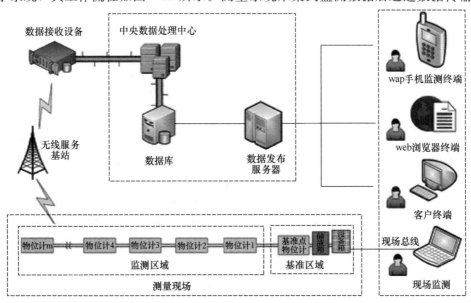

图 7-12　自动化监测系统工作流程图

传送到现场监测终端和数据处理中心，监测信息经过数据处理后，经数据发布服务器传送到用户终端，达到预警效果。

(1) 测量子系统

测量子系统的主要功能是通过测量机器人或者传感器等测量设备获得既有铁路构筑物和轨道结构的变形信息并将该信息通过传感器传给数据采集系统。测量子系统主要由现场监测设备、监测设备保护装置、监测设备安装件、储液箱、传输总线以及线路保护套管等部分构成，测量子系统各部件的功能见表7-11。常用的现场监测设备主要有测量机器人、静力水准仪、位移计等。

测量子系统各部件的功能　　　　　　　　　　表7-11

序号	子系统主要组件	主要功能
1	现场监测设备	测量结构的位移和变形
2	监测设备保护装置	起到防水、防腐、抗拉拽的作用，以便监测硬件
3	监测设备安装件	将监测设备固定安装在结构表面
4	储液箱	密封储藏测量专用液体、连通气、液传输管
5	传输总线	传输测量产生的压力和信号
6	线路保护套管	有防水、防腐、抗拉拽、抗压功能，保护传输总线

(2) 数据采集传输子系统

数据采集传输子系统的主要功能是将传感器传来的信息通过传输数据线传输到数据分析系统的中央数据处理中心。该系统主要由工控设备箱、数据采集模组、电源管理设备、电力传输线路以及信号传输线路5部分构成。数据采集和传输系统各个模块的主要功能见表7-12。

数据采集传输子系统各模块的功能（组成）　　　　　　　　表7-12

序号	子系统主要组件	主要功能（组成）
1	工控设备箱	承载和保护数据采集设备、无线传输设备和电源设备
2	数据采集模组	实时控制现场监测设备工作和采集监测设备测量数据
3	电源管理设备	蓄电池和太阳能板为采集模组和监测设备提供电源
4	电力传输线路	为测量系统和数据传输采集系统提供电力
5	信号传输线路	包括采集模组与检测设备连接的信号线和无线传输模块的发射天线

数据自动采集系统由自动化测量仪器、数据采集智能模块、监控主机、管理计算机、数据采集软件构成。数据采集软件包括人工采集和自动化采集两部分。对于人工采集，软件提供了一个人机界面窗口，可以通过人工方式输入进库；自动化采集软件是一套图视化的窗口软件，所有测点均显示在布置图中，每一个测点都与数据库相连接。同时，布置图中的每一个测点又与现场对应仪器相通。因此，通过操作和选择屏幕上的测点状态就可以完成对测点的采集（单点、选测、巡测、定时等）、换算、处理、入库等全部过程。

(3) 数据分析预警子系统

数据分析预警子系统的主要功能是对现场采集到的变形数据进行分析处理，输出数据分析表格及监测日报所需数据、图表等，同时系统还能利用计算机存储系统将监测信息存储和管理，另外预警系统还可利用数据发布服务器将监测信息发送到各种终端，包括 wap 手机监测终端、web 浏览器终端、客户终端等，达到很好的预警效果。数据分析预警子系统各模块功能见表 7-13。

数据分析预警子系统各模块的功能 表 7-13

序号	子系统主要组件	主要功能
1	通信管理系统软件	对数据传输采集系统与后台服务器通信进行管理
2	数据处理分析系统软件	进行数据解析、筛选、计算、分析等工作
3	数据发布系统软件	将沉降数据结果发布到各种平台显示
4	数据预警系统软件	根据预警规则提供显示、声音、短信、E-mail 等方式的预警
5	应用服务器	软件运行平台与数据库管理
6	热备机	在应用服务器出现故障时接管应用服务器工作，保证持续提供服务
7	磁盘阵列	为应用服务器与热备机提供安全性高、可扩展、大容量的存储空间
8	以太网交换机	用于系统内数据交换
9	PC 终端	监视沉降分析图表、控制管理系统

7.5.3 监测仪器及要求

（1）监测仪器

监测使用的仪器设备应在校准周期内，精度和量程应满足需要。主要监测仪器见表 7-14。

监测仪器 表 7-14

序号	监测内容	序号	监测内容
1	标尺	11	裂缝观测仪
2	轨道尺	12	分层沉降仪
3	收敛计	13	频率接受仪
4	测力计	14	断面扫描仪
5	钢筋计	15	电测水位计
6	应变计	16	多点位移计
7	应力计	17	全站仪及配套靶牌
8	测斜仪	18	GPS 自动化监测系统
9	土压力盒	19	DCM 自动化监测系统
10	游标卡尺	20	电子水准仪及配套条码尺

（2）监测要求

风险监测应根据穿越轨道交通工程的安全评估报告、施工图专项设计及运营管理要求，综合施工安全性专家评审意见确定。根据以往监测工程经验，监测技术应满足以下要求：

① 监测实施方案编制依据主要有施工图专项设计、工前检测报告、安全评估报告、施工方案等；

② 监测实施方案应包括工程概况、监测项目、监测依据、测点布置、监测方法、仪器设备、人员、频率及周期、监测控制值、监测数据管理、日常巡视内容及要求、监测工作计划、质量安全保证措施等；

③ 应在穿越轨道交通工程施工前取 3 次稳定观测数据的平均值作为初始值；

④ 监测初始值应在穿越轨道交通工程施工前反馈至轨道交通运营单位和建设单位；

⑤ 监测使用的仪器设备应在检定或校准周期内，仪器设备精度应满足施工图专项设计的要求；

⑥ 测点布设时，应根据设计单位、评估单位及相关部门的意见，在穿越敏感部位的位置进行测点加密，监测时应适当增加监测频率。

7.5.4 测量子系统的构建

测量子系统主要包括静力水准仪、测量机器人、倾斜仪、电子水准仪以及轨道尺等。测量子系统的构建应根据监测方案中要求安装系统各个部件。基准点、工作点及监测点的布置应符合相应的测点布置要求。

（1）静力水准仪

静力水准仪用于监测铁路近接工程影响范围内的轨道结构、桥梁结构、隧道结构的竖向变形。

静力水准仪如图 7-13 所示。其工作原理如下：当仪器发生高程变化时，主体容器液面产生变化，使装有中间极的浮子与固定在容器顶的一组电容极板间的相对位置发生变化，通过测量装置测出电容比的变化即可计算出测点的相对沉陷。图 7-14 为现场安装的静力水准仪。

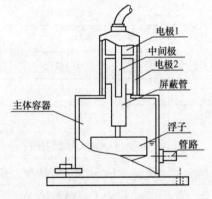

图 7-13 静力水准仪的构造图

图 7-14 静力水准仪现场安装图

（2）测量机器人

测量机器人是一种能够自动寻找、识别、精确照准目标、自动测量、计算并且自动存储测量信息的完全代替人工测量的智能化全站仪。测量机器人基于自照准原理，通过图像处理功能和发射红外光束，能够对测量目标自动分辨、寻找和测量，能够 24 小时全天候监测，常用于监测隧道结构的收敛变形。

（3）倾斜仪

倾斜仪用于监测影响范围内墩台、柱及接触网杆的倾斜。结构物产生的倾斜变形，通过安装的支架传递给倾斜传感器。传感器内装有电解液和导电触点，当传感器发生倾斜变化时，电解液的液面始终处于水平，但液面相对触点的部位发生了改变，也同时引起了输出电量的改变。倾斜仪随结构物的倾斜变形量与输出的电量呈对应关系，以此可测出被测结构物的倾斜角度。

用倾斜仪测出其电压值，根据式（7-1）可以计算出倾角，从而计算出倾斜率。

$$\theta = K \cdot (V_i - V_0) \qquad (7-1)$$

式中　θ——倾斜仪的倾斜角度（°）；
　　　V_i——倾斜仪的当前输出值（mA）；
　　　V_0——倾斜仪的初始（安装）输出值（mA）；
　　　K——倾斜仪的转换系数（°/mA）。

为了保证监测精度，根据对桥梁墩柱倾斜项目的监测经验，应首先在要监测的位置选取合适位置黏贴 1 块 100mm×80mm 普通玻璃，增加监测面的光滑和平整度，然后采用仪器进行观测。监测仪器采用倾斜仪（图 7-9）。

（4）电子水准仪

电子水准仪（如 Trimble DINI12）用于水准网观测。在人工监测时，须在固定视野开阔的基准点架设仪器，电子水准仪主要用于测量构筑物竖向变形。其技术要求见表 7-15。

水准网观测仪器主要技术指标　　表 7-15

仪器名称	仪器照片	主要技术指标
精密水准仪（配套铟钢尺）		每千米往返测高程中误差≤0.3mm

7.5.5　数据采集传输子系统的构建

在监测现场某一合适的固定基准点处设置基准点传感器和设备箱（含储液罐、电池、采集设备、无线传输设备），如图 7-15 所示。各测量点传感器固定于被测结构上且通过柔性连通管和数据线与基准点相连接；当结构发生沉降变形时，结构上的测量点传感器自动测量、采集高程变化，将数据通过设备箱，利用无线网络传输至数据中心。

数据的采集传输子系统可采用适合型号的分布式数据采集单元，对测量子系统中传感器传来的监测数据进行自动采集和汇总。数据开始采集后，根据监测频率，进行全天 24h 的数据传输，每个监测子系统建立独立的传输通道，将采集到的数据传到中央数据处理中心和数据库。

图 7-15　现场数据采集与传输系统

7.5.6　数据分析预警子系统的构建

数据分析预警子系统包括数据接收设备、中央数据处理中心、数据库、数据发布服务器、用户终端等。该子系统主要包括以下功能：

(1) 数据接收

数据采集需要申请 IP 地址，建立网络存储空间，数据接收设备通过网络在客户端上采集传输过来的数据，在危险等级高的近接工程施工时还需专人 24h 值守，观测数据变化情况。

(2) 数据处理

中央数据处理中心的主控计算机接收到监测信息后，通过专业技术软件对数据进行处理，输出表格及曲线图。同时利用数据库对处理后的信息进行储存和管理。数据服务中心为工程的每个测点在监测网络中提供长期安全的数据处理和存储空间。

(3) 自动报警

经过分析处理后的监测信息，通过建立的自动预警系统发送到相关铁路局、工程建设单位、工程投资单位及第三方监测单位，实现数据的远程实时传送，必要时进行预警或发布警报。相关单位可以通过监测数据指导施工、提高施工的准确性和效率，防止灾害发生。

7.5.7　监测系统的安装步骤

自动化测点布设在既有铁路外侧，且起伏不大，安装较为简便的位置。其具体步骤为：

(1) 测点固定：在测线位置沿线路方向用水准仪标定出高度均等的测线，以便埋设沉降传感器和传输线，测点布置完成后，用水泥砂浆加以固定。

(2) 传输线布置：将沉降传感器埋入对应的测点位置后，在柔性连通管和传输线外侧套上 PVC 管，并引入基准点和仪器保护箱位置。

(3) 安装基准点：在影响区域以外 30m 外设置基准点，将基准传感器埋入基准点位置，基准点的位置根据现场环境确定，选在永久性建筑、桩台上，或者现场制作混凝土桩进行基准点固定。注意应使基准传感器和测点传感器基本处于同一高程位置，高程偏差小于 10mm，采用水准仪精确定位。

(4) 安装采集仪器：在基准点位置上方安装仪器保护箱，将柔性连通管和传输线引入仪器保护箱内，在仪器保护箱内安装采集仪器、储液罐、无线传输模块，灌入连通液体（防冻液）。

(5) 安装数据分析软件：在主监测中心主控计算机上安装无线接收模块、远程数据接受软件和沉降变形分析软件，以实时接收数据和分析处理。

(6) 系统调试：用 USB 转 485 线连接电脑和采集仪器，设定采集数据（采集时间、频率、周期等），开始采集数据并自动发送给主监测中心，查看监测数据是否正常。如不正常，则检查调整传感器、传输线、液面、GSM 网络信号等，直至系统正常工作。

(7) 设施固定：待系统调试正常工作后，采用覆土夯实固定或混凝土浇筑固定，在仪器保护箱处设立警示标识，标明传感器位置和保护事项。监测设备固定完成后，将之前搬运走的道砟重新搬运回既有线路，进行道砟恢复。

(8) 清零、采集：待系统安装调试完毕后，系统清零，按照设定的采集参数开始正式采集数据。

思 考 题

7-1 铁路近接工程的含义是什么？如何分类？
7-2 铁路近接工程有什么特点？
7-3 近接工程的风险形成原因有哪些？如何对风险进行控制？
7-4 铁路近接施工检测的主要内容有哪些？
7-5 近接既有轨道交通隧道工程监测的主要项目有哪些？
7-6 桥梁结构监测主要包括哪些方法？
7-7 铁路近接工程施工监测系统需要满足哪些要求？

第8章 铁路环境振动测试与评估

本章知识点、重点、难点

(1) 引起铁路环境振动的主要因素；
(2) 铁路环境振动的传播途径；
(3) 铁路环境振动及噪声的评价标准；
(4) 铁路环境振动及噪声的测试方法；
(5) 轨道交通引起的室内二次噪声测试方法。

(1) 铁路环境振动的产生机理；
(2) 铁路环境振动的控制措施；
(3) 铁路环境振动测试仪器选取原则；
(4) 环境噪声的测试方法及评价标准。

(1) 铁路环境振动的预测与控制；
(2) 铁路环境振动的测点选取与布置；
(3) 铁路周边环境噪声的控制；
(4) 室内二次结构噪声的评价与预测。

在轨道结构振动的测试和分析中，以振动加速度和噪声声压作为主要的测定参数，并以此来判断振动对轨道的破坏作用及其对轨道交通周围环境的影响。本章主要阐述了铁路沿线振动及噪声产生及传播机理，对铁路沿线环境振动、噪声及结构二次噪声的评价标准及指标、测试方法等进行了系统介绍，并结合案例分析使读者对振动、噪声的测试过程有更加直观认识。

8.1 铁路沿线振动及噪声的产生及传播机理

环境振动及噪声是环境污染的一个方面，铁路、公路、工业等产生的振动和噪声均会对人们的正常生活和休息产生不利的影响。随着我国轨道交通的快速发展，铁路与人居环境和用地资源的矛盾不断显现，铁路振动及噪声污染问题也日益突出。为改善旅客乘车舒适性和铁路周边居民的生活居住环境，提高人们的生活质量，实现人与自然和谐相处、共存发展，服务我国高铁"走出去"战略，组织开展铁路振动及噪声的控制技术研究，对降低铁路发展的负面效应促进铁路噪声预测评估与污染防治控制工作意义非凡。

随着振动增加，人体对振动的感受从"感觉阈""不舒适阈"直到"疲劳阈""极限阈"，即从不觉得不舒适，到感觉到不舒适，到有心理及生理的反应，到产生病理性的损伤。噪声对人体健康的危害与影响是多方面的，包括听觉器官的损伤、大脑皮层的兴奋与抑制平衡失调、心律不齐、消化不良、食欲减退等。长期在噪声下工作和生活的人一般健康水平会下降，抵抗疾病的能力会降低。

为了正确评价各类振动和噪声及其影响，准确了解各种振动源或噪声源的辐射特征，并有针对性地采取振动或噪声控制措施，需要进行振动与噪声的测量。振动与噪声测量是用科学的测量手段，获得描述环境振动或噪声源特征参量的技术过程。这个测试过程包括：了解测量对象；明确测量目的；熟悉测量内容；选用测量仪器；按照规定的方法进行振动及噪声测量。同时要做好测量记录，并进行必要的数据处理。

8.1.1 铁路环境振动的产生

近年来，轨道交通系统的有关部门接到了越来越多的铁路沿线或地铁上方居民的投诉，这些投诉主要是由于铁路的噪声或振动直接传播引起的。列车沿轨道运行而产生的环境振动，以地表结构为传播介质，以纵波（V_p）、横波（V_s）以及表面波形式向周围传递，从而对构筑物的结构安全、精密仪器设备的正常使用以及沿线居民的身心健康产生影响。当列车行驶在轨道上时，列车本身设备因为转动机械产生振动；此外，由于列车轴重增加，行车密度增大，天窗维护时间短，轨道结构的受力变形均较大，几何形位难以保持等，产生了轨道结构不平顺，使车辆产生振动，车轮又以一定的动态接触力作用在轨道结构上，这些作用力会随着轮轨表面的粗糙程度不同而在较大频率范围内波动，造成轨道结构振动。轮轨关系与机车本身的动力作用是引发铁路环境振动的主要原因，包括轨道结构参数、轨道不平顺、车轮偏心及车辆-轨道相互作用等，属机车-轨道耦合动力学研究范畴。综上所述，铁路环境振动由以下三方面产生：

(1) 由机车车辆的动力系统引发振动

高速铁路列车在运行时，轨道结构受列车自身重力和车辆机械动力运转的作用，从而引发振动。这类振动的强度主要由机车车辆动力系统的技术参数决定。

(2) 由轨道结构引发振动

列车运行经过轨道以及钢轨接头时，列车车轮与钢轨会产生相互作用，车轮施加作用力于钢轨，钢轨对车轮有作用力，从而引发轨道振动。当列车车轮压过钢轨接头时，所产生的相互作用力也能引起振动。

当列车经过辙叉区时轮轨系统将会产生较大冲击振动，车辆的各部件和轨道的垂向振动都会因为道岔的不平顺产生一定的变化规律。

伸缩调节器本身存在不可避免的结构不平顺，若铺设在竖曲线上，将会与竖曲线形成振动叠加。

(3) 由轮轨不平顺引发振动

轮轨不平顺指车轮的磨损失圆和轨道的不平顺，车轮和轨道的磨损导致的轮轨不平顺，也是引发振动的主要原因。

8.1.2 铁路环境振动的传播

（1）振动的传播机理

如果把大地看成半无限大的弹性介质，在这个半无限体内的各个质点之间依靠着弹性力紧密联系。当半无限体中的任意质点发生振动时，都会引发邻近质点振动。此时，振动就会以一定的速度向各方向传播扩散，从而形成弹性波动，这种波动简称为弹性波。在弹性波中，若各质点的振动方向垂直于波的传播方向，这类波称作横波（V_s）；若各质点振动的方向与波的传播方向一致，这类波称作纵波（V_p），横波（V_s）和纵波（V_p）统称为体波。弹性波动中由各质点构成的面就是波阵面，在介质中，波阵面的运动速度与波速相同。

（2）波的传播规律

振动在土中的传播会随着材料阻尼和几何阻尼的存在而慢慢衰减，并且以波的形式传播，波的能量会随着与振源距离的增加而减少，频率越高，减弱程度越高。从振源发出的波，其一是在土体中产生体积的压缩和膨胀的纵波（压缩波），其质点振动方向与传播方向一致，传播速度比较快；另一种是对土体产生剪切作用的横波（剪切波），质点振动方向与传播方向垂直，传播速度没有纵波快。当这两种波在地球内部传播到边界时，会衍生出另一种波，只沿着介质的表面传播，称为表面波。表面波有许多类型，例如瑞利、乐夫波等。

在波的传播过程中，乐夫波既有波动方向的分量又有水平方向上的分量，它主要在土壤地层表面传播；瑞利波既有波动方向的分量又有垂直方向上的分量，瑞利波的整体运动轨迹是椭圆形。它们的传播速度比体波慢，因此常比体波晚到，但振幅往往很大，振动周期较长。研究表明，瑞利波占环境振动的 67%，而剪切波和压缩波分别占 26% 和 7%。在实际工程中，铁路干线附近的建筑通常处在压缩波和剪切波逐渐消失而表面波仍存在的位置，若能对瑞利波进行合理的预测，采取有效的减振措施，对于减振降噪来讲具有非凡的意义。

当仅考虑材料阻尼时，土层中的参数有如下关系：

$$\eta = \frac{\delta}{\pi} \tag{8-1}$$

$$\delta = \frac{2\pi c \alpha}{\omega} \tag{8-2}$$

$$\alpha = \frac{\eta \pi f}{c} \tag{8-3}$$

式中，δ 为衰减的波长；ω 为波振动的角速度；α 为不同类型土中的波长衰减系数；c 为波速；η 为阻尼损失因子；f 为波频率。

Hal Amick 提出由几何阻尼引起的波动的衰减可以采用下式表达：

$$v_b = v_a \left(\frac{r_a}{r_b}\right)^\gamma e^{\alpha(r_a - r_b)} \tag{8-4}$$

式中，v_b 是目标点的质点振动速度幅值；v_a 是振动参考点处的速度；r_b 是目标点到振源的距离；r_a 是振动参考点到振源的距离；γ 为波动衰减指数，瑞利波取 0.5，其他类型波的衰减指数取值可见相关文献。

将 $\gamma=0.5$ 代入式（8-4），引入材料阻尼得到地表 b 点的振动公式为：

$$v_b = v_a \sqrt{\left(\frac{r_a}{r_b}\right)} e^{\alpha(r_a - r_b)} \tag{8-5}$$

地表振级的衰减与速度衰减的关系为：

$$f(x) = VL_b - VL_a = 20\lg\left(\frac{v_b}{v_a}\right)^\gamma e^{\alpha(r_a - r_b)}$$
$$= 20\gamma\lg\left(\frac{v_b}{v_a}\right) + \lg e^{\alpha(r_a - r_b)} = A_\gamma + A_\alpha \tag{8-6}$$

式中，VL_b 为目标点的振级；VL_a 为振动参考点处的振级，A_α、A_γ 分别对应由材料阻尼和几何阻尼产生的衰减项。设在地表位移场已知参考点 A 的振动情况，如图 8-1 所示，根据计算得，当 $r_a < r_b$ 时，$VL_b - VL_a < 0$，由此可得衰减值为负，即地表波动在此区域是放大的；当 $r_a > r_b$ 时，$VL_b - VL_a > 0$，衰减振级为正，即波动在此处是衰减的。这定性解释了振动放大区的存在，$f(x)$ 的图像如图 8-2 所示，横坐标为 r_a/r_b 的值，纵坐标为 $VL_b - VL_a$。

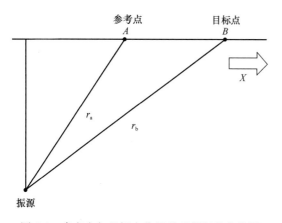

图 8-1　参考点与目标点位置关系振级差曲线图

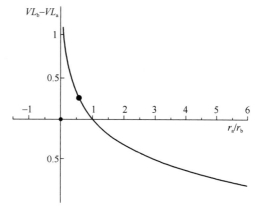

图 8-2　振级差曲线图

上述公式可比较地表两点的振动幅值，并描述在地表的瑞利波向远离振源的传播方向会出现一个极大值。

（3）瑞利波的形成

现应用 Smimov-Sobole 的泛函不变解方法来继续研究波在地球中传播的动力学问题，假设铁路在运营过程中地下土体处于弹性状态，以谐振动模拟铁路产生的振动。

设弹性位移矢量 u 的分量及所有的变量不依赖于独立变量 z，且没有体力，那么位移可以表示为：

$$u = \text{grad}\varphi + \text{rot}\psi \tag{8-7}$$

式中的 φ 和 ψ 不依赖于 z，而张量势具有一个分量。显然有

$$\begin{cases} u = \dfrac{\partial \varphi}{\partial x} + \dfrac{\partial \psi}{\partial y} \\ v = \dfrac{\partial \varphi}{\partial y} - \dfrac{\partial \psi}{\partial x} \end{cases} \tag{8-8}$$

其中 $\varphi(x, y, t)$ 及 $\psi(x, y, t)$ 满足自己的波动方程（波速分别为 V_P 及 V_S），便捷条件也应该用 φ 和 ψ 来表示。例如在边界为 xoz 平面的弹性半空间 $y \geqslant 0$ 问题中，应力

问题的边界条件如下，其中 λ、μ 为拉梅系数，是应变-应力关系中的两个材料相关量。

$$T_{yy}^0 = \left[\lambda\left(\frac{\partial u}{\partial x} + \frac{\partial v}{\partial y}\right) + 2\mu\frac{\partial v}{\partial y}\right]_{y=0} \tag{8-9}$$

$$T_{xy}^0 = \left[\mu\left(\frac{\partial u}{\partial y} + \frac{\partial v}{\partial x}\right)\right]_{y=0} \tag{8-10}$$

平面问题描述纵波和横波，即保存着拉梅方程组的基本性质。因此能够在比较简单的研究对象上研究波动场的许多重要性质。

设在拉梅方程中位移 u 和 v 为零，而不为零的唯一分量 w 不依赖于变量 z。在这种情况下，式（8-9）、式（8-10）恒满足，位移方程变为：

$$\frac{\partial^2 \omega}{\partial x^2} + \frac{\partial^2 \omega}{\partial y^2} = \frac{1}{v_s^2}\frac{\partial^2 \omega}{\partial t^2} \tag{8-11}$$

不为零的变形张量及应力张量分量为：

$$\begin{cases} \varepsilon_{xz} = \frac{\partial \omega}{\partial x} = \frac{1}{\mu}\tau_{xx}, \varepsilon_{yz} = \frac{\partial \omega}{\partial y} = \frac{1}{\mu}\tau_{yz} \\ \sigma_x = \sigma_y = \sigma_z = \tau_{xy} = 0 \end{cases} \tag{8-12}$$

波动方程式（8-10）的解被称为线性偏振横波，或者反平面变形波。借助式（8-11）的解可以研究重要的横波传播问题。

函数不变解方法阐述了有两个变量 x、y 的拉普拉斯方程 $\Delta u = \frac{\partial u}{\partial x^2} + \frac{\partial^2 u}{\partial y^2}$ 的谐函数解与定义在某个平面 $z = x + iy$ 上的解析函数 $u = \frac{1}{2}[f(x+iy) + f(\bar{x} - iy)]$ 之间的关系。根据波动方程的达朗贝尔积分得：

$$\Delta u = \frac{\partial^2 u}{\partial x^2} + \frac{\partial^2 u}{\partial y^2} - \frac{1}{a^2}\frac{\partial^2 u}{\partial t^2} = 0 \tag{8-13}$$

设 $u = f(\Omega)$，其中 Ω 为按照某种方式选择的变量 x、y、t 的函数，一般来讲它为复变函数，而 f 为任意复变量函数。把 $u = f(\Omega)$ 代入式（8-13）中得：

$$f''(\Omega) = \left[\frac{\partial^2 \Omega}{\partial x^2} + \frac{\partial^2 \Omega}{\partial y^2} - \frac{1}{a^2}\left(\frac{\partial \Omega}{\partial t}\right)^2\right] + f(\Omega)\left(\frac{\partial^2 \Omega}{\partial x^2} + \frac{\partial^2 \Omega}{\partial y^2} - \frac{1}{a^2}\frac{\partial^2 \Omega}{\partial t^2}\right) = 0 \tag{8-14}$$

由此根据函数 f 的任意性得到关于函数 $\Omega(x, y, t)$ 的方程为：

$$\left(\frac{\partial \Omega}{\partial x}\right)^2 + \left(\frac{\partial \Omega}{\partial y}\right)^2 = \frac{1}{a^2}\left(\frac{\partial \Omega}{\partial t}\right)^2 \tag{8-15}$$

即

$$\Delta\Omega(x, y, t) = 0 \tag{8-16}$$

上述方程为 $u = f(\Omega)$ 是波动方程式（8-14）解的充分必要条件。这时式（8-15）和式（8-16）的一般积分为相对于变量 x、y、t 的线性方程：

$$\delta = l(\Omega)t + m(\Omega)x + n(\Omega)y - k(\Omega) = 0 \tag{8-17}$$

而这一方程的系数由下列关系联系起来：

$$l^2(\Omega)t = a^2[m^2(\Omega) + n^2(\Omega)] \tag{8-18}$$

这一关系可以通过式（8-17）直接验证。

式（8-17）在 l、m、n 为常数，而 $k(\Omega) = \Omega$ 时得到最简单的解。这时式（8-17）变为：

$$\Omega(x,y,t) = lt + mx + ny \tag{8-19}$$

明显有

$$l^2 = u^2(m^2 + n^2) \tag{8-20}$$

并且波动方程的这类解表示平面波形式的最简单解。可能会遇到这种情况，即会有复数系数，例如 $m=1$，$n=\pm i$，$l=0$，这样就会有拉普拉斯方程的一般积分。

考虑到借助标量势 φ 及矢量势 ψ 来描述波动场，当矢量势 ψ 等于零，而标量势由具有实系数的式（8-20）表示时，波动方程组的解被称作平面纵波。设 $l=1.0$，并引入符号 $m=-\theta$，那么对于平面纵波有：

$$\varphi(x,y,t) = f\left(t - \theta x \pm y\sqrt{\frac{1}{V_P^2} - \theta^2}\right), \psi(x,y,t) = 0 \tag{8-21}$$

对于在半空间 $y \geqslant 0$ 中的波可以确定下列波。

入射到边界 $y=0$ 上的横波可以用下列势函数描述：

$$\psi_1(x,y,t) = f\left(t - \theta x \pm y\sqrt{\frac{1}{V_S^2} - \theta^2}\right), \varphi_1(x,y,t) = 0 \tag{8-22}$$

这里应该区分 $\theta > 1/V_P$ 和 $\theta < 1/V_P$ 两种情况，主要是考虑描述横波自边界反射的各种可能性。本章讨论 $\theta < 1/V_P$ 的情况，在描述波的反射时两个势函数都加入进来：

$$\psi_2(x,y,t) = Df\left(t - \theta x - y\sqrt{\frac{1}{V_S^2} - \theta^2}\right), \varphi_2(x,y,t) = Cf\left(t - \theta x - y\sqrt{\frac{1}{V_P^2} - \theta^2}\right) \tag{8-23}$$

式中，C、D 为常数，为入射横波的反射系数。

将 $\varphi = \varphi_2$ 及 $\psi = \psi_1 + \psi_2$ 代入到齐次边界条件中去，可以解出 C、D。

从力学的观点来看，限制条件 $\theta < 1/V_P$，确定了横波的极限入射角

$$\sin v_i^* = \theta_0 V_S = \frac{V_S}{V_P} \tag{8-24}$$

此时会有完全的内部反射。

图 8-3 为关于横波传播的视速度示意图，给出了波阵面的位置及在时间 Δt 内的移动距离。角度 V_i^* 确定了这样的入射角大小，此时反射纵波在时间 Δt 内的移动距离与其相同边界角点移动的距离相等。当入射角 $V < V_i^*$ 时就会有完全的横波的内部反射：出现在边界面 $y=0$ 上的纵波扰动将会超过激起它们的横波。

在实际应用中经常会遇到频率为 ω 的所谓的谐振动：

$$f\left(t - \theta x + y\sqrt{\frac{1}{V_S^2} - \theta^2}\right) = Ae^{i\omega\left(t - \theta x + y\sqrt{\frac{1}{V_S^2} - \theta^2}\right)} \tag{8-25}$$

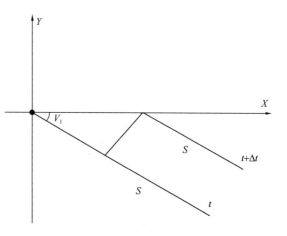

图 8-3　关于横波传播的视速度示意图

式中，A 为波的幅值；设 $\Omega(x,y,t)=t-\theta x+y\sqrt{\dfrac{1}{V_S^2}-\theta^2}$，为波的相。

反射横波的势函数具有如下的形式：

$$\psi=\mathrm{Re}\{D_1 A e^{i\omega\left(t-\theta x+y\sqrt{\frac{1}{V_S^2}-\theta^2}\right)}\} \tag{8-26}$$

式中，Re 表示取复数的实部；D_1 是将反射横波和反射纵波式（8-23）代入边界条件式（8-9）和式（8-10）中，解出反射系数 D，把 D 中的 $\sqrt{\dfrac{1}{V_P^2}-\theta^2}$ 换成 $i\sqrt{\dfrac{1}{V_P^2}-\theta^2}$ 而得到，其值等于 1，因此反射波的幅值等于入射波的幅值（完全的内反射）。

因此用平面复波描述纵波势函数和横波势函数时的解为：

$$\begin{cases}\varphi=f_1\left(t-\theta x+iy\sqrt{\theta^2-\dfrac{1}{V_P^2}}\right)\\ \psi=G_1 f_1\left(t-\theta x+iy\sqrt{\theta^2-\dfrac{1}{V_S^2}}\right)\end{cases} \tag{8-27}$$

式中，$G_1=\mathrm{const}$；θ 为实数，$|\theta|>\dfrac{1}{V_S}$；f_1 为复变量函数，在 $y>0$ 半平面为正则函数，且当 $y>0$ 时，$|f'|\leqslant M$（M 为正数）。

这样，由在 $y=0$ 时的齐次边界条件得到确定 G_1 的方程组为：

$$\begin{cases}1-2\theta^2 V_S^2+2i\theta G_1\sqrt{\theta^2-\dfrac{1}{V_S^2}}=0\\ -2i\theta\sqrt{\theta^2-\dfrac{1}{V_P^2}}+\left(\dfrac{1}{V_S^2}-2i\theta^2\right)G_1=0\end{cases} \tag{8-28}$$

存在有意义解的条件为方程组的行列式等于零，即

$$(1-2\theta^2 V_S^2)^2-4\theta^2\sqrt{\theta^2-\dfrac{1}{V_P^2}}\sqrt{\theta^2-\dfrac{1}{V_S^2}}=0 \tag{8-29}$$

而这正是瑞利方程，具有非零根 $\theta=\theta_0=\pm\dfrac{1}{c}$，因此

$$G_1=\dfrac{2-\dfrac{c^2}{V_S^2}}{\pm 2i\sqrt{1-\dfrac{c^2}{V_S^2}}}=\dfrac{\pm 2i\sqrt{1-\dfrac{c^2}{V_P^2}}}{2-\dfrac{c^2}{V_S^2}} \tag{8-30}$$

而且下列复波是存在的：

$$\begin{cases}\varphi=f_1\left(t-m\dfrac{x}{c}+i\dfrac{y}{c}\sqrt{\theta^2-\dfrac{c^2}{V_P^2}}\right)\\ \psi=G_1 f_1\left(t-m\dfrac{x}{c}+i\dfrac{y}{c}\sqrt{\theta^2-\dfrac{c^2}{V_S^2}}\right)\end{cases} \tag{8-31}$$

以谐振动为例

$$f_1=A e^{-\omega\frac{y}{c}\sqrt{1-\frac{c^2}{V_P^2}}}e^{i\omega\left(t\mp\frac{x}{c}\right)} \tag{8-32}$$

那么对于在无穷远处 $y\to\infty$ 衰减的解有：

$$\begin{cases}\varphi=e^{-\omega\frac{y}{c}\sqrt{1-\frac{c^2}{V_P^2}}}\cos\omega(t\mp\theta x)\\ \psi=e^{-\omega\frac{y}{c}\sqrt{1-\frac{c^2}{V_P^2}}}\mathrm{Re}\{G_1 e^{i\omega\left(t\mp\frac{x}{c}\right)}\}\end{cases} \tag{8-33}$$

在计算完边界上的瑞利波位移后得到：

$$\begin{cases} u|_{y=0} = \left(\dfrac{\partial \varphi}{\partial x} + \dfrac{\partial \psi}{\partial y}\right)_{y=0} = E_1 \sin\omega\left(t \mp \dfrac{x}{c}\right) \\ v|_{y=0} = \left(\dfrac{\partial \varphi}{\partial y} - \dfrac{\partial \psi}{\partial x}\right)_{y=0} = E_2 \cos\omega\left(t \mp \dfrac{x}{c}\right) \end{cases} \quad (8\text{-}34)$$

式中，E_1 和 E_2 为常数。可以发现波中的粒子按照椭圆轨迹运动，即瑞利波的粒子按照椭圆轨迹运动，如图 8-4 所示。

$$\left(\dfrac{u}{E_1}\right)^2 + \left(\dfrac{v}{E_2}\right)^2 = 1 \quad (8\text{-}35)$$

此时 θ 为一元八次方程的解，由于八次方程没有通解，无法以根式及多项式的形式表达，但是可以应用 MATLAB 通过代入 V_S 和 V_P 求根。由于横波和纵波存在如下关系：

$$V_S = \sqrt{\dfrac{G}{\rho}},\; V_P = \sqrt{\dfrac{E}{\rho}} \quad (8\text{-}36)$$

将实际工程中的土动力参数代入到相应土的波速可以得出，不同土层的横向入射角正弦值 $\sin v_i$ 值均集中在 0.7，反映出瑞利波形成的角度条件。

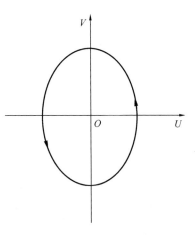

图 8-4 瑞利波中的粒子运动轨迹

（4）振动在土壤中的传播

铁路列车运行对周围土壤地层所造成的影响，就类似于在土壤地层上施加了竖向冲击力，从而使土体产生了各类型的波形成的复合波。这种复合波主要表现为压缩波、剪切波以及表面波。在振动的传递过程中，因为振动能量自身的释放以及土壤地层对振动能量的吸收作用，铁路列车运行诱发的环境振动会有所衰减。并且振动衰减的效果根据振动源类型的种类、传播方向的区别、土壤类型的种类、结构形式的差异等影响因素而有所不同。

振动波主要由质点运动 u、波的传播速度 c 和波长 λ 所决定。在 x 方向上以速度 c 传播的平面波可以表达如下：

$$u = A e^{i\frac{2\pi}{\lambda}(x - ct)} \quad (8\text{-}37)$$

如果激振荷载是稳态的，则质点运动的频率将与激振频率 f 相吻合。根据以下关系式，波长 λ 可由激振频率 f 和传播速度 c 确定：

$$\lambda = \dfrac{c}{f} \quad (8\text{-}38)$$

对于瞬态荷载，频率 f 与土壤中各层有利于振动传播的频率相对应。

压缩波质点运动方向与波的传播方向相同，而剪切波的质点运动在与波的传播方向垂直的平面内。瑞利波则出现在自由表面附近，土壤颗粒按照逆行方向作椭圆运动（逆时针方向），如图 8-5 所示。表面土壤颗粒的垂直位移约为水平位移的 1.5 倍。

剪切波（或横波）的传播速度为：

$$c_T = \sqrt{\dfrac{G}{\rho}} \quad (8\text{-}39)$$

式中，G 为土壤的剪切模量；ρ 为土壤密度。

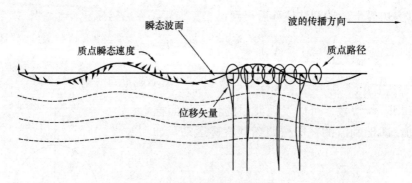

图 8-5　土壤颗粒的运动方向

由图 8-6 可以看出纵波压缩波速度、瑞利波表面波速度、横波剪切波速度三者间的比值与泊松比 ν 的函数变化关系。

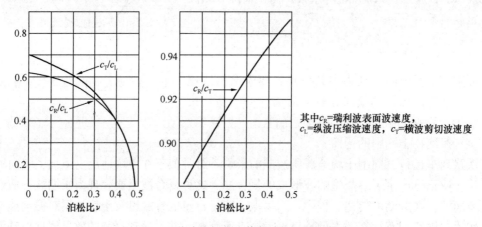

其中 c_R=瑞利波表面波速度，c_L=纵波压缩波速度，c_T=横波剪切波速度

图 8-6　三种波速间的比值与泊松比的函数关系

如图 8-7 所示为弹性半空间表面处垂直振动源所产生的波场基本特征。该图按波前距离与波速成比例绘制，介质的泊松比 $\nu=0.25$。

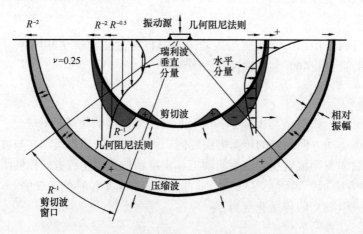

图 8-7　弹性半空间表面处垂直振动源所产生的波场

图 8-8 为瑞利波的水平及竖向振动随深度的变化规律。显然，瑞利波的水平及竖直分量均随深度的增加而迅速衰减。能量向下传播的深度几乎为一个波长厚度的土层。

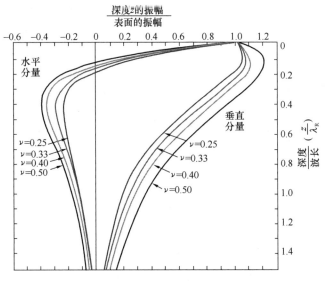

图 8-8　瑞利波的水平及竖向振动随深度的变化规律

对于大多数地面上普通铁路轨道的振动问题，荷载功率谱的主频约为 5～50Hz。由于瑞利波的速度为 50～250m/s，因此瑞利波的波长在 5～50m 范围内。由于天然土壤中的沉积往往是分层的，因此可能会产生共振效应。厚度为 h 的均质土壤的最低固有频率 f_n 可采用式（8-40）确定：

$$f_n = \frac{c_T}{4h} \tag{8-40}$$

式中，c_T 为剪切波的传播速度。例如，5m 厚的黏土层，当剪切波波速为 100m/s 时，其共振频率为 5Hz。高速行车的一个限制条件就是列车运行速度应远低于波的传播速度，以免出现意想不到的干扰现象。

8.2　铁路沿线环境振动测试方法

8.2.1　环境振动评价标准

振级是环境振动评价指标中一个比较重要的振动评价指标，很多标准中都以振级来评价振动强度的大小。国家标准《城市区域环境振动标准》GB 10070—88 为环境振动的评价标准。该标准值适用于连续发生的稳态振动、冲击振动和无规振动。其评价量为被测区域的铅垂 Z 方向振动量。大量研究结果表明：在振动三个方向的振动分量中，铅垂 Z 方向的振动最大，而且对人体的影响也最大。每天发生几次的冲击振动，其最大值昼间不允许超过标准值 10dB，夜间不超过 3dB。城市各类区域铅垂向 Z 振级标准值见表 8-1，其中"铁路干线两侧"是指距每日车流量不少于 20 列的铁道外轨 30m 外两侧的住宅区。

表 8-1 城市各类区域铅垂向 Z 振级标准值（dB）

适用地带范围	昼间	夜间
特殊住宅区	65	65
居民、文教区	70	67
混合区、商业中心区	75	72
工业集中区	75	72
交通干线道路两侧	75	72
铁路干线两侧	80	80

8.2.2 环境振动评价指标

（1）最大 Z 振级 $VL_{Z,max}$

其是在规定时间内 Z 计权振动加速度级（Z 振级）的最大值。

（2）等效连续 Z 振级 $VL_{Z,eq}$

其是在规定时间内 Z 振级的能量平均值。不采用等效 Z 振级作为评价量和参考量时，可不做此项测量。

（3）累计百分 Z 振级 $VL_{Z,n}$

在规定的测量时间 T 内，有 $n\%$ 时间的 Z 振级超过 VL_Z 值，该 VL_Z 值叫对应 n 的累计百分 Z 振级。测量背景振动时，累计百分 Z 振级的 n 值为 10，用 $VL_{Z,10}$ 表示。

（4）四次方振动计量值 VDV

其是以计权加速度时间历程四次方作为计算平均基础的量值。

（5）分频最大振级 VL_{max}

其是测量的铅垂向振动加速度按 1/3 倍频程中心频率的 Z 计权因子进行数据处理，按计权因子修正后得到各中心频率的振动加速度级。分频最大振级为 1/3 倍频程中心频率上的最大振动加速度级。

8.2.3 环境振动测试方法

（1）测点布设

1）测点布设分类

测点布设分为两类：距铁路外轨中心线 30m 处测点，反映铁路两侧 30m 处的振动状况；敏感测点布设在敏感点或敏感区域内的测点，反映敏感点或敏感区域的铁路振动状况。

2）划定典型区段和典型位置

划分典型区段和典型位置主要考虑以下因素：与振动源变化有关的因素，如列车运行速度、轨道类型、路堤、路堑、桥梁、道岔群、弯道位置及列车类型、机车牵引类型、地质条件等；敏感区和敏感点的分布情况；沿线两侧地面状况；建筑物分布和类型；其他特殊要求。

根据铁路列车类型、运行速度、线路状况、地面状况及周围环境条件等情况，基本相同的区段可划定为一个典型区段。

对于振动源有显著变化的位置，如铁路桥梁、线路交汇处、道岔群等，可以划定为一个典型位置。

3）距铁路外轨中心线 30m 处测点的布设

测点应设在距铁路外轨中心线 30m 处。每个典型位置和典型区段至少应设 1 个测点。对于仅用于评价敏感点和敏感区域的测量，可不布设距铁路外轨中心线 30m 处测点。

4）敏感测点的布设

每个敏感点或敏感区至少应在距铁路最近的建筑物室外设 1 个敏感测点。敏感区内应在相应的距铁路外轨中心线 30m 测点位置设置垂直于铁路走向的测量断面，每个测量断面上应布设 2～3 个敏感测点。测点距离铁路最远不宜大于 100m。

(2) 测点位置

1）测点置于建筑物室外 0.5m 以内振动敏感处。必要时，测点可置于建筑物室内。

2）测点布设宜远离公路、工厂、施工现场等非铁路振动源。当无法远离时，应在测量时间上避开这些非铁路振动的干扰。

(3) 测量仪器

环境公害振动测量设备一般由传感器（拾振器）、测量放大器、振幅或振级指示器组成，如图 8-9 所示。

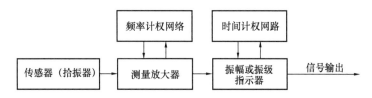

图 8-9　环境公害振动测量设备

振动测量仪器可以分为压电式加速度计和低频拾振器。环境振动的量值表示有位移、速度、加速度，普遍采用加速度值表示，因此，一般用于环境振动测量的是压电式加速度计（图 8-10）。它具有较宽的频响和测量范围、谐振频率高、体积小、重量轻、灵敏度高、坚固等特点。环境振动与机器振动相比，其显著特点是振动强度小、频率低。压电式加速度传感器内置 IC 见图 8-11。测振仪见图 8-12。

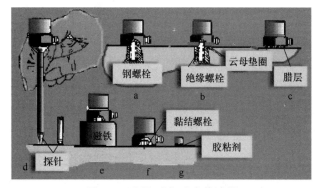

图 8-10　压电式加速度传感器

图 8-11　压电式加速度传感器内置 IC

(4) 振动传感器的放置

振动传感器的放置应符合以下要求：

1）振动传感器应平稳地安放在平坦、坚实的地面上，避免置于如草地、砂地、雪地

图 8-12 测振仪

或地毯等松软的地面上；

2）振动传感器的灵敏度主轴方向应与测量方向一致；

3）需要测量建筑物内受振状况时，振动传感器宜置于相应建筑物室内中央。

（5）测量方法

测量采用仪器自动采样的方法，采样间隔应不大于 1.0s，测量数据经算术平均后的结果，应按照《数值修约规则与极限数值的表示和判定》GB/T 8170—2008 修约到整分贝数。

1）铁路振动

测量每次列车车头至车尾通过测点时的 $VL_{Z,max}$ 和 $VL_{Z,eq}$。每个测点分别连续测量昼夜间 20 次列车；对于车流密度较低的线路，可以测量昼间不小于 4h、夜间不小于 2h 内通过的列车。测量结果以昼间、夜间所测数据的算术平均值表示。

2）背景振动

测量时，每个测点测量时间不少于 1000s。为避免铁路振动的影响，允许采用间断测量的方法，但累计测量时间不少于 1000s。

铁路振动与背景振动的差值小于 10dB 时，测量结果应按表 8-2 进行修正。若背景振动低于 5dB 以下，测量结果仅作参考值。

背景振动修正值（dB） 表 8-2

铁路环境振动与背景振动差值	试验读数的修正值
≥10	0
6～9	−1
5	−2

8.2.4 测试记录及报告格式

（1）记录内容

记录内容至少应包括：①测量仪器：名称、型号、编号、准确度等级、检定日期；②测量数据：测量时间、铁路振动的 $VL_{Z,max}$、背景振动 $VL_{Z,10}$、列车通过数量；③列车条件：牵引类型、车辆类型、列车速度；④线路特征，钢轨、轨枕、道床类型；⑤测点位置（可附简图和照片）；⑥测量过程中可能影响结果的情况说明；⑦测量人员（签名）、校核人员（签名）；⑧测量单位、测量日期。铁路环境振动测量记录表见表8-3。

铁路环境振动测量记录表　　　　　　　　　　　　　表 8-3

编号：

测点位置								测量日期		
测量仪器										
名称		型号		编号			等级		检定日期	
线路特征				轨枕类型			道床类型	钢轨类型	有缝、无缝、50kg、60kg 等	
路堑、路堤、桥梁、涵洞、隧道				混凝土枕、木枕、其他（具体说明）			有砟、无砟			
建筑物类型						地面状况				
测量序号	测量时间	牵引类型	车辆类型	列车速度	上下行	单列车振级（dB）		备注		
						$VL_{Z,max}$	$VL_{Z,eq}$			
测量时段内铁路振动（dB）		$VL_{Z,max}$		$VL_{Z,eq}$			背景振级 $VL_{Z,10}$(dB)			
测点简图										
说明										

测量单位：　　　　　　测量者（手签）：　　　　　校核者（手签）：

(2) 报告格式

测量报告按管理要求分为两种。

1) 简要报告

主要内容应包括：以表格方式反映测量目的、测量仪器（名称、型号、编号、精度等级、检定日期）、测点位置、昼夜间列车通过数量、测量结果，并作简要分析。

2) 详细报告

主要内容应包括：说明测量目的，以表格方式反映测量仪器（名称、型号、编号、精度等级、检定日期）、测点位置、测点处及测点与轨道之间的地面状况、昼夜间列车通过数量、测量结果。按比例绘制敏感点图,图中应包括敏感点、敏感区的分布及测点位置。对测量结果应做较详细的分析说明。

8.2.5 案例

(1) 案例背景

近年来,城市轨道交通发展迅速,大量的地铁线路投入了运营。地铁列车在行车过程中会产生较大的振动和噪声。因此,在某些敏感的区段,需要采用一定的减振措施来控制振动,剪切型减振器就是一种常用的减振结构。但在复杂运营条件下,剪切型减振器也带来了一些问题,其中一个较为显著的问题就是采用剪切型减振器区段出现了钢轨异常波磨。严重的钢轨波磨不仅会加剧轨道结构的振动及其伤损劣化速率,而且还会降低行车的安全性及稳定性。

(2) 测试内容

北京地铁 4 号线沿线建筑物密集,振动敏感点较多,部分地段使用了剪切型减振器扣件。本节选取北京地铁 4 号线直线段的普通扣件断面、曲线段的普通扣件断面、直线段的剪切型减振器扣件断面及曲线段的剪切型减振器扣件断面共 4 个典型断面进行了轨道—隧道—地面结构的现场振动加速度测试,并测量了钢轨波磨的基本特征,以分析钢轨波磨对剪切型减振器区段结构振动的影响。

(3) 测点布置

在北京地铁 4 号线陶然亭站—菜市口站直线段、北宫门站—安河桥北站曲线段的剪切型减振器及普通扣件区域,开展轨道结构、隧道壁以及对应地面振动加速度现场测试。为准确测试减振器区域的振动特性,测试断面选择列车速度较为稳定的区段,列车速度基本在 60~70km/h 之间。测试断面布置如图 8-13 所示。

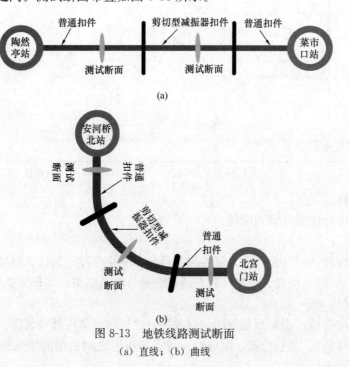

图 8-13 地铁线路测试断面
(a) 直线;(b) 曲线

测点布置如图 8-14 所示。测试内容为钢轨、道床、隧道壁及上部地面的垂向振动加速度。钢轨测点布置在扣件中间区域的轨底上表面；无砟道床测点布置在钢轨测点两侧，与钢轨测点位于同一断面；隧道壁测点距轨面高度约 1.2m；地面的测点为隧道内测试断面对应上方。

(4) 测试方法

钢轨波磨采用 RECTIRAIL 便携式钢轨平直度电子测量仪测量，测试范围为 1.0m，相应的最大测试波长为 0.5m。该测量仪精度为 ±12.5m，1m 基础上使用 100 个无接触式传感器。本次测试中，每个断面至少测试 30 组数据。

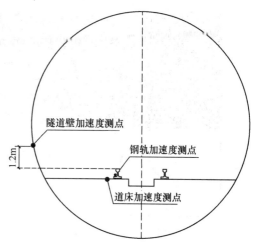

图 8-14 隧道内测点布置图

振动加速度测试采用压电式加速度传感器，参数见表 8-4。数据采集系统采用德国 IMC-C1 动态数据采集仪，可进行无时差 8 通道采样，最高频率可达 100kHz。

加速度传感器参数　　表 8-4

测点	型号	最大允许加速度（m/s^2）	频率范围（Hz）
钢轨	CA-YD-181	5000	1~10000
道床	CA-YD-186	500	0.5~5000
隧道壁	CA-YD-189	50	0.2~1000
地面	CA-YD-159	5	0.1~500

(5) 钢轨波磨测量结果

研究钢轨波磨对不同形式及结构的轨道振动特性影响，需要了解波磨区域磨耗的基本特征，现场钢轨波磨如图 8-15 所示。试验首先对剪切型减振器扣件和普通扣件的直线区段和曲线区段钢轨表面波磨进行测量，波磨的波长和波深特征测量结果见表 8-5。

钢轨波磨测量结果（mm）　　表 8-5

特征参数	特征值	直线段		曲线段	
		减振扣件	普通扣件	减振扣件	普通扣件
波长	平均值	70.70	80.50	94.52	87.82
	最大值	80.00	82.84	100.00	109.08
波深	平均值	0.019	0.017	0.135	0.063
	最大值	0.025	0.020	0.210	0.200

通过对表 8-5 波磨数据分析发现：相比于直线段，曲线段的钢轨波磨波长和波深均较大。减振器区段的钢轨波磨程度比普通扣件区段更为严重。

(6) 振动响应时域分析

隧道内的测试断面每天有 280 余组测试数据；对于地面测点早晚高峰时段各测试 2 小

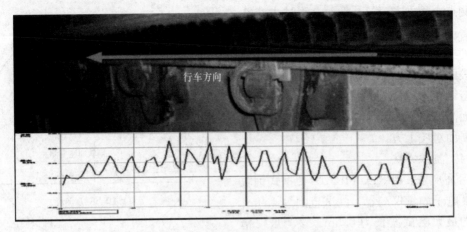

图 8-15 剪切型减振器区段钢轨波磨

时,每个测点有 60 余组数据。数据处理前进行滤波处理,消除信号干扰。

钢轨、道床、隧道壁以及地面振动加速度的典型时程曲线如图 8-16 所示。

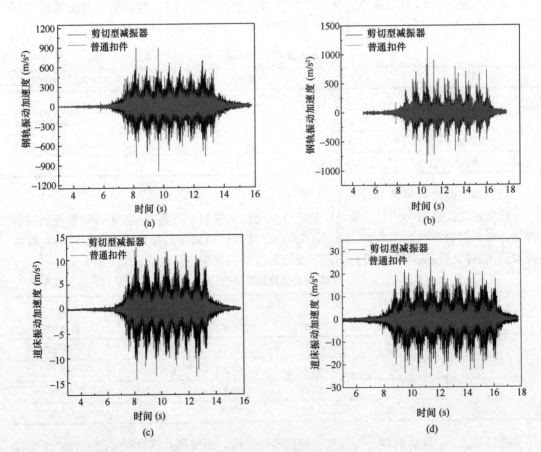

图 8-16 结构振动加速度时程曲线(一)
(a) 直线钢轨加速度;(b) 曲线钢轨加速度;(c) 直线道床加速度;(d) 曲线道床加速度

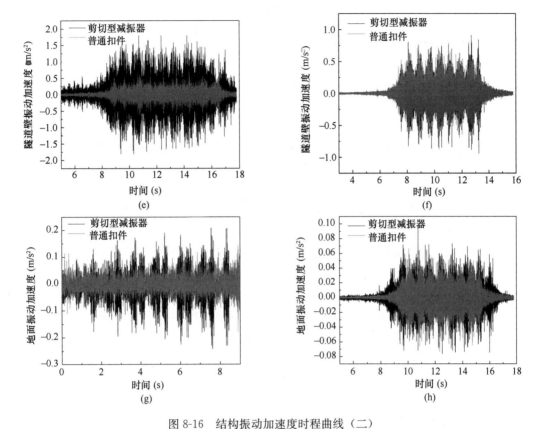

图 8-16 结构振动加速度时程曲线（二）
(e) 直线隧道加速度；(f) 曲线隧道加速度；(g) 直线地面加速度；(h) 曲线地面加速度

通过分析图 8-16 发现，振动加速度从钢轨—道床—隧道壁—地面传递过程中，加速度量值逐级递减。车辆荷载经过测试断面时，各个结构的振动加速度出现峰值，随着荷载远离，结构的振动逐渐衰减。

8.3 铁路沿线环境噪声测试方法

8.3.1 环境噪声评价标准

目前仅日本和法国已经制定并执行高速铁路噪声标准，其他国家大多采用既有铁路的噪声标准。标准值由各国通过调查沿线居民对噪声的烦恼度，进行数理统计后提出。

日本新干线噪声限值为列车通过时的最大声级，其限制如下：

Ⅰ类地区（住宅地区）：$L_{Amax} \leqslant 70dB$（A）；

Ⅱ类地区（商业、工业等Ⅰ类以外地区）：$L_{Amax} \leqslant 75dB$（A）。

法国高速铁路标准为等效声级 L_{ep}，昼间 65dB（A）。

我国采用《铁路边界噪声限值及其测量方法》GB 12525—90 作为城市铁路边界噪声的评价标准。铁路边界噪声指距铁路外侧轨道中心线 30m 处机车车辆运行时所产生的噪声。背景噪声指无机车车辆通过时测点的环境噪声。铁路边界噪声限值见表 8-6。

铁路边界噪声限值 表8-6

时段	噪声限值[等效声级L_{eq}(dB(A))]
昼间	70
夜间	70

8.3.2 环境噪声评价指标

根据《声学 轨道机车车辆发射噪声测量》GB/T 5111—2011中噪声测量的相关要求，铁路噪声测量涉及的指标如下。

(1) 声压

声压$p(t)$是指有声波时，媒质中压力与静压力的差值，单位为"Pa"。

(2) 声压级

声压级L_p是指声压与基准声压之比以10为底的对数乘以2，单位为贝尔，表示为B，但通常用"dB"为单位。基准声压为：20μPa（空气中）。

(3) A计权声压级

用声级计或此等效的测量仪器，经过A计权网络测出的噪声级称为A声级，用L_A或L_{pA}，单位为分贝，单位符号"dB"，或表示为dB(A)。

(4) AF计权最大声压级

AF计权最大声压级L_{AFmax}是指在测量时间段内，用时间计权F（快档）确定的A计权声压级最大值，单位为"dB"。

(5) 等效连续A计权声压级

等效连续A计权声压级$L_{Aeq,T}$是指在规定时间内，某一连续稳态声的A计权声压，具有与时变的噪声相同的均方A计权声压，则这一连续稳态声的声级就是此时变噪声的等效声级，单位为"dB"。

等效声级的表达式见式（8-41）。

$$L_{Aeq,T} = 10\lg\left[\frac{1}{t_2-t_1}\int_{t_1}^{t_2}\frac{p_A^2(t)}{p_0^2}dt\right] \quad (8-41)$$

式中 $L_{Aeq,T}$——等效声级，单位为分贝（dB）；

t_2-t_1——测量时间段，单位为秒（s）；

$p_A(t)$——噪声瞬时A计权声压，单位为帕（Pa）；

p_0——基准声压（Pa），$p_0=20\mu Pa$。

当A计权声压用A声级L_{pA}(dB)表示时，则如式（8-42）所示：

$$L_{Aeq,T} = 10\lg\left(\frac{1}{t_2-t_1}\int_{t_1}^{t_2}10^{0.1L_{pA}}dt\right) \quad (8-42)$$

(6) 单次事件声级

单次事件声级SEL是指在T时间段内测量$T_0=1s$归一化的单一事件的A声级。时间段T应包含与该事件有关的所有声能，即至少要考虑比L_{pA}的较低值低10dB的声能，SEL可用式（8-43）表示。

$$SEL = 10\frac{1}{T_0}\int_0^T\frac{p_A^2(t)}{p_0^2}dt \quad (8-43)$$

式中　SEL——A 计权暴露声级，单位为分贝（dB）；
　　　T_0——基准事件（s），$T_0 = 1\text{s}$；
　　　T——测量时间段，单位为秒（s）；
　　　$p_A(t)$——瞬时 A 计权声压，单位为帕（Pa）；
　　　p_0——基准声压（Pa），$p_0 = 20\mu\text{Pa}$。

SEL 与 $L_{\text{Aeq},T}$ 满足式（8-44）所示关系：

$$SEL = L_{\text{Aeq},T} + 10\lg\left(\frac{T}{T_0}\right) \quad (8\text{-}44)$$

（7）通过暴露声级

通过暴露声级 TEL 是指在时间段 T 内测试并归一化 T_p 的单次列车通过的 A 计权声级。时间段 T 应足够长以包括所有与该事件相关的声能量，即至少要考虑在 T_P 时间段内比 L_{pA} 较低值低 10dB 的声能。TEL 用式（8-45）表示：

$$TEL = 10\left[\frac{1}{T_p}\int_0^T \frac{p_A^2(t)}{p_0^2}\text{d}t\right] \quad (8\text{-}45)$$

式中　TEL——A 计权暴露声级，单位为分贝（dB）；
　　　T_p——列车通过的时间，单位为秒（s）；
　　　T——测量时间段，单位为秒（s）；
　　　$p_A(t)$——瞬时 A 计权声压，单位为帕（Pa）；
　　　p_0——基准声压（Pa），$p_0 = 20\mu\text{Pa}$。

通过暴露声级 TEL 与单次事件级 SEL 和等效连续 A 计权声压级的关系可用方程表示，见式（8-46）和式（8-47）。

$$TEL = L_{\text{Aeq},T} + 10\lg\left(\frac{T}{T_p}\right) \quad (8\text{-}46)$$

$$TEL = SEL + 10\lg\left(\frac{T_0}{T_p}\right) \quad (8\text{-}47)$$

（8）测量时间段 T 和列车通过时间 T_p

当 A 计权声压级比列车前端正对传声器位置时的值低 10dB 开始测量，当 A 计权声压级比列车后端通过传声器位置时的值低 10dB 结束测量。此段时间即为测量时间段 T，如图 8-17 所示。

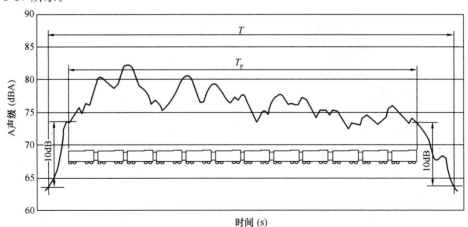

图 8-17　某一列车测量时间段 T 的选取

当测量一列车中的某一节或几节车厢时,则车辆前端正对传声器结束的测量时间段 T 即为受试列车的某一节或几节车厢的通过时间 T_p。

当测量无动力装置的车辆时,测量时间段 T 为被测第一节车厢中部通过传声器的时间。图 8-18 给出了单个无动力车厢的测量时间段 T 以及列车通过时,A 声级 L_{pA} 随时间的变化历程。

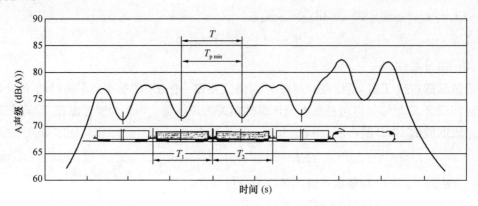

图 8-18　对列车部分车厢测量时测量时间的选取

8.3.3　环境噪声测试方法

（1）测点布设

测点的选择应具有代表性,能够使测量结果正确反映铁路沿线受影响区域范围内的噪声状况,原则上选在铁路边界高于地面 1.2m,距反射物不小于 1.0m 处。

（2）测试设备

1）仪器要求

噪声测量仪器包括传声器、电缆和录音设备等,其应符合《电声学　声级计　第 1 部分:规范》GB/T 3785.1—2010 中 1 级设备的技术要求。在自由场中传声器应具有平直的频率响应。1/3 倍频程滤波器应满足《电声学　倍频程和分数倍频程滤波器》GB/T 3241—2010 中的 1 级仪器的要求。测量仪器还要使用适宜的风罩,且应在规定检定有效期限内使用。

每次测量前后（在一系列测量前后）,应使用满足《电声学　声校准器》GB/T 15173—2010 标准级声的校准器进行校准,以证实在所有有关的频率范围内的某个或多个频率上全部测量系统的校准。如果两次校准之差大于 0.5dB,则测量结果无效。

应记录最后一次按照《电声学　声校准器》GB/T 15173—2010 进行检定的日期。

2）声级计

声级计是噪声测量中最基本的仪器（图 8-19）。声级计一般由电容式传声器、前置放大器、衰减器、放大器、频率计权网络以及有效值指示表头等组成。

图 8-19　积分式声级计

声级计的工作原理是：由传声器将声音转换成电信号，再由前置放大器变换阻抗，使传声器与衰减器匹配。放大器将输出信号加到计权网络，对信号进行频率计权（或外接滤波器），然后再经衰减器及放大器将信号放大到一定的幅值，送到有效值检波器（或外按电平记录仪），在指示表头上给出噪声声级的数值。

根据国家标准《电声学 声级计 第 1 部分：规范》GB/T 3785.1—2010，声级计按照精度分为 1 级声级计和 2 级声级计，1 级和 2 级声级计的技术指标有相同的设计目标，主要是最大允许误差、工作温度范围和频率范围不同，2 级要求的最大允差大于 1 级。2 级声级计的工作温度范围 0～40℃，1 级为－10～50℃。2 级的频率范围一般为 20Hz～8kHz，1 级的频率范围为 10Hz～20kHz。

声级计中的频率计权网络有 A、B、C 三种标准计权网络。A 网络是模拟人耳对等响曲线中 40 方纯音的响应，它的曲线形状与 340 方的等响曲线相反，从而使电信号的中、低频段有较大的衰减。B 网络是模拟人耳对 70 方纯音的响应，它使电信号的低频段有一定的衰减。C 网络是模拟人耳对 100 方纯音的响应，在整个声频范围内有近乎平直的响应。声级计经过频率计权网络测得的声压级称为声级，根据所使用的计权网不同，分别称为 A 声级、B 声级和 C 声级，单位记作 dB（A）、dB（B）和 dB（C）。

测量噪声用的声级计，表头响应按灵敏度可分为四种：

① 慢。表头时间常数为 1000ms，一般用于测量稳态噪声，测得的数值为有效值。

② 快。表头时间常数为 125ms，一般用于测量波动较大的不稳态噪声和交通运输噪声等。快挡接近人耳对声音的反应。

③ 脉冲或脉冲保持。表针上升时间为 35ms，用于测量持续时间较长的脉冲噪声，如冲床、按锤等，测得的数值为最大有效值。

④ 峰值保持。表针上升时间小于 20ms，用于测量持续时间很短的脉冲声，如枪、炮声和爆炸声，测得的数值是峰值，即最大值。

声级计可以外接滤波器和记录仪，对噪声做频谱分析。国产的 ND2 型精密声级计内装了一个倍频程滤波器，便于携带到现场做频谱分析。

（3）测量方法

1）一般要求

在每个传声器位置按测量的量和相关的时间间隔 T 进行测量。列车通过时间 T_P 需用单独的装置测量，如光栅板或车轮探测器。

在每一个测量条件下对于每一个传声器位置，都应至少进行 3 次测试，取这组测量数据的算术平均值作试验结果，按修约规则取整数分贝值。如果相同测量条件下该组读数之最大差值超过 3dB，则应重新进行测量。

对于常规噪声测试和环境评价测量，在每一个测量条件下对于每一个传声器位置，都应至少进行 2 次测试，取这组测量数据的算术平均值作试验结果，按修约规则取整数分贝值。如果相同测量条件下该组读数之最大差值超 3dB，有条件时则重新进行测量。对于监督检验，进行一次测量即可。

若在车辆两侧所测声压级不同，则将较高声级值作为测量结果。测量单一拖车时，至少应在动车后面有 1 节声学性能相近的车辆，其后至少跟随 2 节被测拖车，并至少有 1 节声学性能相近的车辆。

2) 匀速车辆的测量

① 推荐车速

推荐的试验车速为 20km/h、40km/h、60km/h、80km/h、100km/h、120km/h、140km/h、160km/h、200km/h、250km/h、300km/h、320km/h 和 350km/h。

周期性监督检验应在推荐测试速度下进行，除非得到车辆所有者及规定测量方案的职能部门的授权。

对常规噪声测试和环境评价测量，可采用推荐的测试速度。在测量区段，受试车辆选定的车速误差不超过±5%，用测量精度优于 3% 的测速仪测量车速，也可使用列车速度表，用测量精度优于 3% 的校准器进行校准。

② 拖车测量

测量列车的部分拖车时，应使用单独的装置测量被测拖车的通过时间，如使用光栅板或车轮探测器。

测量时间间隔 T 的定义为第一节被测车辆的中部通过传声器位置开始到最后一节被测车辆中部通过传声器位置为止的时间。

③ 整车测量

整车的测量参数为通过时段内等效连续 A 计权声压级 L_{Aeq,T_p} 和通过暴露声级 TEL，对单节车辆为等效连续 A 计权声压级 L_{Aeq,T_p}。

(4) 测量内容及测量值

测量时间：昼间、夜间各选在接近其机车车辆运行平均密度的某 1 个小时，用其分别代表昼间、夜间。必要时，昼间或夜间分别进行全时段测量。

用积分声级计（或具有相同功能的其他测量仪器）读取 1h 的等效声级（A）。

背景噪声应比铁路噪声低 10dB（A）以上，若两者声级差值小于 10dB（A），按表 8-7 进行修正。

背景噪声修正值 [dB(A)]　　　　表 8-7

被检车辆 A 计权声压级与 A 计权背景声压级差值	有背景噪声存在时测量车辆噪声所获得的 A 计权声压级的修正值
≥10	0
6~9	−1
5	−2

8.3.4 案例

(1) 案例背景

截至 2019 年 12 月，北京地铁已运营线路达 23 条、总里程 699.3km、车站 405 座。北京部分地铁线路发生了严重的异常波磨，产生严重的噪声问题，乘客和居民反映强烈。近几年来，部分新开线路在运行初期也出现了严重的噪声问题。

对于北京地铁，随着新一轮建设高峰的到来，如果目前的异常波磨问题不能得到有效解决，新建线路还可能会面临类似的状况，因此迫切需要提出有效的整改方法，解决既有线的钢轨异常波磨及噪声问题，消除运营线路的安全隐患。

(2) 测试内容

测试地铁实际运行过程中的车辆内部噪声、分析不同载客量和钢轨波磨对地铁车内噪声的影响。

本试验选取的噪声测试设备及技术参数如表 8-8 所示。

噪声测试设备及技术参数　　　　　表 8-8

仪器名称	仪器图片	参数
噪声测试传感器	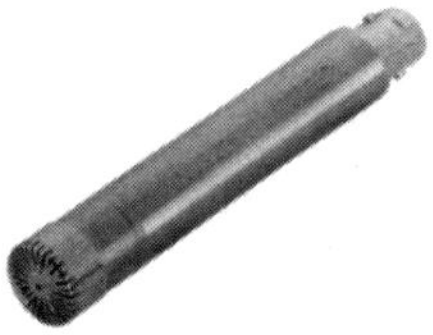	开路灵敏度：-26 ± 1.5dB（50mV/Pa） 频率响应范围：20Hz～20kHz，一级 外形尺寸：极头 Φ12.7mm（0.5 英寸）， 耦合腔 Φ13.2mm，总长度 85mm 静态压力系数：-0.010dB/kPa 温度系数：-0.008dB/℃（-20～$+60$℃）
手持式噪声测试分析仪		4 通道模拟输入 通道耦合方式：电压 AC、电压 DC、IEPE（ICP） 输入量程：$+/-$100mV、1V、10V 采样频率：51.2kHz 每通道 输入噪声：<0.05mVrms@$\pm$10V 量程 （典型值 0.03mVrms）
声级校准器		符合标准： ANSI S1.40—1984、GB/T 15173—2010 1 型 声压级：94.0$\pm$0.3dB 及 114.0$\pm$0.3dB 频率：1000Hz$\pm$0.5%
三脚架		可自由调节高度，用于固定声压传感器 承重：3kg 最高工作高度：160cm 最大管径：25mm 脚管节数：3 节 最低工作高度：60cm 脚管锁类型：扳扣式
风球		风吹到传声器上会在传声器膜片附件产生涡流， 引起传声器膜片振动，产生额外的噪声信号， 这就是风噪声。仪器带上风球可以有效抑制风噪声

(3) 测试步骤

按照试验规程依次进行各个区段的试验,根据《声学 轨道车辆内部噪声测量》GB/T 3449—2011 和《城市轨道交通列车噪声限值和测量方法》GB 14892—2006,由测试人员携带噪声测试仪乘坐地铁列车进行测量。

1) 每一系列测量前后,应使用符合标准规定的 1 级准确度声校准器套在传声器上,以测试频率范围内的某个或多个频率对整个测量系统进行校准。

2) 选定编号为 06065 的地铁列车作为测试车辆,在列车的车头、车中部和车尾车厢共 3 个位置安装测试仪器,保证接收器端头竖直向上,并置于转向架正上方距离列车车厢底面 1.2m 处,保证以接收器为圆心半径为 1m 的圆范围内无其他噪声,测点示意图见图 8-20。该编号列车安装了轴箱加速度计,可以确定走行时分对应里程,建立车内噪声-轴箱加速度关系。

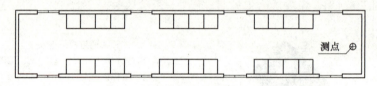

图 8-20 单个车厢内噪声测点示意

3) 车厢内噪声声压级采用 A 计权方式,每组测量数据经算术平均后,按照《数值修约规则与极限数值的表示和判定》GB/T 8170—2008 的规则修约到整分贝数。地铁车内噪声测试见图 8-21,声压传感器见图 8-22。

 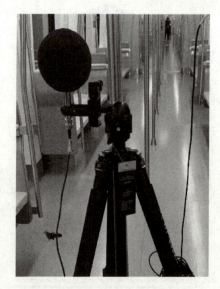

图 8-21 地铁车内噪声测试　　　　图 8-22 声压传感器

(4) 车内静置噪声与运行噪声特征分析

为了排除由于列车自身产生的噪声对噪声测试结果的干扰,在列车静置状态下进行了车内噪声测试,此状态下列车已经启动,但速度为零,且车上有一些乘客。对测试结果进行时域和频域信号分析(图 8-23)。从图 8-23 可知,静置状态下,车内噪声的等效 A 声级为 70.07dB，且不存在明显的峰值频率，所以可排除其对测试结果的干扰。

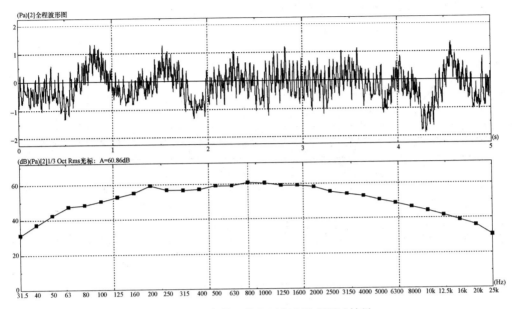

图 8-23　列车静置状态下车内噪声测试结果

图 8-24 为列车运行过程中的车内噪声情况。此时车内噪声的等效 A 声级为 88.74dB，比静置状态下的车内噪声值 70.07dB 高 18.67dB；且在各频率下，列车运行时车内噪声都比静置时车内噪声高 10dB 以上，测试结果无需进行修正。

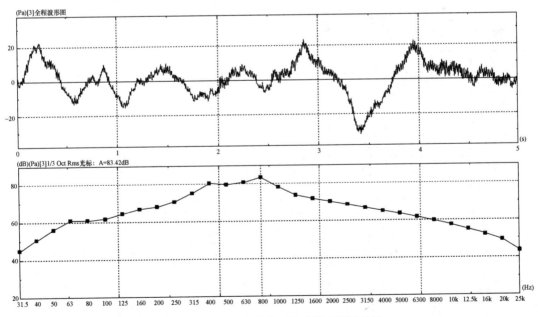

图 8-24　列车运行状态下车内噪声测试结果

（5）车内噪声测试结果

对北京地铁 6 号线全区段上行（金安桥—潞城）和下行（潞城—金安桥）的噪声测试

结果进行时域和频域分析,得到地铁车内噪声最大 A 计权声级及对应频率与各区段地铁车内噪声等效 A 声级,各区段结果如图 8-25 和表 8-9 所示。

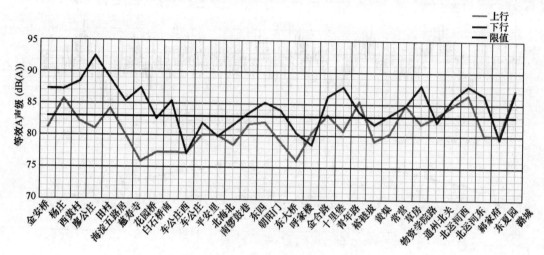

图 8-25 车内噪声测试结果对比图

地铁车内噪声等效 A 声级汇总　　　　　　　　　　　　　表 8-9

区间		等效 A 声级 [dB (A)]		区间声级较高对应频率	
		上行 (西→东)	下行 (东→西)	上行 (西→东)	下行 (东→西)
金安桥	杨庄	81.20	87.31	315~1000	315~1250
杨庄	西黄村	85.68	87.26	315~1000	315~1250
西黄村	廖公庄	82.22	88.43	315~1250	400~1000
廖公庄	田村	81.03	92.46	400~1000	315~1000
田村	海淀五路居	84.20	88.89	315~800	315~1250
海淀五路居	慈寿寺	80.03	85.36	315~800	315~1250
慈寿寺	花园桥	75.93	87.43	315~1250	315~1250
花园桥	白石桥南	77.32	82.63	250~1000	315~1000
白石桥南	车公庄西	77.35	85.44	315~800	400~1250
车公庄西	车公庄	77.21	77.14	315~1000	400~1250
车公庄	平安里	80.13	81.96	125~1000	315~1250
平安里	北海北	80.02	79.87	125~1000	400~1000
北海北	南锣鼓巷	78.57	81.70	100~1000	160~1250
南锣鼓巷	东四	81.83	83.60	100~800	100~1250
东四	朝阳门	82.11	85.21	160~1000	315~1250
朝阳门	东大桥	78.98	84.00	315~1000	315~1250
东大桥	呼家楼	76.13	80.47	125~1000	315~1000
呼家楼	金台路	80.5	78.60	160~1000	315~1250
金台路	十里堡	83.23	86.22	125~1250	315~1250

续表

区间		等效 A 声级 [dB (A)]		区间声级较高对应频率	
		上行（西→东）	下行（东→西）	上行（西→东）	下行（东→西）
十里堡	青年路	80.78	87.72	160～1250	400～1250
青年路	褡裢坡	85.45	83.76	315～1000	315～1250
褡裢坡	黄渠	79.19	81.85	400～1000	315～1250
黄渠	常营	80.40	83.24	315～1250	315～1600
常营	草房	84.89	84.86	315～1250	315～1600
草房	物资学院路	81.87	87.98	315～1250	315～1600
物资学院路	通州北关	83.10	82.20	315～1000	315～1600
通州北关	北运河西	84.84	85.87	315～1000	315～1250
北运河西	北运河东	86.47	87.91	315～1600	315～1600
北运河东	郝家府	80.17	86.48	160～1250	315～1600
郝家府	东夏园	80.05	79.57	315～1600	315～1250
东夏园	潞城	87.29	86.93	315～1600	315～1600

根据地铁 6 号线各区段上下行噪声统计结果，部分区段超过城市轨道交通系统中地铁列车噪声等效声级的最大容许限值，并且可以看出北京地铁 6 号线中间区段的噪声值明显较两端区间的噪声值小。

由于上下行线路条件不同，上下行噪声测试结果存在差异，上行测试结果普遍比下行测试结果小，并且金安桥—车公庄西区间上下行噪声测试结果相差较大。其次由于北京地铁 6 号线全长 53km，单趟列车运行 80 分钟左右，所以上下行测试过程中地铁列车载客量存在区别，导致车内噪声存在一定差异。

8.4 轨道交通引起室内二次结构噪声测试方法

地下线产生的振动传递到隧道上方和周边的建筑物，进而激起建筑物的地板和墙体产生振动并向外辐射噪声（二次噪声），通过空气传播，进而引起可听见的"嗡嗡"声。一般情况下，二次结构噪声的感知频率在 16～250Hz 内，易对正常睡眠造成干扰。若长时间处于受低频噪声影响的环境，会对人类的听力、生理和心理造成危害。本节将对二次结构噪声的评价标准、指标及测试方法进行介绍。

8.4.1 二次结构噪声评价标准

我国采用《城市轨道交通引起建筑物振动与二次辐射噪声限值及其测量方法标准》JGJ/T 170—2009 和《城市轨道交通环境振动与噪声控制工程技术规范》HJ 2055—2018 作为城市轨道交通引起室内二次结构噪声的评价标准。

《城市轨道交通引起建筑物振动与二次辐射噪声限值及其测量方法标准》JGJ/T 170—2009 根据城市轨道交通沿线建筑物的功能进行了区域分类，见表 8-10。对于不同的区域给出了城市轨道交通沿线建筑物室内二次辐射噪声的限值规定,见表 8-11。

振动噪声影响区域分类　　　　　　　　　　　表 8-10

区域分类	适用范围
0 类	特殊住宅区
1 类	居住、文教区
2 类	居住、商业混合区,商业中心区
3 类	工业集中区
4 类	交通干线两侧

建筑物室内二次辐射噪声限值 [dB(A)]　　　　表 8-11

区域分类	昼间	夜间
0 类	38	35
1 类	38	35
2 类	41	38
3 类	45	42
4 类	45	42

注:昼夜时间划分:昼间:06:00～22:00;夜间 22:00～6:00;昼夜时间适用范围在当地另有规定时,可按照当地人民政府的规定划分。

8.4.2　二次结构噪声评价指标

二次结构噪声的评价指标与环境噪声的评价指标相同,数据记录及处理方法如下。

(1) 数据记录及处理

测量轨道交通沿线建筑物室内的二次辐射噪声,应分别计算昼间和夜间的等效 A 声压级。在测量时段内,昼间和夜间的等效 A 声压级应按下式计算:

$$L_{Aeq} = 10 \lg \frac{1}{n} \sum_{i=1}^{n} 10^{0.1 L_{AE,i}} \qquad (8-48)$$

式中　L_{Aeq}——昼间或夜间的等效 A 声压级,单位为"dB(A)";

　　　n——昼间或夜间通过的列车数量;

　　　$L_{AE,i}$——昼间或夜间第 i 列列车通过时测点的二次辐射噪声 A 声压级。

二次辐射噪声测量值应大于室内背景噪声 3dB(A) 以上,并应按表 8-12 对二次辐射噪声测量值进行修正。

二次辐射噪声修正值 [dB(A)]　　　　表 8-12

差值	3	4～5	6～9
修正值	−3	−2	−1

(2) 报告格式

城市轨道交通引起的沿线建筑物振动和二次辐射噪声测量应编写测量报告。测量报告应包括下列内容:

1) 城市轨道交通工程概况,应包括沿线建筑物特征与现状,轨道交通环境影响评估文件的结论和要求,设计与建造时采取的减振降噪措施,以及其他需要说明的情况。

2) 对轨道沿线敏感点或敏感区建筑物进行振动和噪声测量的方案和结果:①采用的测量仪器(名称、型号、精度等级、检定日期)和测点位置、环境的描述;②建筑物与轨道线路之间的位置关系、测点布置;③测量数据或图表;④振动和二次辐射噪声限值;⑤测量数据分析与结论。

3) 测量单位、人员和日期。

8.4.3 二次结构噪声测试方法

(1) 测点布设

测点布设应符合下列规定:①每个敏感点所设置的测点不应少于1个;②多个测点的布设,应根据建筑物的楼层、房间平面分布以及受城市轨道交通的影响程度确定;③敏感区的测点布设应选择邻近线路的建筑物或受轨道交通影响较大的建筑物。

(2) 测试设备

噪声测量应采用精密等级不低于1级的积分式声级计或其他相当的声学仪器,并应满足16~200Hz噪声测量的要求,其性能应符合国家现行相关标准的规定。测量仪器应经国家认可的计量部门检定合格,并应在检定有效限期内使用。应采用等效连续A声压级,作为轨道交通沿线建筑物室内二次辐射噪声测量的量。

(3) 测量方法

同一建筑物内的各个测点应在规定时间内同步测量。在二次辐射噪声的测量过程中,测点所在房间的门窗应密闭。在测点受到外界其他噪声源偶然干扰时,应在测量记录中说明干扰的声级、类型和持续时间。

传声器布设应符合下列规定:①各测点的传声器应安装在距地面1.2m的高度,距墙壁的水平距离应在1.0m以上;②测点周围1.0m之内不应有声反射物;③测量时,传声器应朝向房间中央。

仪器动态时间响应特性应采用快档(Fast),采样间隔不应大于1s。仪器的动态范围应满足测点噪声波动的要求,测量时应选择与二次辐射噪声幅值相应的动态范围。测量前后应校准仪器,灵敏度相差不得大于0.5dB(A),否则测量结果应视为无效。

(4) 测量内容

测量时间应符合下列规定:①在昼间和夜间,应各选一段时间进行测量,测量时段不应小于1h;②昼间测量时,应选择行车高峰时段;夜间测量时间内通过的列车不应少于5列;③在行车密度较低的线路,可分段测量列车通过时的声级。针对昼间和夜间应分别在各测点测量等效A声压级及室内背景噪声。

8.4.4 案例

(1) 案例背景

截至2016年底,我国开通的高速(城际)铁路地下线主要有广深港福田段、莞惠城际、佛肇城际、京广线石家庄地下段等。结合其地下区段的实际运营状况,本次振源特性、地面环境振动衰减特性及建筑物响应、地面诱导结构噪声等的测试主要选取佛肇城际铁路地下区段进行测试。

佛肇城际铁路于2016年3月开通运营,全长约80km。含两条隧道,其中云山隧道在三水区内,全长约2.2km,线路两侧邻近三水中学等多处敏感点。两条线路设计速度均为200km/h,运营车辆采用6型车(6A),8辆编组,车长200m。轨道采用双块式无砟轨道结构，60kg/m 标准轨，WJ8 型扣件。测试线路轨道结构如图 8-26 所示。

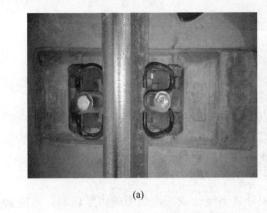

(a)   (b)

图 8-26   测试线路轨道结构
(a) 测试线路钢轨扣件（WJ8）；(b) 测试线路无砟轨道（双块式）

（2）测试内容

选取佛肇城际矿山隧道（马蹄形）上方，布置建筑物内振动和二次结构噪声测点，测试建筑物振动响应和衰减特性，及建筑物内二次结构噪声。

（3）测点布置

佛肇城际三水矿山隧道（马蹄形）地面及建筑物内的测点布置图如图 8-27 所示。

（4）测试设备

本次振动测试所用仪器与设备见表 8-13。

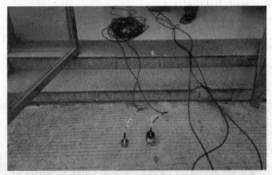
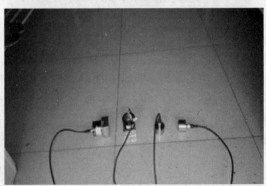

图 8-27   佛肇城际三水矿山（马蹄形）隧道地面及建筑物内测点

第8章 铁路环境振动测试与评估

测试仪器与设备汇总　　　　　表 8-13

名称	生产厂家	型号或规格	用途
数据采集系统	北京东方振动和噪声技术研究所	INV（16 通道至少 2 台）	数据采集
振动速度传感器	中国地震局工程力学研究所	891	隧道壁、地面及建筑物振动速度
声压传感器	INV	4095	测试室内二次噪声
便携式计算机	联想 Thinkpad	T450（1 台）	数据分析

本次测试数据采集、后处理与分析使用北京东方振动和噪声技术研究所开发的 DASP（V10 版）。该软件在数据采集时可进行超大容量连续采样（仅受硬盘大小限制），随启随停。可选择随机、触发及多次触发 3 种采样方式及绝对值、上升沿和下降沿 3 种触发方式，支持定时自动采样；可进行时域波形分析（单踪、多踪）及频域分析（信号幅值、FFT 分析、1/3 倍频程分析等）。

（5）建筑物振动影响分析

图 8-28 和图 8-29 分别给出了佛肇城际铁路列车以速度 160km/h 通过矿山隧道（马蹄形）时，在隧道正上方地表面和隧道一侧建筑物内测得的振动加速度时域和频域图。图 8-30 给出了列车通过时隧道壁、地面和建筑物内振动加速度 1/3 倍频程对比图。

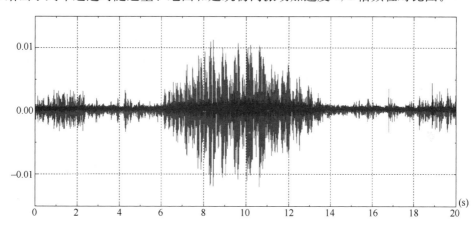

图 8-28　列车通过时地面和建筑物内振动加速度时域图

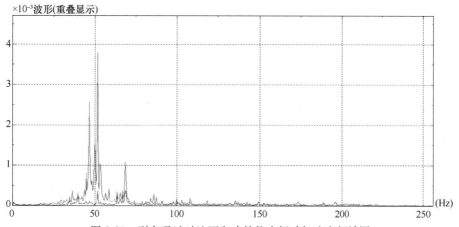

图 8-29　列车通过时地面和建筑物内振动加速度频域图

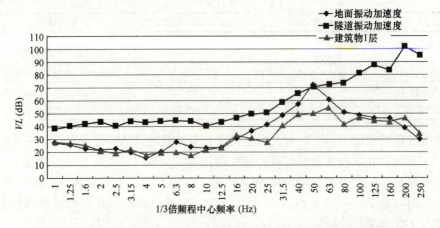

图 8-30　列车通过时隧道壁、地面和建筑物内振动加速度 1/3 倍频程对比图

从图 8-28 可以看出，当佛肇城际铁路列车以速度 160km/h 通过矿山隧道时，地面测点和建筑物内测点都有明显的振动加速度信号。地面测点振动加速度最大值约为 0.01m/s^2，建筑物内的振动加速度最大值约为 0.002m/s^2。任一时刻隧道内的振动均远大于地表面振动。

从图 8-29 可以看出，地面和建筑物内的振动均以 1~100Hz 的振动为主。振动从地面传入到建筑物内，在各频段振动都得到不同程度衰减，其中在 40~70Hz 的振动衰减最为显著。从图 8-30 可以看出，在振动能量从隧道—地面—建筑物的传递过程中，在各频段都有不同程度衰减，其中，高于 80Hz 的振动成分衰减量均在 30dB 以上。80Hz 以内的振动衰减量均小于 20dB。振动传递到建筑物后，主要振动能量分布在 16~53Hz。

(6) 建筑物内地面诱导结构噪声测试分析

通过建筑物内二次结构噪声时程曲线（图 8-31）可以看出，列车通过时，建筑物内

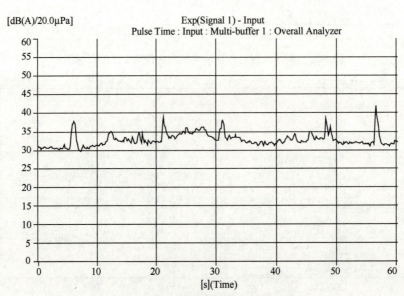

图 8-31　建筑物内二次结构噪声时程曲线

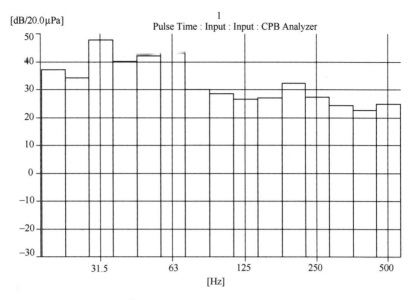

图 8-32 建筑物内二次结构噪声 1/3 倍频程谱分析

二次结构噪声时域信号并不明显，列车通过时段（20～35s），其噪声值最大值小于 37dB（A），等效值为 35dB（A）。

如图 8-32 所示，列车通过时建筑物内二次结构噪声的主要频率范围为 31.5～63Hz，此频段范围为轨枕通过频率的范围，表明建筑物内二次结构噪声主要由列车轴荷载通过扣件时施加的周期性轮轨力引起。

思 考 题

8-1 铁路环境振动的产生因素包括哪些方面？

8-2 列车运行引起的振动在土中是如何传播的？

8-3 常用的环境振动评价标准有哪些？

8-4 如何进行铁路环境振动及噪声测试？

8-5 室内二次噪声的产生机理是什么？如何控制？

8-6 如何对铁路环境振动及噪声进行控制？

参 考 文 献

[1] 高亮. 铁路工务管理[M]. 北京：中国铁道出版社，2012.
[2] 曾树谷. 铁路轨道动力测试技术[M]. 北京：中国铁道出版社，1988.
[3] 刘学毅. 铁路工务检测技术[M]. 北京：中国铁道出版社，2011.
[4] 康熊. 铁路试验检测评估技术[M]. 北京：中国铁道出版社，2012.
[5] 何学科. 铁道工务[M]. 北京：中国铁道出版社，2007.
[6] 赵国堂. 高速铁路无砟轨道结构[M]. 北京：中国铁道出版社，2006.
[7] 石蝶，司宝华，何越磊. 城市轨道交通工务管理[M]. 北京：中国铁道出版社，2008.
[8] 罗林，张格明，吴旺青，等. 轮轨系统轨道平顺状态的控制[M]. 北京：中国铁道出版社，2006.
[9] 卢祖文. 铁路轨道结构与修理[M]. 北京：中国铁道出版社，2002.
[10] 李成辉. 轨道[M]. 成都：西南交通大学出版社，2004.
[11] 佐藤吉彦. 新轨道力学[M]. 徐涌，等译. 北京：中国铁道出版社，2001.
[12] 国家铁路局. 轨道几何状态动态检测及评定：TB/T 3355—2014 [S]. 北京：中国铁道出版社，2015.
[13] 中华人民共和国铁道部. 铁路碎石道砟：TB/T 2140—2008 [S]. 北京：中国铁道出版社，2008.
[14] 中华人民共和国国家市场监督管理总局，中国国家标准化管理委员会. 机车车辆动力学性能评定及试验鉴定规范：GB/T 5599—2019 [S]. 北京：中国标准出版社，2019.
[15] 国家铁路局. 轮轨横向力和垂向力地面测试方法：TB/T 2489—2016 [S]. 北京：中国铁道出版社，2017.
[16] 中华人民共和国住房和城乡建设部，国家市场监督管理总局. 湿陷性黄土地区建筑标准：GB 50025—2018 [S]. 北京：中国建筑工业出版社，2019.
[17] 中华人民共和国住房和城乡建设部. 土工试验方法标准：GB/T 50123—2019 [S]. 北京：中国计划出版社，2019.
[18] 国家铁路局. 铁路工程地质原位测试规程：TB 10018—2018 [S]. 北京：中国铁道出版社，2018.
[19] 中华人民共和国铁道部. 铁路工程地基处理技术规程：TB 10106—2010 [S]. 北京：中国铁道出版社，2010.
[20] 中华人民共和国住房和城乡建设部. 混凝土强度检验评定标准：GB/T 50107—2010 [S]. 北京：中国建筑工业出版社，2010.
[21] 国家铁路局. 高速铁路设计规范：TB 10621—2014 [S]. 北京：中国铁道出版社，2015.
[22] 国家铁路局. 铁路桥涵设计规范：TB 10002—2017 [S]. 北京：中国铁道出版社，2017.
[23] 中华人民共和国铁道部. 铁路环境振动测量：TB/T 3152—2007 [S]. 北京：中国铁道出版社，2007.
[24] 高静华. 日本新干线线路养修技术与管理[J]. 上海铁道科技，2000(3)：46-49.
[25] 孙韶峰. 德国铁路基础设施的管理与维修[J]. 中国铁路，2005(12)：29-32.
[26] 陈云利. 铁路线路视频巡道车的研制开发[J]. 铁道技术监督，2004(7)：32-33.
[27] 陈坤，李蔚，廖耘，等. 手持式数字钢轨磨耗检测仪的研制[J]. 机车车辆工艺，2006(5)：28-30.

[28] 王平，陈嵘，徐井芒，等. 高速铁路道岔系统理论与工程实践研究综述[J]. 西南交通大学学报，2016，51(2)：357-372.

[29] 徐庆元，张旭久. 高速铁路博格纵连板桥上无砟轨道纵向力学特性[J]. 中南大学学报(自然科学版)，2009(2)：526-532.

[30] 徐锡江. 大跨桥上纵连板式轨道纵向力计算研究[D]. 成都：西南交通大学，2007.

[31] 亓伟，陈伯靖，段海滨，等. 有砟轨道动刚度特性研究[J]. 铁道标准设计，2016，60(9)：32-36.

[32] 刘丽波，王午生. 铁路碎石道床静刚度的试验研究[J]. 上海铁道大学学报，2000，21(4)：1-6.

[33] 北京交通大学. 铁路有砟轨道枕下道床支撑刚度测试设备：CN200910078471.3[P]. 2009-07-22.

[34] 郝晓成，蔡小培，梁延科，等. 地铁减振板式轨道动力测试与减振特性研究[J]. 铁道标准设计，2019，63(7)：13-18.

[35] 蔡小培，谭诗宇，沈宇鹏，等. 隧道内有砟轨道铺设弹性轨枕的动力特性分析[J]. 铁道学报. 2018，04(1)：87-93.

[36] 马春生，肖宏，高亮. 高速铁路弹性轨枕有砟轨道力学特性试验研究[J]. 土木工程学报，2015，48(S2)：81-87.

[37] 马春生. 高速铁路有砟道床质量评价指标优化方法研究[J]. 铁道标准设计，2016，60(5)：20-24.

[38] 蔡小培，钟阳龙，阮庆伍，等. 混凝土塑性损伤模型在无砟轨道非线性分析中的应用[J]. 铁道学报，2019，41(5)：109-118.

[39] Puzavac L，Popović Z，Lazarević L. Influence of Track Stiffness on Track Behaviour Under Vertical Load[J]. Promet-traffic & Transportation：Scientific Journal on Traffic and Transportation Research，2012，24(5)：405-412.

[40] Wang P，Wang L，Chen R，et al. Overview and Outlook on Railway Track Stiffness Measurement [J]. Journal of Modern Transportation，2016，24(2)：89-102.

[41] Knopf K，Rizos D C，Qian Y，et al. A Non-contacting System for Rail Neutral Temperature and Stress Measurements：Concept Development[J]. Structural Health Monitoring，2020，20(1)：84-100.

[42] Murray C A，Take W A，Hoult N A. Measurement of Vertical and Longitudinal Rail Displacements Using Digital Image Correlation[J]. Canadian Geotechnical Journal，2015，52(2)：141-155.

[43] Kueres D，Stark A，Herbrand M，et al. Finite Element Simulation of Concrete with a Plastic Damage Model-Basic Studies on Normal Strength Concrete and UHPC[J]. Bauingenieur，2015，90 (Jun.)：252-264.

[44] O'Brien D K. Optimal Estimation and Rail Tracking Analysis[D]. Lowell：University of Massachusetts Lowell. 2005.

[45] Podofillini L，Zio E，Vatn J. Risk-informed Optimisation of Railway Tracks Inspection and Maintenance Procedures[J]. Reliability Engineering & System Safety，2006，91(1)：20-35.

[46] Esvled C. Modern Railway Track [M]. Second Edition. The Netherlands：MRT-Productions，2001.

[47] Edalat-Behbahani A，Barros J，Ventura-Gouveia A. Application of Plastic-damage Multidirectional Fixed Smeared Crack Model in Analysis of RC Structures[J]. Engineering Structures，2016，125：374-391.

[48] 陈虎，罗强，张良，等. 高速铁路CRTSⅡ型板式无砟轨道路桥过渡段振动特性测试分析[J]. 振动与冲击，2014，33(1)：81-88.

[49] 马伟斌，韩自力，朱忠林. 高速铁路路桥过渡段振动特性试验研究[J]. 岩土工程学报，2009，31

(1):124-128.

[50] 练松良,杨文忠,刘扬. 不同类型轨枕轨道结构动力性能试验研究[J]. 铁道学报,2010(2):133-138.

[51] 蔡小培,谭希,郭亮武,等. 列车荷载下钢轨振动加速度的空间分布特征[J]. 西南交通大学学报,2018,53(3):459-466.

[52] Berggren E. Railway track stiffness: dynamic measurements and evaluation for efficient maintenance[D]. Stockholm: KTH,2009.

[53] Aikawa A. Dynamic Characterisation of a Ballast Layer Subject to Traffic Impact Loads Using Three-Dimensional Sensing Stones and a Special Sensing Sleeper[J]. Construction & Building Materials,2015,92:23-30.

[54] 任志强. GJ-5型高速轨检车在轨道不平顺试验中的应用[D]. 成都:西南交通大学,2011.

[55] 陈强,刘丽瑶,杨莹辉,等. 高速铁路轨道几何状态的车载摄影快速检测方法与试验[J]. 铁道学报,2014,36(3):80-86.

[56] 伏思华,于起峰,王明志,等. 基于摄像测量原理的轨道几何参数测量系统[J]. 光学学报,2010(11):143-148.

[57] 隋国栋,李海锋,许玉德. 轨道几何状态检测数据里程校正算法研究[J]. 交通信息与安全,2009,27(6):18-21.

[58] 左玉良. 轨道几何状态检测技术的应用研究[D]. 上海:同济大学,2007.

[59] 张勇,田林亚,王建,等. 轨检小车用于高速铁路轨道几何状态检测的关键问题研究[J]. 铁道标准设计,2013(5):8-12.

[60] 潘亮. 高速铁路轨道几何状态检测技术与实现[D]. 长沙:中南大学,2013.

[61] 杨友涛,刘国祥. 基于经验模态分解的轨道不平顺时频特征分析[J]. 西南交通大学学报,2018,53(4):733-740.

[62] 李萍,王君明,刘默耘. 轨道动态检测系统设计[J]. 制造业自动化,2018,40(1):4-7+20.

[63] 孙博. 轨道不平顺动态检测技术及其应用[J]. 中国安全科学学报,2020,30(S1):109-114.

[64] 姚连璧,孙海丽,王璇,等. 基于激光跟踪仪的轨道静态平顺性检测系统[J]. 同济大学学报(自然科学版),2016,44(8):1260-1265.

[65] 赵国堂. 客运专线轨道动态检测中应注意的几个技术问题[J]. 中国铁路,2005(4):19-21+33.

[66] 徐向春,胡永乐,胡二根. 轨道检查仪在工务检测养修工作中的应用[J]. 铁道建筑,2005(11):78-81.

[67] 张新春,崔希民. 基于惯性导航系统的轨道检查仪双位置对准方法[J]. 测绘通报,2017(3):5-8.

[68] 乔小雷. 轨检车检测技术的比较研究[J]. 城市轨道交通研究,2009,12(6):33-39.

[69] 芦荣. 轨检车数据在指导现场维修中的运用[J]. 铁道建筑,2011(7):116-118.

[70] 王合新,黄英杰,袁健,等. 轨道检查车接触轨检测方法[J]. 铁道标准设计,2009(2):22-24.

[71] 仲崇成,李恒奎,李鹏,等. 高速综合检测列车综述[J]. 中国铁路,2013(6):89-93.

[72] 李海浪,王卫东,康洪军,等. CRH380B-002高速综合检测列车总体架构设计[J]. 铁道建筑,2014(2):109-112.

[73] 徐其瑞,刘峰. 钢轨探伤车技术发展与应用[J]. 中国铁路,2011(7):38-41.

[74] 吴桂清,厉振武,陈彦芳. 多通道超声波探伤在役钢轨检测中的应用[J]. 传感器与微系统,2013,32(10):146-148+152.

[75] 李东侠,张大勇. 钢轨焊缝超声波探伤方法的研究与应用[J]. 铁道标准设计,2012(12):27-30.

[76] 刘洋,项占琴,唐志峰. 激光超声技术在钢轨探伤中的应用研究[J]. 机械设计与制造,2009

(10)：60-61.

[77] 包亚俊，刘瑾，杨海马，等．基于激光轮廓仪的非接触式钢轨廓形检测系统[J]．电子科技，2020，33(8)：28-33+86.

[78] 李海锋，吴纪才，许玉德．铁路轨道几何状态评价方法比较[J]．同济大学学报（自然科学版），2005(6)：772-776.

[79] 黎国清．轨道质量指数及其在高铁动态验收中的应用[J]．铁道工程学报，2016，33(11)：45-50.

[80] 王卫东，顾世平，杨超，等．高速综合检测列车[J]．铁路技术创新，2012(1)：12-15.

[81] Steenbergen M J. Quantification of Dynamic Wheel-Rail Contact Forces at Short Rail Irregularities and Application to Measured Rail Welds[J]. Journal of Sound & Vibration, 2008, 312(4-5): 606-629.

[82] Liu C, Li N, Wu H, et al. Detection of High-Speed Railway Subsidence and Geometry Irregularity Using Terrestrial Laser Scanning [J]. Journal of Surveying Engineering, 2014, 140 (3): 04014009.

[83] Meng X L, Liu C, Li N, et al. Precise Determination of Mini Railway Track With Ground Based Laser Scanning[J]. Survey Review, 2014, 46(May TN. 336): 213-218.

[84] Yao L B, Sun H L, Zhou Y Y, et al. Detection of High Speed Railway Track Static Regularity with Laser Trackers[J]. Empire Survey Review, 2015, 47(343): 279-285.

[85] Bai C X, Liu Y, Wang D, et al. The Application of Rayleigh Wave Testing Techniques in Geotechnical Engineering[J]. Progress in Geophysics, 2007, 22(6): 1959-1965.

[86] Marino F, Distante A, Mazzeo P L, et al. A Real-Time Visual Inspection System for Railway Maintenance: Automatic Hexagonal-Headed Bolts Detection [J]. IEEE Transactions on Systems, Man & Cybernetics: Part C-Applications & Reviews, 2007, 37(3): 418-428.

[87] Zhang Y M, Zhang D L. An Attitude Determination Method for Comprehensive Inspection Vehicle Based on Track Profile Registration[J]. Periodica Polytechnica Transportation Engineering, 2017, 45(4).

[88] Nosov A N, Shcherbakov V V. New Measurement Provisions for Rail Waviness[J]. Measurement Techniques, 2004, 47(8): 802-804.

[89] Attivissimo F, Danese A, Giaquinto N, et al. A Railway Measurement System to Evaluate the Wheel-Rail Interaction Quality[J]. IEEE Transactions on Instrumentation & Measurement, 2007, 56(5): 1583-1589.

[90] Jonsson J, Khouy I A, Lundberg J, et al. Measurement of Vertical Geometry Variations in Railway Turnouts Exposed to Different Operating Conditions[J]. Proceedings of the Institution of Mechanical Engineers Part F Journal of Rail & Rapid Transit, 2016, 230(2): 486-501.

[91] Xiao J P, Wang Y Q, Liu L B. A Multiband-Pass Filtering Method to Suppress Sleeper Noise in Railway Subgrade Vehicle-Mounted GPR Data[C]//2016 16th International Conference on Ground Penetrating Radar (GPR). IEEE, 2016.

[92] 鞠兴华，杨晓华，张莎莎．铁路路基沉降变形趋势的综合检验分析[J]．中国安全科学学报，2018(3)：132-137.

[93] 郭秀军，韩宇，孟庆生，等．铁路路基病害无损检测车载探地雷达系统研制及应用[J]．中国铁道科学，2006，27(5)：139-144.

[94] 杜攀峰，廖立坚，杨新安．铁路路基病害的智能识别[J]．铁道学报，2010(3)：144-148.

[95] 马利衡，梁青槐，谷爱军，等．沪宁城际高速铁路路基段振动试验研究及数值分析[J]．铁道学报，2014(1)：88-93.

[96] 郭婧. CFG 桩复合地基检测研究[J]. 工程地质学报,2015(6):716-721.

[97] 陈东佐,梁仁旺. CFG 桩复合地基的试验研究[J]. 建筑结构学报,2002,23(4):71-74+84.

[98] 刘丙强. 高速铁路基础变形测量技术体系探讨[J]. 铁道建筑,2015(7):92-94+124.

[99] 杨新安. 地质雷达检测铁路路基新技术[J]. 中国铁路,2004(6):41-43.

[100] 熊昌盛,张佰战,董承全,等. CFG 桩桩身完整性与承载力检测技术[J]. 铁道建筑,2008(2):71-73.

[101] 陈善雄. 高速铁路沉降变形观测评估理论与实践[M]. 北京:中国铁道出版社,2010.

[102] 刘杰,张千里,马伟斌. 采用探地雷达技术评估既有铁路路基状况的现状与发展[J]. 铁道建筑,2008(1):52-54.

[103] 郭秀军,韩宇,孟庆生,等. 铁路路基病害无损检测车载探地雷达系统研制及应用[J]. 中国铁道科学,2006(5):139-144.

[104] 张志强,何川. 地铁盾构隧道近接桩基的施工力学行为研究[J]. 铁道学报,2003(1):92-95.

[105] Okada K,Ghataora G S. Use of Cyclic Penetration Test to Estimate the Stiffness of Railway Subgrade[J]. Ndt & E International,2002,35(2):65-74.

[106] Zhong H,Vanapalli S K,Zou W L. Integrated Approaches for Predicting Soil-Water Characteristic Curve and Resilient Modulus of Compacted Fine-Grained Subgrade Soils[J]. Canadian Geotechnical Journal,2017,54(5):646-663.

[107] Kobayashi N,Shibata T,Kikuchi Y,et al. Estimation of Horizontal Subgrade Reaction Coefficient by Inverse Analysis[J]. Computers and Geotechnics,2008,35(4):616-626.

[108] Salour F,Rahman M S,Erlingsson S. Characterizing Permanent Deformation of Silty Sand Subgrades by Using a Model Based on Multistage Repeated-load Triaxial Testing[J]. Transportation Research Record Journal of the Transportation Research Board,2016,2578:47-57.

[109] Wu Q B,Liu Y Z,Zhang J M,et al. A Review of Recent Frozen Soil Engineering in Permafrost Regions along Qinghai-Tibet Highway China[J]. Permafrost & Periglacial Processes 2002,13(3):199-205.

[110] 郑涛,杜熙光,徐爱功. 高铁无砟轨道静态检测数据预处理方法研究[J]. 大地测量与地球动力学,2017,37(1):97-101.

[111] 史红梅,余祖俊,朱力强,等. 高速铁路无缝钢轨纵向位移在线监测方法研究[J]. 仪器仪表学报,2016(4):811-817.

[112] 高雨峰,王福田,刘仍奎. 铁路轨道状态分析信息系统设计与实现[J]. 中国安全科学学报,2006(7):4+133-137.

[113] 高亮,周陈一,张东风,等. 光纤光栅在轮轨作用力监测中的应用研究[J]. 北京交通大学学报,2019,43(1):88-95.

[114] 蔡小培,高亮,林超,等. 京沪高速铁路高架站轨道系统长期监测技术[J]. 铁道工程学报,2015,32(5):35-41.

[115] 蔡小培,高亮,刘超,等. 高架站无砟轨道道岔监测数据管理信息系统[J]. 铁道工程学报,2016,33(1):52-57.

[116] 叶肖伟,丁朋,周诚,等. 基于光纤传感技术的地铁隧道冻结法施工监测[J]. 浙江大学学报(工学版),2013,47(6):1072-1080.

[117] 陈丹丹,王小敏,王平,等. 基于顺序统计滤波的高速道岔振动信号端点检测[J]. 铁道学报,2013,35(11):60-65.

[118] 熊春宝,王猛,于丽娜. 桥梁 GNSS-RTK 变形监测数据的 CEEMDAN-WT 联合降噪法[J]. 振动与冲击,2021,40(9):12-18.

[119] 袁万城，崔飞，张启伟. 桥梁健康监测与状态评估的研究现状与发展[J]. 同济大学学报（自然科学版），1999(2)：59-63.

[120] 包云，李亚群，马祯，等. 基于监测数据挖掘的高速铁路大风危险性评估研究[J]. 铁道运输与经济，2021，43(9)：82-87.

[121] 马巍，刘端，吴青柏. 青藏铁路冻土路基变形监测与分析[J]. 岩土力学，2008(3)：571-579.

[122] 刘大为，郭进，王小敏，等. 中国铁路信号系统智能监测技术[J]. 西南交通大学学报，2014，49(5)：904-912.

[123] 杜彦良，张玉芝，赵维刚. 高速铁路线路工程安全监测系统构建[J]. 土木工程学报，2012，45(S2)：59-63.

[124] 王玉泽，王森荣. 高速铁路无砟轨道监测技术[J]. 铁道标准设计，2015，59(8)：1-9.

[125] 周威. 基于光纤光栅的轨道应变监测技术研究[D]. 成都：西南交通大学，2013.

[126] 高怀志，王君杰. 桥梁检测和状态评估研究与应用[J]. 世界地震工程，2000(2)：57-64.

[127] Cai X P, Chang W H, Gao L, el al. Design and Application of Real-time Monitoring System for Service Status of Continuously Welded Turnout on the High-speed Railway Bridge[J]. Journal of Transportation Safety & Security，2021，13(7)：735-758.

[128] Kantor G, Herman H, Singh S, et al. Automatic Railway Classification Using Surface and Subsurface Measurements[C]// FSR2001 Proceedings. The Robotics Institute, Carnegie Mellon University, Pittsburgh, PA, 15213 USA, 2001.

[129] Filograno M L, Guillen P C, Rodriguez-Barrios A, et al. Real-Time Monitoring of Railway Traffic Using Fiber Bragg Grating Sensors[J]. Proceedings of SPIE - The International Society for Optical Engineering，2011，7653(1)：85-92.

[130] Moretti M, Triglia M, Maffei G. ARCHIMEDE-The First European Diagnostic Train for Global Monitoring of Railway Infrastructure[C]// Intelligent Vehicles Symposium. IEEE, 2004.

[131] Yella S, Nyberg R G, Payvar B, et al. Machine Vision Approach for Automating Vegetation Detection on Railway Tracks[J]. Journal of Intelligent Systems，2013，22(2).

[132] Liu P L, Sun S J. The Health Monitoring of Bridges using Artificial Neural Networks[J]. Journal of Mechanics，2001，17(3)：157-166.

[133] Chang, Sung-Pil, Yee, Jaeyeol, et al. Necessity of the Bridge Health Monitoring System to Mitigate Natural and Man-made Disasters[J]. Structure & Infrastructure Engineering，2009，5(3)：173-197.

[134] Siringoringo Y F&M. Bridge Monitoring in Japan: the Needs and Strategies[J]. Structure & Infrastructure Engineering，2011，7(7-8)：597-611.

[135] Huang F L, He X H, Chen Z Q, et al. Structural Safety Monitoring for Nanjing Yangtze River Bridge[J]. Journal of Central South University of Technology，2004，11(3)：332-335.

[136] Abe M, Fujino Y. Monitoring of Long-span Bridges in Japan[J]. Proceedings of the Institution of Civil Engineers，2017，170(3)：135-144.

[137] Kapárek J, Ryjáek P, Rotter T, et al. Long-term Monitoring of the Track—bridge Interaction on an Extremely Skew Steel Arch Bridge[J]. Journal of Civil Structural Health Monitoring，2020，10(3)：377-387.

[138] Fei J, Wu Z, Sun X, et al. Research on Tunnel Engineering Monitoring Technology Based on BPNN Neural Network and MARS Machine Learning Regression Algorithm[J]. Neural Computing and Applications，2020，33(1)：239-255.

[139] Cheung L, Soga K, Bennett P J, et al. Optical Fibre Strain Measurement for Tunnel Lining Mo-

nitoring[J]. Proceedings of the Institution of Civil Engineers Geotechnical Engineering, 2010, 163(3): 119-130.

[140] Zhou L, Zhang C, Ni Y Q, et al. Real-time Condition Assessment of Railway Tunnel Deformation Using an FBG-based Monitoring System[J]. Smart Structures and Systems, 2018, 21(5): 537-548.

[141] Bakker K J, Boer F, Admiraal J, et al. Monitoring Pilot Projects Using Bored Tunnelling: the Second Heinenoord Tunnel and the Botlek Rail Tunnel[J]. Tunnelling & Underground Space Technology, 1999, 14(2): 121-129.

[142] Chong S Y, Lee J R, Shin H J. A Review of Health and Operation Monitoring Technologies for Trains[J]. Smart Structures & Systems, 2010, 6(9): 1079-1105.

[143] Filograno M L, Guillen P C, Rodriguez-Barrios A, et al. Real-Time Monitoring of Railway Traffic Using Fiber Bragg Grating Sensors. Sensors[J]. Proceedings of SPIE-The International Society for Optical Engineering, 2011, 7653(1): 85-92.

[144] Lagnebck R. Evaluation of Wayside Condition Monitoring Technologies for Condition-based Maintenance of Railway Vehicles[J]. Lulea Tekniska Universitet, 2007.

[145] 孙长军. 北京地铁近接施工安全风险控制技术及应用研究[D]. 北京: 北京交通大学, 2017.

[146] Lu L, Long Y, Zhao H B, et al. Experimental and Numerical Investigation of the Effect of Blast-induced Vibration from Adjacent Tunnel on Existing Tunnel[J]. Ksce Journal of Civil Engineering, 2016, 20(1): 431-439.

[147] 王祥秋, 张火军, 谢文玺. 高速铁路周边建筑物环境振动现场测试与分析[J]. 土木建筑与环境工程, 2018(3): 16-22.

[148] 李小珍, 聂骏, 郭镇, 等. 钢弹簧浮置板轨道对箱梁振动声辐射的影响研究[J]. 振动与冲击, 2019, 38(13): 34-41.

[149] 雷晓燕. 高速铁路噪声计算方法[J]. 中国铁道科学, 2005, 26(4): 1-6.

[150] 白明洲, 陈建东, 许兆义, 等. 铁路次生噪声的区域分布规律与防治对策研究[J]. 中国安全科学学报, 2006, 16(2): 90-94.

[151] 陈建国, 夏禾, 蔡超勋, 等. 高速列车引起的环境噪声及声屏障测试分析[J]. 振动工程学报, 2011, 24(3): 229-234.

[152] 盛曦, 赵才友, 王平, 等. 地铁隔振措施对钢轨声功率特性影响测试分析[J]. 振动与冲击, 2018, 37(8): 206-212.

[153] 何财松, 李晏良. 高速铁路列车运行辐射噪声测量量和测量点位的选取[J]. 中国铁路, 2019(7): 86-90.

[154] 雷彬, 王毅. 关于城市快速轨道交通振动评价量的探讨[J]. 噪声与振动控制, 2007(2): 106-108.

[155] 刘维宁, 夏禾, 郭文军. 地铁列车振动的环境响应[J]. 岩石力学与工程学报, 1996(S1): 586-593.

[156] 潘昌实, 谢正光. 地铁区间隧道列车振动测试与分析[J]. 土木工程学报, 1990(2): 21-28.

[157] 陈建国, 夏禾, 蔡超勋, 等. 高速列车引起的环境噪声及声屏障测试分析[J]. 振动工程学报, 2011, 24(3): 229-234.

[158] 邓维波, 刘兴钊, 于长军. 环境噪声测试方法及测试数据[J]. 哈尔滨工业大学学报, 2001(3): 372-374.

[159] 孙晓静. 地铁列车振动对环境影响的预测研究及减振措施分析[D]. 北京: 北京交通大学, 2008.

[160] Jorgen J. Danish Guidelines on Environmental Low Frequency Noise, Infrasound and Vibration[J]. Journal of Low Frequency Noise Vibration and Active Control, 2001, 20(3): 141 – 148.

[161] Galaitsis A G, Bender E K. Wheel/rail noise—Part V: Measurement of Wheel and Rail Roughness[J]. Journal of Sound & Vibration, 1976, 46(3): 437-451.

[162] Bruni S, Anastasopoulos I, Alfi S, et al. Effects of Train Impacts on Urban Turnouts: Modelling and Validation Through Measurements[J]. Journal of Sound & Vibration, 2009, 324(3-5): 666-689.

[163] Kukulski B, Wszolek T. The Research on Impulsive Events in Railway Noise Generated During Passage through a Railroad Switch[J]. Archives of Acoustics, 2017, 42(3): 441-447.

[164] Cai X P, Li D C, Zhang Y R, et al. Experimental Study on the Vibration Control Effect of Long Elastic Sleeper Track in Subways[J]. Shock and Vibration, 2018, 2018(526): 1-13.

[165] Xia H, Zhang N, Cao Y M. Experimental Study of Train-induced Vibrations of Environments and Buildings[J]. Journal of Sound & Vibration, 2005, 280(3-5): 1017-1029.

[166] Zhao Z M, Wei K, Ding W, et al. Evaluation Method of the Vibration Reduction Effect Considering the Real Load-and Frequency-Dependent Stiffness of Slab-Track Mats[J]. Materials, 2021, 14(2): 452.

[167] Yang S C, Kang Y S, Kim M C. Evaluation Method for Vibration-Reduction Efficiency of Slab Track[J]. Journal of the Korean Society of Civil Engineers D, 2000, 20(4D): 427-435.

[168] Wang P S, Xin T, Ding Y, et al. Field Measurement and Vibration Reduction Evaluation of Rubber Floating Slab Track on Metro Lines[J]. International Journal of Comadem, 2019, 22(3): 51-56.

[169] Han J, He Y P, Wang J N, et al. Simulation and Experimental Study on Vibration and Acoustic Characteristics of a Continuous Supported Embedded Track[J]. Applied Acoustics, 2021, 180(6): 108103.

[170] Volberg G. Propagation of Ground Vibrations near Railway Tracks[J]. Journal of Sound and Vibration, 1983, 87(2): 371-376.